Vögel

Arten kennenlernen
und bestimmen

Vögel

Arten kennenlernen
und bestimmen

NEUER
KAISER
VERLAG

Inhalt

Einführung

Allgemeine Merkmale

Die Vögel, die sich entwicklungsgeschichtlich aus heutiger Sicht von zweibeinig laufenden Sauriern herleiten dürften, bilden die Klasse *Aves* innerhalb des Stammes der *Chordata*, das sind alle Tiere mit dem Stützorgan Chorda, und des Unterstammes der *Vertebrata*, das sind die Wirbeltiere. Die Vögel sind warmblütige, eierlegende zweibeinige Wirbeltiere, deren vordere Gliedmaßen zu Flügeln umgebildet sind, deren Körper von einem Federkleid bedeckt ist und die über einen zweifachen, vollständig getrennten Blutkreislauf verfügen.

Weltweit existieren heute ca. 9000 Vogelarten, die in knapp 30 Ordnungen und ca. 160 Familien zusammengefasst sind. Trotz ihrer teilweise beträchtlichen Unterschiede im Körperbau haben so gut wie alle Vögel eine stromlinienförmige Gestalt, die eine ideale Voraussetzung für das Fliegen darstellt.

Eines der herausragenden Merkmale der Vögel ist ihr Federkleid, das den Großteil des Körpers bedeckt. Es stellt vor allem einen Schutz vor schädlichen Schwankungen der Körpertemperatur dar und hat außerdem durch seinen komplexen Bau eine wasserabweisende Eigenschaft. Evolutionsbiologisch gesehen stellen die Federn der Vögel eine allmähliche Weiterentwicklung der Reptilienschuppen dar.

Die Erneuerung des Gefieders, Mauser genannt, ist ein weiteres interessantes Merkmal dieser Wirbeltiere. Für gewöhnlich findet beim erwachsenen Tier eine Vollmauser nach der Fortpflanzungszeit statt, also in der Regel im Herbst. Damit ist das Tier mit einem neuen dichten Federkleid für den Winter ausgerüstet. Im Frühling findet dann eine Teilmauser statt, die den Vögeln im Allgemeinen ein bunteres, auffälligeres Gefieder beschert. Bei manchen Arten, wie z. B. beim Star, ist dieser Effekt allerdings nicht auf die Bildung neuer Federn, sondern auf die Abnutzung der weißen Federspitzen zurückzuführen.

Die Entwicklung eines Vogels geht immer mit dem ,,Anlegen" von verschiede-

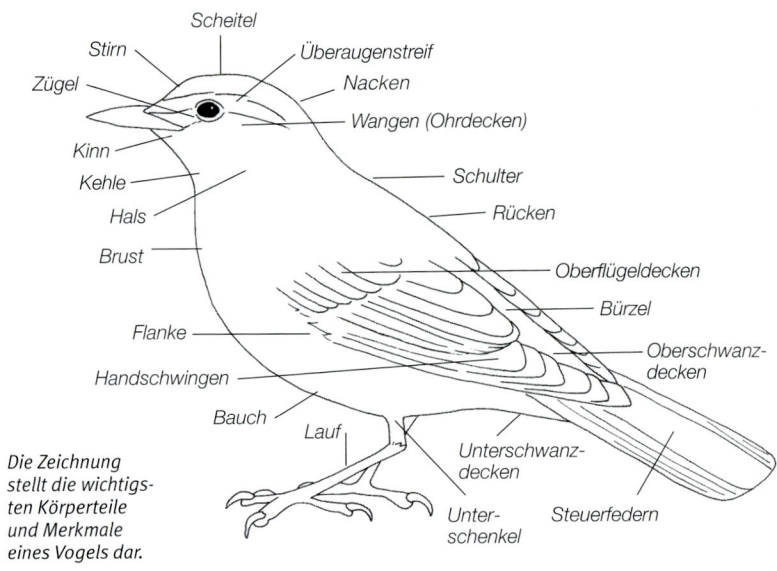

Die Zeichnung stellt die wichtigsten Körperteile und Merkmale eines Vogels dar.

nen Federkleidern einher. Bei der Geburt kann der Vogelkörper, je nach Spezies, völlig nackt sein, er kann aber auch einige wenige Federn oder einen dichten Flaum aufweisen. In jedem Fall aber führt die erste Mauser zum charakteristischen Jugendkleid, das mit der Herbstmauser wieder abgelegt wird. Das Gefieder des ersten Winters, das dem der erwachsenen Tiere bereits sehr ähnlich ist, wird schließlich im Zuge der Frühjahrsmauser gewechselt; der Vogel trägt nun im Allgemeinen das gleiche Federkleid wie seine älteren Artgenossen. Viele Möwen- und Adlerarten erreichen dieses Stadium jedoch erst nach einer mehrjährigen Entwicklung des Federkleides, die über verschiedene Zwischenstadien verläuft.

Die Farben des Gefieders sind einerseits auf verschiedene Pigmente (z. B. schwarze, braune, rote, gelbe usw.), andererseits auf Interferenz- und Reflexionserscheinungen des Lichts zurückzuführen (z. B. blaue, violette bzw. metallische Farbtöne), während die Farbe Weiß durch eine Totalreflexion des Lichts in luftgefüllten Hohlräumen zustande kommt. Es kann auch zu gewissen Anomalien in der Farbgebung kommen, wie etwa zum Albinismus, der einen Farbstoffmangel aus genetischen Gründen darstellt.

Aufgrund der Form des Schnabels und der Beine lässt sich oft schon viel über die Lebensgewohnheiten eines Vogels sagen: wie und wovon er sich ernährt und auch, in welchen Lebensräumen er sich aufhält. So kann beispielsweise der Purpurreiher mit seinen langen Beinen im Wasser gehen, wo er mit seinem langen spitzen Schnabel kleine Fische fängt. Greifvögel wiederum können mit Hilfe ihrer Krallen und ihrem Krummschnabel ihre Beute ergreifen und zerreißen. Der Kernbeißer vermag mit seinem unverhältnismäßig großen, kräftigen Schnabel sogar die Kerne von Kirschen und Pflaumen zu knacken, während der Gartenbaumläufer mit seinem langen, dünnen und gekrümmten Schnabel in den Spalten und Ritzen der Baumrinde nach Nahrung suchen kann.

Der Wachtelkönig, eine in Eurasien verbreitete Rallenart, hat einen charakteristischen Ruf, ein raues, knarrendes „errp-errp".

Das Skelett der Vögel weist die unerlässlichen Voraussetzungen für das Flugvermögen dieser Tiere auf: Es ist stabil gebaut und gleichzeitig sehr leicht, da die Knochen mit Luft gefüllt sind (pneumatische Knochen). Besonders stark ausgeprägt ist das Brustbein, das bei den Vögeln eine neue Aufgabe übernommen hat: Es ist nicht nur für den Zusammenhalt des Brustkorbs verantwortlich, sondern bildet auch den Ansatz für die kräftige Flugmuskulatur.

Diese entspringt an dem dafür ausgebildeten breiten Brustbeinkamm. Der Fuß des Vogels hat im Allgemeinen vier Zehen, von denen drei nach vorne und eine nach hinten gerichtet sind. Bei einzelnen Gruppen können jedoch alle vier Zehen nach vorne zeigen (Mauersegler), oder auch zwei nach vorne und zwei nach hinten (Spechte).

Was die Sinneswahrnehmung der Vögel betrifft, so stehen Seh- und Hörsinn an allererster Stelle, während Geschmacks- und Geruchssinn eine sekundäre Rolle spielen. Während bei anderen Tieren der Kehlkopf für die Lautbildung verantwortlich ist, weist dieser bei den Vögeln keine Stimmbänder auf, sodass er höchstens Zischlaute, wie z. B. bei der Gans, hervorbringen kann. Für ihre Lautäußerungen benutzen die Vögel ein eigenes Organ an der Stelle, wo sich die Luftröhre in die Bronchien gabelt, den sogenannten „unteren Kehlkopf", Syrinx genannt. Die Vögel verfügen oft über einen bemerkenswerten stimmlichen Umfang, was besonders für die Singvögel gilt, deren Gesang oft jedoch nicht angeboren ist, sondern Strophe für Strophe erst erlernt werden muss. Diese Sprache der Vögel erfüllt eine wichtige Funktion im Leben dieser Tiere, sei es bei der Balz zum Zwecke des Werbens um einen Partner, oder auch, wenn es darum geht, die Zugehörigkeit zu einer Fortpflanzungsgemeinschaft anzuzeigen oder eine Warnung abzugeben. Forschungen haben mittlerweile ergeben, dass es innerhalb ein und derselben Art oft richtiggehende „Gesangsdialekte" gibt, wie etwa beim Buchfink, oder auch lokale Variationen, wie bei der Grasmücke.

Nestbau und Brut

Auch was die Fortpflanzung anbelangt, zeigen die Vögel eine Reihe von Eigenheiten. Bei der Begattung drücken die Partner einfach ihre Kloaken aufeinander; nur bei den Entenvögeln und einigen wenigen anderen entwickelt das männliche Tier ein Glied zur Samenübertragung. Wie die Reptilien legen auch die Vögel Eier, die zwar in Farbe und Größe oft sehr unterschiedlich sind, was die Form betrifft, jedoch in vier Grundtypen unterteilt werden können: elliptische, ovale, oval zugespitzte und birnenförmige Eier. Besonders kleine Vogelarten legen verhältnismäßig große Eier und umgekehrt. So wiegt etwa das Ei des Kolibri ca. 0,3 Gramm, was ungefähr 25% seines Körpergewichts entspricht, während ein Straußenei, das über 1,5 kg schwer sein kann, nicht mehr als 1% des Körpergewichts ausmacht. Die Farben der Eier sind überaus vielfältig, wenngleich die Abweichungen innerhalb ein und derselben Art meist nur minimal sind. Eier, die in Höhlen bzw. auf dunklen Plätzen abgelegt werden, sind generell weiß, während jene, die in Nestern im Freien bebrütet werden, oft Tarnfarben aufweisen, um in ihrer Umgebung nicht zu sehr aufzufallen.

Die Eier der Vögel sind in Form und Farbe recht unterschiedlich. Hier ist das Nest einer Heckenbraunelle mit den auffallend schönen türkisfarbenen Eiern abgebildet.

Die Eier werden teils in ganz einfachen, teils in überaus kunstvoll ausgebauten Nestern abgelegt und bebrütet; manche Arten brüten ihr Gelege aber auch auf dem nackten Boden oder in einer nicht gepolsterten Erdmulde aus. Zum Nestbau werden die verschiedensten Materialien verwendet, wie z. B. Blätter, Zweige, Halme, kleine Steine oder Muscheln, bis hin zu Papier oder Schafwolle. Auch die Standorte der Nester sind oft recht unterschiedlich; sie können in Astgabeln ebenso angelegt sein wie unter Dachziegeln, in Höhlen, in Felsspalten, im Sand, auf dem Wasser und sogar in Blumentöpfen. Das Nest bietet den Eiern bzw. den Jungen nicht nur Schutz vor Räubern, sondern schafft auch ein günstiges Mikroklima. Nester kommen grundsätzlich in vielen verschiedenen Formen vor; sie können napfförmig, kegelförmig, flach, in der Art einer Hängematte oder auch röhrenförmig angelegt sein.

Bebrütet werden die Eier entweder von beiden Partnern gemeinsam, vom Weibchen allein oder in seltenen Fällen auch vom Männchen allein. Die Brutdauer beträgt bei den Sperlingsvögeln 10 bis 14 Tage, während sie etwa beim Gelbschnabelsturmtaucher über 50 Tage ausmacht. Nur wenige Arten erweisen sich als Brutschmarotzer, die – so wie der Kuckuck – ihre Eier in fremde Nester legen und ihre Jungen von Vögeln anderer Spezies aufziehen lassen.

Das Schlüpfen ist für die Jungvögel keine einfache Sache, müssen sie sich doch durch die mittlerweile etwas brüchiger gewordene Schale den Weg ins Freie bahnen. Zu diesem Zweck verfügen sie über einen harten „Eizahn" an der Schnabelspitze, mit dem die Schale gesprengt wird. Die Jungen lassen sich grundsätzlich in Nesthocker und Nestflüchter unterteilen. Nesthocker kommen nackt oder mit einem schütteren Dunenkleid zur Welt und bleiben noch Wochen im Nest. Die Nestflüchter hingegen schlüpfen bereits mit offenen Augen und einem plüschartigen Daunenpelz und verlassen das Nest schon nach kurzer Zeit, um den Altvögeln zu folgen. Es gibt jedoch auch Arten, deren Jugendentwicklung zwischen diesen beiden Extremen liegt. Was die Fütterung der Jungen anbelangt, so dient die Färbung der Mundhöhle der Jungen oft als eine Art Fütterungssignal für die Elterntiere, was vor allem bei Brutplätzen im Inneren von Höhlen oder anderen dunklen Standorten eine wichtige Rolle spielt.

Die bevorzugten Bruthabitate der europäischen Arten

Obstgärten, Gärten in Städten und Dörfern
Weißstorch, Rotfußfalke, Turmfalke, Ringeltaube, Schleiereule, Zwergohreule, Steinkauz, Waldkauz, Mauersegler, Alpensegler, Wendehals, Grünspecht, Buntspecht, Uferschwalbe, Mehlschwalbe, Rauchschwalbe, Bachstelze, Rotkehlchen, Gartenrotschwanz, Amsel, Wacholderdrossel, Singdrossel, Misteldrossel, Grasmücke, Grauschnäpper, Schwanzmeise, Sumpfmeise, Blaumeise, Kohlmeise, Kleiber, Gartenbaumläufer, Pirol, Elster, Dohle, Aaskrähe, Star, Haussperling, Feldsperling, Buchfink, Girlitz, Grünling, Stieglitz, Gimpel, Kernbeißer.

Landwirtschaftliche Nutzflächen, Wiesen, Gelände mit Baumgruppen oder einzelnen Bäumen, Obstgärten, Olivenhaine, Weinberge, Pappelhaine
Weißstorch, Wiesenweihe, Turmfalke, Baumfalke, Rebhuhn, Wachtel, Jagdfasan, Wachtelkönig, Kiebitz, Uferschnepfe, Silbermöwe, Turteltaube, Schleiereule, Steinkauz, Bienenfresser, Blauracke, Haubenlerche, Feldlerche, Rauchschwalbe, Wiesenpieper, Schwarzkehlchen, Amsel, Orpheusgrasmücke, Dorngrasmücke, Grauschnäpper, Kohlmeise, Gartenbaumläufer, Neuntöter, Raubwürger, Elster, Aaskrähe, Star, Haussperling, Feldsperling, Buchfink, Grünling, Stieglitz, Hänfling, Gimpel, Kernbeißer, Goldammer, Zaunammer, Ortolan, Grauammer.

Trockene offene Landschaften (Steppen, steiniges, busch- oder grasbewachsenes Brachland usw.)
Wachtel, Jagdfasan, Steinkauz, Ziegenmelker, Bienenfresser, Wiedehopf, Kalanderlerche, Haubenlerche, Feldlerche, Brachpieper, Schwarzkehlchen, Steinschmätzer,

Zwergsumpfhuhn, Dorngrasmücke, Neuntöter, Raubwürger, Hänfling, Ortolan, Grauammer.

Nadelwälder, Laub- und Mischwälder in Flachland, Berg- und Hügelland, Waldlichtungen, Waldränder

Wespenbussard, Schwarzmilan, Rotmilan, Habicht, Sperber, Mäusebussard, Baumfalke, Haselhuhn, Birkhuhn, Auerhuhn, Waldschnepfe, Hohltaube, Ringeltaube, Turteltaube, Kuckuck, Uhu, Sperlingskauz, Waldkauz, Waldohreule, Raufußkauz, Ziegenmelker, Wiedehopf, Wendehals, Grauspecht, Grünspecht, Schwarzspecht, Buntspecht, Mittelspecht, Weißrückenspecht, Kleinspecht, Dreizehenspecht, Heidelerche, Baumpieper, Zaunkönig, Heckenbraunelle, Rotkehlchen, Nachtigall, Gartenrotschwanz, Ringdrossel, Amsel, Wacholderdrossel, Singdrossel, Misteldrossel, Gartengrasmücke, Grasmücke, Berglaubsänger, Waldlaubsänger, Weidenlaubsänger, Wintergoldhähnchen, Sommergoldhähnchen, Halsbandfliegenschnäpper, Schwanzmeise, Sumpfmeise, Weidenmeise, Tannenmeise, Haubenmeise, Blaumeise, Kohlmeise, Kleiber, Waldbaumläufer, Gartenbaumläufer, Pirol, Eichelhäher, Tannenhäher, Aaskrähe, Feldsperling, Buchfink, Zitronenzeisig, Fitis, Birkenzeisig, Fichtenkreuzschnabel, Gimpel.

Felsiges Gelände im Landesinneren, Berg- und Hügelland, Höhlen, Ruinen

Bartgeier, Aasgeier, Gänsegeier, Mäusebussard, Steinadler, Rotfußfalke, Turmfalke, Wanderfalke, Silbermöwe, Felsentaube, Uhu, Alpensegler, Uferschwalbe, Alpenbraunelle, Hausrotschwanz, Mittelmeer-Steinschmätzer, Steinrötel, Mauerläufer, Alpendohle, Alpenkrähe, Dohle, Kolkrabe, Schneefink, Zippammer.

Hoch gelegene Tundra und Heideland, Bergwiesen und -weiden

Moorschneehuhn, Birkhuhn, Steinhuhn, Mornellregenpfeifer, Baumpieper, Wiesenpieper, Wasserpieper, Heckenbraunelle, Alpenbraunelle, Blaukehlchen, Hausrotschwanz, Braunkehlchen, Steinschmätzer, Steinrötel, Ringdrossel, Klappergrasmücke, Gartengrasmücke, Schneefink, Zitronenzeisig, Hänfling, Birkenzeisig, Goldammer, Zippammer.

Feuchtgebiete an Süßgewässern (Sümpfe, Teiche, feuchtes Brachland, Torfmoore, Seen, Flüsse, Bäche, Kanäle, Höhlen usw.)

Zwergtaucher, Haubentaucher, Schwarzhalstaucher, Kormoran, Zwergscharbe, Rohrdommel, Zwergdommel, Nachtreiher, Rallenreiher, Kuhreiher, Seidenreiher, Fischreiher, Purpurreiher, Löffler, Höckerschwan, Schnatterente, Krickente, Stockente, Spießente, Knäkente, Löffelente, Pfeifente, Tafelente, Moorente, Reiherente, Rohrweihe, Wasserralle, Tüpfelsumpfhuhn, Kleines Sumpfhuhn, Teichhuhn, Blässhuhn, Stelzenläufer, Flussregenpfeifer, Kiebitz, Bekassine, Uferschnepfe, Rotschenkel, Flussuferläufer, Schwarzkopfmöwe, Lachmöwe, Flussseeschwalbe, Zwergseeschwalbe, Trauerseeschwalbe, Weißflügelseeschwalbe, Kuckuck, Eisvogel, Uferschwalbe, Wiesenstelze, Gebirgsstelze, Bachstelze, Wasseramsel, Nachtigall, Zilpzalp, Schilfrohrsänger, Sumpfrohrsänger, Teichrohrsänger, Drosselrohrsänger, Bartmeise, Weidenmeise, Beutelmeise, Rohrammer.

Küstenfeuchtgebiete (Lagunen, Brackwasserteiche, Küstendünen usw.)

Flamingo, Brandente, Kolbenente, Tafelente, Austernfischer, Stelzenläufer, Säbelschnäbler, Brachschwalbe, Seeregenpfeifer, Rotschenkel, Schwarzkopfmöwe, Lachmöwe, Dünnschnabelmöwe, Silbermöwe, Lachseeschwalbe, Brandseeschwalbe, Flussseeschwalbe, Zwergseeschwalbe, Rohrammer.

Felsige Küstengebiete (Kliffe, Steilküsten, Riffe, Felsinseln)

Gelbschnabelsturmtaucher, Schwarzschnabelsturmtaucher, Sturmschwalbe, Kormoran, Krähenscharbe, Gänsegeier, Mäusebussard, Turmfalke, Eleonorenfalke, Wanderfalke, Silbermöwe, Felsentaube, Mauersegler, Rötelschwalbe, Alpenkrähe, Dohle, Kolkrabe.

Mediterrane Buschwälder, Pinienwälder und immergrüne Wälder

Schlangenadler, Baumfalke, Rothuhn, Häherkuckuck, Zwergohreule, Blauracke, Heidelerche, Nachtigall, Amsel, Sardengrasmücke, Provencegrasmücke, Brillen-

grasmücke, Bartgrasmücke, Samtkopf-
grasmücke, Sommergoldhähnchen, Grauschnäpper, Schwanzmeise, Blaumeise,
Kohlmeise, Elster, Buchfink, Girlitz, Grünling, Stieglitz, Kernbeißer, Zaunammer,
Kappenammer, Grauammer.

Die Wanderungen
der Zugvögel

Schon Aristoteles hat 300 Jahre vor unserer
Zeitrechnung das faszinierende und ge-
heimnisvolle Phänomen der in Massen auf-
tretenden Wanderungsbewegungen vieler
Vogelarten beobachtet. Dieser große Na-
turforscher der Antike hat bereits wichtige
Details des Vogelzuges erkannt, wie etwa
die wichtigsten Zugwege der Vögel.

Darüber hinaus äußerte Aristoteles aber
auch manche Überzeugung, die uns heute
eher schmunzeln lässt, wie etwa dass Rot-
schwänze sich im Winter zu Rotkehlchen
verwandeln und sich im Sommer wiederum
zu Rotschwänzen zurückentwickeln würden. Außerdem hielt sich bis ins 18. Jahrhundert die Ansicht, dass manche Vögel, insbesondere die Schwalben, den Winter auf

dem Grund von Seen verbringen würden.
Die moderne Vogelzugforschung begann
erst Ende des 19. Jahrhunderts mit dem
Dänen Mortensen, der Staren Metallringe
mit einer Seriennummer anlegte. Seitdem
hat sich diese Technik der Beringung ständig weiterentwickelt und in der ganzen
Welt verbreitet. In Europa wurde zu diesem Zweck im Jahr 1963 in Paris die EU-
RING gegründet, die alle nationalen
Vogelstationen zu einem Netzwerk zusam-
menfasst und die Methoden der Beringung koordiniert und normiert.

Die ständige Suche nach den für ihre jeweiligen Lebensbedürfnisse günstigsten
Umweltbedingungen ist der Antrieb, der
die Vögel zum Wandern bewegt. Manche
Limikolen (Watvögel) brüten gerne in der
arktischen Tundra, wo es Nahrung im
Überfluss gibt und die Tage sehr lang sind,
um dann nach der Brutperiode nach Süden
abzuwandern und den Winter in der afrikanischen Savanne zu verbringen.

Was veranlasst die Vögel Jahr für Jahr
zum rechtzeitigen Aufbruch? Die Pünkt-
lichkeit, mit der die Zugvögel auf ihre teilweise sehr langen Reisen gehen, hat wohl
mit der inneren biologischen Uhr zu tun,
die verschiedene physiologische Vorgänge

*Zahlreiche Vogel-
arten verlassen
Jahr für Jahr ihre
Brutgebiete, um
Gegenden mit
günstigeren Le-
bensbedingungen
aufzusuchen. So
z. B. eine große
Schar von Gän-
sen, die ihr Win-
terquartier er-
reicht hat.*

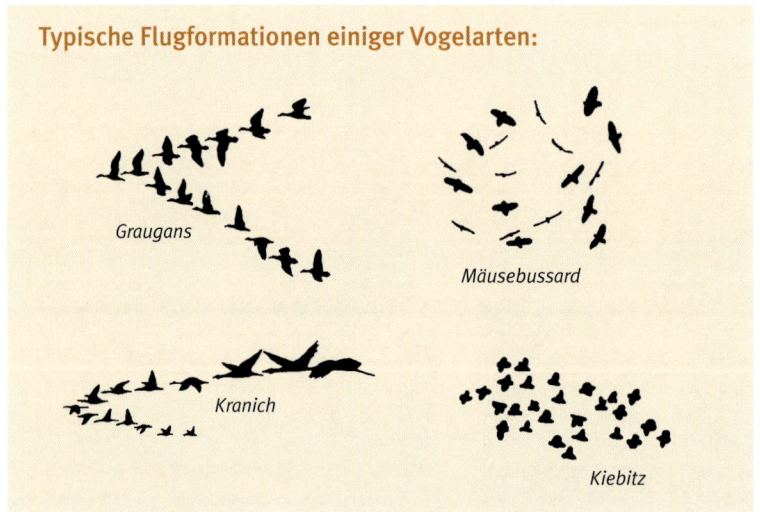

Typische Flugformationen einiger Vogelarten:

Graugans

Mäusebussard

Kranich

Kiebitz

regelt. Eine wichtige Rolle dürften dabei hormonelle Einflüsse spielen, die durch Stoffwechseländerungen sowie eine Zu- oder Abnahme der Lichtintensität ausgelöst werden. Zuerst kommt es zur sogenannten Zugunruhe beim Vogel, die stets dem Aufbruch vorangeht. Neben diesen inneren Steuerungsfaktoren sind es aber auch verschiedene Umwelteinflüsse, die den Vogel veranlassen, in ein Gebiet mit günstigeren Lebensbedingungen aufzubrechen.

Bei den meisten Zugvögeln haben wir es mit regelmäßig wiederkehrenden Ortsveränderungen zu tun. Man kann zwischen den einzelnen Arten oft große Unterschiede feststellen, was den Verlauf der Zugstraßen und die Art des Fluges betrifft – je nach den körperlichen Voraussetzungen und den Lebensgewohnheiten der Vögel. Die großen Segler, wie Störche und Raubvögel, nutzen die warmen Aufwinde, die sich über dem Festland bilden, sodass sie lange Strecken im Gleitflug bewältigen. Sie wählen auch ganz bestimmte Routen – in Europa die Straße von Gibraltar, die Straße von Messina und weiter östlich den Bosporus, um nicht weite Strecken übers Meer fliegen zu müssen. Kleinere Vögel, die die Wege in aktivem Kraftflug zurücklegen, sind auf günstige Winde angewiesen, die ihnen helfen, Energie zu sparen. Diese Arten ziehen in einer breiten Front nach Süden, die über das gesamte Mittelmeergebiet reicht.

Wie gelingt es den Zugvögeln, sich zu orientieren? Dies ist wahrscheinlich der faszinierendste Aspekt des Zugverhaltens und gleichzeitig eine Frage, die wissenschaftlich erst zum Teil geklärt ist. Wenn man einmal von genetisch vererbten Informationen absieht, so sind es vor allem drei Faktoren, die für die Orientierung von Bedeutung sind: der Stand der Sonne, bestimmte Sterne bzw. Sternbilder sowie die Magnetfeldlinien der Erde, die von Pol zu Pol verlaufen. Während ihrer Migration nutzen die Vögel auch bestimmte topographische Richtmarken, wie etwa Bergpässe, Flüsse, Inselgruppen usw. Manche Spezies, wie z. B. die Brieftauben, nutzen auch ihren Geruchssinn, um zum Ausgangsort zurückzukehren.

Die Zugbewegung vollzieht sich in der Regel zwischen Arealen von unterschiedlicher geographischer Breite – und zwar zu ganz bestimmten Zeiten, für gewöhnlich im Herbst und Frühling. Je nach der zurückzulegenden Entfernung gibt es unter den Vögeln Kurz- und Langstreckenzieher. Man kann aber auch unregelmäßige Wanderbewegungen beobachten, bis hin zu sogenannten „Invasionen". Eine weitere Erscheinung sind die sogenannten Höhenwanderungen, ein Verhalten von Vogelarten, die in den Bergen brüten und in den Tälern überwintern. Innerhalb ein und derselben Spezies gibt es oft Populationen, die im Norden brüten und weiter südlich überwintern, während im Süden lebende Populationen im Areal bzw. in der Nähe der Brutplätze überwintern. Es kann jedoch sogar innerhalb einer Population Individuen geben, die abwandern, und solche, die in der Gegend der Brutplätze bleiben. Spezies mit einem derart uneinheitlichen Verhalten nennt man Teilzieher.

Die durchschnittliche Flughöhe ist von Spezies zu Spezies verschieden, sie hängt aber auch von den Umweltgegebenheiten und den meteorologischen Bedingungen ab. So fliegen etwa die kleinen Sperlingsvögel – vor allem, wenn sie extreme Gebiete wie Wüsten überqueren – nachts in über 1000 m Höhe, wo sie ihre Muskeln abkühlen können, die während des Nonstopfluges rund eine halbe Million Flügelschläge zustande bringen müssen. Man hat im Himalaja Gänse beobachtet, die diese riesigen Gebirgsketten in etwa 9000 m Höhe überflogen haben. Der Fitislaubsänger mit nur 9 Gramm Körpergewicht muss eine Strecke von über 12 000 km zurücklegen, um von seinem Brutplatz in Sibirien zu seinem Winterquartier in Afrika zu gelangen. Die Seeschwalben wiederum „pendeln" zwischen ihren Brutplätzen im hohen Norden und ihren antarktischen Winterquartieren und müssen dazu 15 000 km weit fliegen. Die Leistung dieser ausgesprochenen Langstreckenzieher ist umso bemerkenswerter, wenn man bedenkt, dass sie diese gewaltige Strecke zweimal jährlich, und das Jahr für Jahr, zurücklegen.

Die Zugbewegungen der Vögel werden auch heute noch mit der klassischen Methode der Beringung studiert, neben der aber auch andere Methoden, wie etwa Flügelmarken, eingesetzt werden. Gute Erfolge hat man auch mit moderneren Markierungsmethoden erzielt, bei denen der Vogel mit einem Minisender oder gar einem Mikrocomputer ausgerüstet wird.

Mit den entsprechenden ornithologischen Kenntnissen kann man die Vögel zählen, die auf ihren gewohnten Zugstraßen wandern. Wer wirklich außerordentliche Beobachtungen machen will, sollte gelegentlich mit einem stativgestützten Fernrohr den Mond ins Visier nehmen und warten, bis vor dem hellen Hintergrund Zugvögel vorüberziehen.

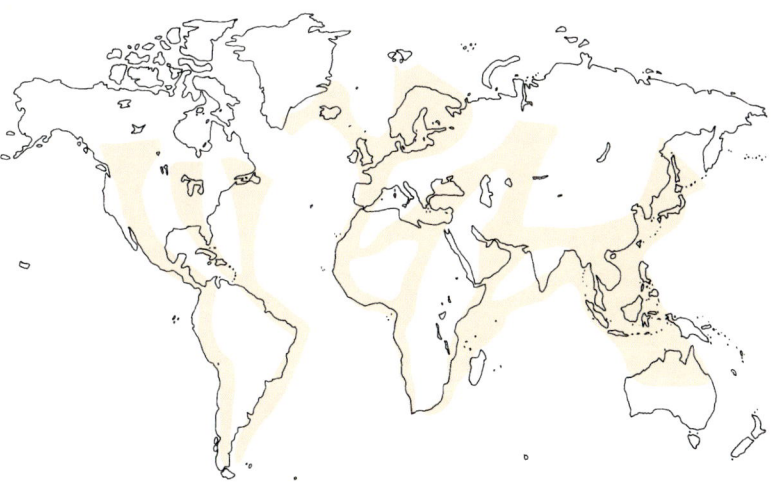

Die Karte zeigt die wichtigsten Zugwege, auf denen die Vögel Jahr für Jahr in ihre Winterquartiere wandern.

Klassifikation und Benennung

Die ersten Versuche, alle Vogelarten in systematischer Weise zu erfassen, wurden zur Mitte des 17. Jahrhunderts von den englischen Ornithologen F. Willughby und J. Ray unternommen. Ein Jahrhundert später griff Carl von Linné diese Arbeit in seinem Werk *Systema naturae* auf. Weitere hundert Jahre später spornten die Arbeiten von Charles Darwin in seinem berühmten Buch *Über den Ursprung der Arten* viele Forscher an, sich mit der Frage der Systematik zu befassen, allen voran T. Huxley und H. F. Gadow, die als wichtigsten Maßstab die morphologisch-anatomische Verwandtschaft zwischen den Arten heranzogen und so die Basis für die moderne Klassifizierung der Vögel schufen.

Seitdem wurden immer wieder Änderungen an diesem System vorgenommen. Mitte der 50er-Jahre eröffnete die Beschreibung der Struktur der DNA neue Forschungsperspektiven, die Ende der 60er-Jahre mit der Entdeckung von Techniken der DNA-Hybridisierung noch erweitert wurden. Auf Basis der Ähnlichkeiten der DNA untersuchten die Amerikaner C. Sibley und J. Ahlquist den genetischen Verwandtschaftsgrad von ca. 1700 Arten aus allen Ordnungen und veröffentlichten die Resultate Ende der 80er-Jahre.

All diese Entwicklungen legen nun die Frage nahe, welche Klassifikation man einem Buch wie diesem zugrunde legen soll. Wir haben uns für das klassische Schema entschieden, das auch in jüngster Vergangenheit als Basis für verschiedene bedeutende Arbeiten über die europäische bzw. paläarktische Vogelwelt diente. Zum Glück ist dieses Problem insofern nicht allzu groß, als alle Klassifikationssysteme die Art oder Spezies als grundlegende Einheit ansehen.

Während die moderne Biosystematik sich mit der Untersuchung des Verwandtschaftsgrades zwischen lebenden Organismen beschäftigt, ist es die Aufgabe des Taxonomen bzw. der Taxonomie, die Lebewesen mit Hilfe bestimmter Benennungen zu klassifizieren, in Übereinstimmung mit den internationalen Regeln der zoologischen Nomenklatur. Das hierarchische Modell von Carl von Linné sieht für die Klasse der Vögel *(Aves)* die folgenden Hauptkategorien vor: Ordnung, Familie, Gattung, Art und Unterart. So gehört etwa das Moorschneehuhn, das in den Alpen brütet, zur Ordnung *Galliformes*, außerdem zur Familie *Tetraonidae*, zur Gattung *Lagopus*, zur Spezies *mutus* und zur Unterart *helveticus*. Dabei wird der Gattungsname stets mit großem Anfangsbuchstaben, die Bezeichnung der Art bzw. Unterart immer mit kleinem Anfangsbuchstaben geschrieben.

Hinweise zur Benutzung des Nachschlageteils

Jene Vogelarten, die regelmäßig in Europa, einschließlich des europäischen Teiles Russlands und in der Türkei, brüten, werden ausführlich auf einer ganzen Seite behandelt, während jene, die lediglich in Randgebieten unseres Kontinents anzutreffen sind, nur kurz erwähnt bzw. beschrieben sind. Endemische Spezies, die nur auf Inseln, wie etwa den Kanarischen Inseln, den Azoren oder Madeira, beheimatet sind, finden in diesem Buch keine Aufnahme.

Die **Verbreitungskarte** zu jeder Vogelart zeigt ihr gegenwärtiges Brutgebiet in Europa an.

Wann bzw. in welchen Jahreszeiten eine Spezies in dem jeweiligen Brutgebiet anwesend ist, wird durch die folgenden, in der Ornithologie gebräuchlichen Begriffe ausgedrückt. Dabei ist darauf zu achten, dass es innerhalb einer Art oft Populationen gibt, die im südlichen Teil des Brutgebietes überwintern und deshalb das ganze Jahr über in diesem Areal bleiben, während Populationen aus dem Norden und Osten zum Überwintern oft in klimatisch günstigere Gebiete abwandern.

Jahresvogel: Art oder Population, die das ganze Jahr über in einem bestimmten Gebiet bleibt und dort ihren Fortpflanzungszyklus vollendet. Es können vor allem im Herbst und Winter kürzere Wanderungen stattfinden, die durch ungünstige Umwelt- oder Wetterbedingungen verursacht werden. Als **Standvogel** bezeichnet man eine Spezies, die keine regelmäßigen Wanderungen durchführt.

Zugvogel (Langstreckenzieher): Art oder Population, die Jahr für Jahr aus ihrem Brutgebiet abwandert, um in ihr jeweiliges Winterquartier zu ziehen. Ein Vogel wird **Durchzügler** genannt, wenn er in einem bestimmten Gebiet lediglich auf dem Weg vom oder zum Winterquartier auftaucht und den Zug dort eventuell kurz zum Rasten unterbricht.

Teilzieher: Spezies, bei der nur ein Teil einer bestimmten Population in ein Winterquartier zieht.

Zerstreuungswanderer: Spezies oder Population, die keinen Zug im eigentlichen Sinn durchführt, sondern lediglich kleinere Wanderungen, die mit dem Alter des Vogels bzw. mit äußeren Faktoren, wie z. B. der Konkurrenz um die jeweiligen Nahrungsquellen und Brutplätze, zu tun haben. Solche Zerstreuungswanderungen beobachtet man oft bei Jungvögeln, sobald sie flugfähig werden.

Sommervogel: Spezies oder Population, die ihren Fortpflanzungszyklus in einem bestimmten Gebiet vollendet.

Wintergast: Zugvogel, der den Winter oder einen großen Teil des Winters in einem bestimmten Gebiet verbringt, um im Frühling wieder in sein Brutgebiet zurückzukehren. In manchen Fällen ist es schwer festzustellen, ob es sich bei einem Aufenthalt im Winter tatsächlich um ein Überwintern handelt, oder ob wir es mit einem vorübergehenden Aufenthalt von Zugvögeln zu tun haben (Durchzügler).

Driftwanderer: Art, die sporadisch in einem bestimmten Gebiet auftaucht, in der Regel mit einzelnen Vögeln oder einer kleinen Gruppe, die durch Stürme oder starke Winde von der gewohnten Zugstrecke verdriftet wird. Es handelt sich meistens um Arten, die für gewöhnlich weit entfernt von dem betreffenden Gebiet brüten bzw. überwintern.

Schließlich wird in der Fußzeile angegeben, zu welcher Ordnung der Vogel gehört.

■ Steckbrief

An dieser Stelle werden kurze Angaben
zur äußeren Erscheinung sowie zum Verhalten einer Art gemacht, die es dem Vogel-
freund erleichtern, sich auf einen Blick ein
Bild von der jeweiligen Spezies zu machen.
Dazu gehören die **Familie**, die **Gesamtlänge**,
die **Flügelspannweite**, das **Gewicht**, und
besondere **Merkmale**. Außerdem wird die
europäische Population, also die tat-
sächliche oder geschätzte Zahl der Brutpaare in Europa (ohne Russland und die
Türkei), angegeben.

Zuletzt folgt noch ein Hinweis auf den
jeweiligen Zustand der Bestände der betreffenden Art im Hinblick auf den **internationalen Artenschutz**. Dabei werden
die folgenden Abkürzungen verwendet:

SPEC *(Species of European Conservation
Concern)*
Überprüfung des gegenwärtigen Standes
der Bestände der in Europa brütenden Arten. Der Buchstabe W steht für Wintergast.
SPEC 1 = Weltweit bedrohte Arten, die
 geschützt werden müssen, sowie
 Arten, über die nicht genug
 bekannt ist.
SPEC 2 = Arten, deren Population bzw.
 Brutgebiet auf Europa konzen-
 triert ist und deren Bestände sich
 in einem ungünstigen Zustand
 befinden.
SPEC 3 = Arten mit Populationen bzw.
 Brutgebieten, die nicht haupt-
 sächlich auf Europa konzentriert
 sind, deren Bestände sich jedoch
 ebenfalls in einem ungünstigen
 Zustand befinden.
SPEC 4 = Arten mit Populationen bzw.
 Brutgebieten in Europa, deren
 Bestände sich in einem günstigen
 Zustand befinden.

EG-Richtlinie über die Erhaltung der wild lebenden Vogelarten
*(Council Directive 79/409/EEC on the Con-
servation of Wild Birds)* vom 2. 4. 1979, 1981
in Kraft getreten, sowie nachfolgende
Abänderungen aus den Jahren 1991 und
1994

Die EG-Richtlinie hat die Erhaltung, die
Förderung und die Beobachtung aller wild
lebenden Arten auf dem Territorium der 27
Mitgliedsstaaten zum Ziel.
EEC 1 = Richtlinie 79/409/Anhang I (Liste
 all jener Arten und Unterarten, die
 vom Aussterben bedroht sind bzw.
 die besonders schutzbedürftig,
 sehr selten oder hoch spezialisiert
 sind, was Lebensraum und Ernährung betrifft.)
EEC 2 = Richtlinie 79/409/Anhang II/1 und
 II/2 (Die hier aufgelisteten Arten
 können in dem unter Richtlinie II/1
 bzw. unter Richtlinie II/2 angegebe-
 nen Gebiet bejagt werden.)
EEC 3 = Richtlinie 79/409/Anhang III/1 und
 III/2 (Mit den hier angeführten
 Arten darf Handel getrieben werden, sofern sie innerhalb der Mitgliedsstaaten auf legale Weise
 gefangen oder erworben wurden
 – es sei denn, dies wird durch
 lokale Restriktionen verhindert.)

Berner Übereinkommen vom 19. 9. 1979 zum Schutz wild wachsender Pflanzen und wild lebender Tiere sowie ihrer natürlichen Lebensräume
*(Convention on the Conser-
vation of European Wildlife and Natural
Habitats).*
Ziele dieses Übereinkommens sind die Er-
haltung und der Schutz der Flora und
Fauna sowie der entsprechenden Lebens-
räume, insbesondere dort, wo diese Erhal-
tung die Kooperation mehrerer Staaten
notwendig macht. Im Falle der Vögel geht
es dabei vor allem um die Erhaltung der
Brutgebiete und der Winterquartiere.
BERN 2 = Anhang 2 (Streng geschützte
 Tierarten)
BERN 2 = Anhang 3 (Geschützte Tierarten)

Bonner Konvention vom 23. 6. 1979 über wild lebende, wandernde Tierarten
*(Con-
vention on the Conservation of Migratory
Species of Wild Animals – CMS)*
Diese Konvention hat zum Ziel die Erhaltung
und Förderung der auf dem Land und im
Meer lebenden Arten sowie der Vogelwelt
in deren gesamtem Lebensraum.

BONN 1 = Anhang 1 (Arten, die im gesamten Areal oder in einem Teil davon vom Aussterben bedroht sind.)

BONN 2 = Anhang 2 (Arten, für deren Erhaltung und Schutz internationale Kooperation notwendig ist.)

AEWA *(Agreement on the Conservation of African-Eurasian Migratory Waterbirds)* Übereinkommen über wandernde Wasservögel der westlichen paläarktischen Region und Afrikas; zu ratifizieren ab 1995.

Washingtoner Artenschutzübereinkommen von 1973 *(Convention on International Trade in Endangered Species of Wild Fauna and Flora* – CITES: 1983 ratifiziert. Letzte Abänderung vom 3. 3. 1997)

CITES 1 = Anhang 1 (Unmittelbar von der Ausrottung bedrohte Pflanzen und Tiere)

CITES 2 = Anhang 2 (Arten, deren Überleben gefährdet ist)

Am Ende des Steckbriefs wird in dem dunkel unterlegten Kästchen der Lebensraum des Vogels angegeben, in dem sich die betreffende Art hauptsächlich während der Brutzeit aufhält – also in jener Zeit, in der die Umgebung von besonderer Bedeutung für die Spezies ist.

Wasser- oder Sumpfbewohner: an Seen, Flüssen, Bächen, Kanälen, Teichen, in Sümpfen, Mooren, Lagunen, auf Reisfeldern, an Flussmündungen, Brackwasserteichen usw.

Felsen- und Küstenbewohner: an Steilküsten, Felsriffen, auf Felsinseln, an sandigen oder felsigen Küsten usw.

Felsenbewohner: in felsigen Gebieten im Berg- und Hügelland, in steinigem Gelände, in Höhlen, bei Ruinen usw.

Wiesenbewohner: auf Grasland, Weiden, Steppen, Wiesen, Äckern, Heiden, Tundra, Brachland usw.

Waldbewohner: in Laub-, Nadel- und Mischwäldern, Auwäldern usw.

Bewohner des Mittelmeerraumes: im mediterranen Buschwald, Macchie, auf Strauchheiden (Garrigue), in immergrünen Wäldern, Pinienwäldern, Olivenhainen usw.

Baumbewohner: in Gelände mit Baumgruppen oder einzelnen Bäumen, kleinen Wäldern, Obstgärten, Weingärten, Hecken usw.

Bewohner von Siedlungsgebieten: in Städten, Dörfern, bei Bauernhöfen, in Parks, Gärten usw.

Die Vogelarten

Zwergtaucher Tachybaptus ruficollis

Familie
Podicipedidae
Lappentaucher

Gesamtlänge
24–29 cm

**Flügelspann-
weite**
40–45 cm

Gewicht
140–250 g

Merkmale
rotbraune
Färbung der
Wangen und
Kehle, geringe
Größe, lautes
Trillern

**Europäische
Population**
75 500–92 000
Paare

**Internationaler
Artenschutz**
BERN 2

Gewässer oder
Sümpfe

Er ist der kleinste unter den paläarktischen Lappentauchern. Der Zwergtaucher hat einen kurzen Schnabel und erscheint durch seinen kurzen Hals und den fehlenden Schwanz ziemlich gedrungen. Im Brutkleid zeigt er sich schwärzlich braun mit rötlich braunem Hals *(Bild unten)*. Typisch ist der gelbliche Fleck am Schnabelwinkel. Das Winterkleid ist graubraun gefärbt. Beide Geschlechter zeigen das gleiche Kleid.

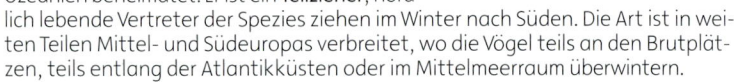

Verbreitung: Der Zwergtaucher ist als Brutvogel mit ca. zehn Unterarten in Eurasien, Afrika und Ozeanien beheimatet. Er ist ein Teilzieher; nördlich lebende Vertreter der Spezies ziehen im Winter nach Süden. Die Art ist in weiten Teilen Mittel- und Südeuropas verbreitet, wo die Vögel teils an den Brutplätzen, teils entlang der Atlantikküsten oder im Mittelmeerraum überwintern.

Lebensraum: Der Zwergtaucher nistet in flachen Binnengewässern, die nicht sehr groß sein müssen. Sein Lebensraum liegt grundsätzlich unterhalb von 500 m ü. d. M. Im Winter trifft man den Vogel oft in geschützten Meeresbuchten und Küstengewässern.

Biologie: Der Zwergtaucher tritt in der Fortpflanzungszeit paarweise oder in kleinen Gruppen auf. Ab März bauen diese Vögel ihr schwimmendes Nest aus Wasserpflanzen und befestigen es an Unterwasserpflanzen. Der Zwergtaucher legt 4–6 weißliche Eier, die von beiden Altvögeln 20–21 Tage bebrütet werden. Die Jungen sind nach 6–7 Lebenswochen flügge. Diese Vögel brüten für gewöhnlich zweimal im Jahr. Zur Brutzeit macht sich der Zwergtaucher mit seinem typischen metallischen Triller bemerkbar. Zur Balz kann man die beiden Partner auch im Duett trillern hören.

Besonderheiten: Wird der Zwergtaucher erschreckt, so taucht er unter und steckt nur den Kopf in der Art eines Periskops aus dem Wasser. Typisch für die Arten dieser Familie ist die Gewohnheit, ihre Eier mit Pflanzen zu bedecken, sobald sie das Nest verlassen, um diese vor eventuellen Räubern verborgen zu halten.

Haubentaucher · Podiceps cristatus

Er ist der größte unter den paläarktischen Lappentauchern. Sein Brutkleid zeichnet sich durch die rostfarbene, schwarz-braun gesäumte Halskrause und die schwarze, in zwei Ohrbüscheln auslaufende Haube aus. Im Schlichtkleid des Winters ist die Haube nur angedeutet. Er ist dann daran zu erkennen, dass der schwarze Scheitel nur bis zum weißen Überaugenstreif reicht. Beide Geschlechter sind gleich gefärbt.

Verbreitung: Der Haubentaucher ist ein Teilzieher und mit seinen drei Unterarten in den gemäßigten Zonen Eurasiens, in Ost- und Südafrika, Australien und Neuseeland verbreitet. In Europa ist dieser Vogel mit Ausnahme des hohen Nordens an praktisch allen größeren Gewässern des Flachlandes anzutreffen.

Lebensraum: Der Haubentaucher wählt zum Nisten größere stehende oder schwach fließende Binnengewässer mit frischer Vegetation. Oberhalb von 600 m ü. d. M. findet er kaum noch Seen oder Teiche, die seinen Bedürfnissen entsprechen. Er überwintert in Meeresbuchten und an küstennahen Lagunen.

Biologie: Diese Vögel brüten meist allein; ist jedoch an den Seen nur wenig Platz, so bilden sie mitunter Kolonien von über 100 Paaren. In unseren Breiten wird ab April mit dem Bau des schwimmenden Nests begonnen. Der Haubentaucher legt für gewöhnlich 3–4 bläulich weiße Eier, die von beiden Partnern 27–29 Tage bebrütet werden und sich dabei allmählich braun verfärben. Er kann ein-, zwei- oder gar dreimal pro Jahr brüten. Die Jungen sind erst nach zehn Wochen flugfähig. Der Haubentaucher ernährt sich wie alle Lappentaucher hauptsächlich von Fischen, aber auch von Insekten, Krusten- und Weichtieren.

Besonderheiten: Große Haubentaucher-Brutkolonien sind schon von weitem an den eigentümlich knarrenden und trompetenden Lauten dieser Vögel zu erkennen. Charakteristisch sind auch die spektakulären Balzspiele, bei denen die Krause sowie die Ohrbüschel aufgestellt werden, ehe die beiden Partner mit Pflanzenteilen im Schnabel aufeinander zuschwimmen, Brust an Brust aus dem Wasser aufsteigen und in einem eigentümlichen Tanz die Köpfe schütteln. Die Jungen lassen sich zunächst von den Elterntieren auf dem Rücken tragen. Der Haubentaucher nimmt stets einen langen Anlauf auf dem Wasser, ehe er sich in die Lüfte erhebt.

Bestände: Im Gegensatz zu vielen anderen wasserlebenden Vögeln hat sich der Haubentaucher an die geänderten Umweltbedingungen gut anpassen können, sodass er zahlenmäßig zugenommen hat und seinen Lebensraum sogar erweitern konnte.

Familie	Podicipedidae Lappentaucher
Gesamtlänge	46–51 cm
Flügelspannweite	85–90 cm
Gewicht	590–1280 g
Merkmale	Ohrbüschel, Halskrause, Balzrituale, knarrende Laute, Junge werden von den Elterntieren auf dem Rücken getragen
Europäische Population	271 000– 315 000 Paare
Internationaler Artenschutz	BERN 3
Gewässer oder Sümpfe	

Schwarzhalstaucher *Podiceps nigricollis*

Dieser relativ kleine, zierliche Lappentaucher unterscheidet sich vom Ohrentaucher durch sein Winterkleid *(Bild unten)*, außerdem durch den dünneren Schnabel, der sanft aufgeworfen ist. Im Winter zeigen sich Gesicht und Hals in einem verwaschenen Grau. Im Sommer sind Kopf und Hals schwarz mit goldgelben Ohrbüscheln. Beide Geschlechter zeigen keine Unterschiede.

Verbreitung: Der Schwarzhalstaucher ist in drei Unterarten in Europa, West- und Ostasien, Nordamerika sowie in Zentral- und Ostafrika verbreitet. In Europa beschränkt sich sein Siedlungsgebiet auf die gemäßigte Zone. Die europäischen Populationen überwintern in Westeuropa, im Mittelmeerraum sowie in der Türkei.

Lebensraum: Dieser Taucher brütet gerne in kleinen Kolonien an reich bewachsenen Gewässern. Den Winter verbringt er entweder an offenen Seen oder am Meer.

Biologie: Ab Mai legen die Weibchen in ein schwimmendes Nest 3–4 weiße Eier, die von beiden Partnern 20–22 Tage bebrütet werden. Die Jungen suchen selbst nach Nahrung; wann sie flügge werden, ist nicht bekannt. Der Schwarzhalstaucher legt jährlich ein oder zwei Gelege an.

Besonderheiten: So wie der Zwergtaucher bewegt sich auch der Schwarzhalstaucher oft so tief eingetaucht unter der Wasseroberfläche, dass nur noch der Kopf oder gar nur der Schnabel aus dem Wasser ragt.

Ähnliche Arten: Im Winterkleid kann der Schwarzhalstaucher mit dem **Ohrentaucher** *(Podiceps auritus)* verwechselt werden, dessen Verbreitungsgebiet deutlich weiter im Norden liegt; seine Brutgebiete befinden sich in Island, Schottland, Skandinavien und im nördlichen Russland.

Kormoran *Phalacrocorax carbo*

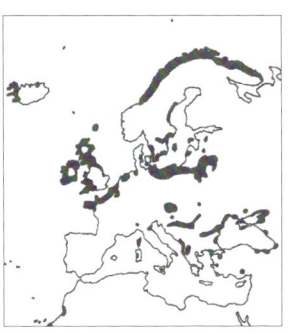

Dieser Vogel fällt allein schon durch seine Größe und sein metallisch schwarz glänzendes Gefieder auf. Die Kormorane haben ein weißes Kinn, weiße Wangen und zeigen zur Brutzeit einen runden weißen Fleck an den Schenkeln. Im Ruhekleid verschwindet das Weiß und die Farben werden matter. Die Jungtiere sind großteils dunkelbraun mit weißem Bauch. Der Schnabel ist kräftig und vorne hakenförmig. Beide Geschlechter sind gleich gefärbt.

Verbreitung: Dieser Kosmopolit ist lediglich in Mittel- und Südamerika nicht zu Hause. Der Kormoran ist im Süden Europas überwiegend ein Jahresvogel, der außerhalb der Brutzeit oft umherstreicht. Er überwintert vor allem an den Atlantikküsten und im Mittelmeerraum. Wie in ganz Europa ist auch in unseren Breiten eine Zuwanderung dieser Tiere bzw. eine deutliche Zunahme der Bestände zu verzeichnen.

Lebensraum: Der Kormoran nistet in felsigen Küstengebieten und an Binnengewässern sowie an Flussmündungen mit hohem Baumbestand. Im Winter ist er an allen Arten von fischreichen Gewässern anzutreffen.

Biologie: Der Kormoran lebt in Kolonien von unterschiedlicher Größe, die bis zu 2000 Brutpaare umfassen können. Seine großen Reisignester baut er auf Felsklippen, am Boden, vor allem aber in Astgabeln hoher Bäume. In diese legt er seine 3–4 bläulichen bis grünlichen Eier, und zwar in manchen Gebieten schon ab Ende Februar. Bebrütet werden die Eier abwechselnd von beiden Partnern; die Brutzeit beträgt 23–31 Tage. Die Jungvögel sind nach circa 50 Tagen flugfähig. Der Kormoran ernährt sich ausschließlich von Fischen und benötigt eine Tagesration von 400–700 Gramm. Er bleibt während der Jagd oft über eine Minute unter Wasser.

Besonderheiten: Typisch ist die Gewohnheit dieser Vögel, mit halb ausgebreiteten Flügeln auf Felsen im Wasser zu stehen, um diese zu trocknen. In manchen asiatischen Ländern werden die Kormorane als „Helfer" im Fischfang eingesetzt, indem man ihnen ein Lederband um den Hals legt, das verhindern soll, dass sie ihre Beute sofort verschlingen. Bei ihren Balzritualen zeigen sie ein eigentümliches Zittern der Flügel und sie werfen dabei den Kopf zurück.

Bestände: In den letzten beiden Jahrzehnten kam es zu einer deutlichen Ausdehnung des Verbreitungsgebiets dieser Tiere, wobei auch die Zahl der Brutpaare stark angestiegen ist. Da sich der Kormoran ausschließlich von Fischen ernährt – sein Tagesbedarf beträgt rund 15% seines Körpergewichts –, wird er in vielen Gebieten scharf bejagt, worunter häufig ähnliche Spezies, wie z. B. die Zwergscharbe, zu leiden haben.

Familie	Phalacrocoracidae Kormorane
Gesamtlänge	80–100 cm
Flügelspannweite	130–160 cm
Gewicht	1600–2750 g
Merkmale	Farbe des Gefieders, Fischfangmethode, stehen oft mit halb ausgebreiteten Flügeln im Wasser
Europäische Population	140000–146000 Paare
Internationaler Artenschutz	BERN 3
Gewässer oder Sümpfe	

Krähenscharbe Phalacrocorax aristotelis

Die Krähenscharbe sieht dem Kormoran ähnlich, ist aber kleiner. Sie hat einen kürzeren Hals, einen langen, dünneren Schnabel und einen zur Brutzeit gelb gefärbten Schnabelwinkel. In der Brutzeit sind außerdem die Scheitelfedern zu einer nach vorne gerichteten Haube verlängert. Die Krähenscharbe hat ein schwarzes, grün schillerndes Federkleid und smaragdgrüne Augen. Beide Geschlechter sind gleich gefärbt.

Verbreitung: Dieser Jahresvogel ist in West- und Südeuropa sowie in Nordafrika beheimatet, und zwar an den felsigen Küsten des Atlantiks, des Mittelmeeres und des Schwarzen Meeres.

Lebensraum: Die Krähenscharbe lebt in Kolonien, die meist kleiner sind als die anderer Scharben, die jedoch in manchen Fällen aus über 1000 Brutpaaren bestehen können. Ihr Lebensraum sind Felsküsten und kleine felsige Inseln. Nach der Brutzeit verteilen sich die Tiere entlang der Küsten. Nördliche Populationen, wie etwa jene aus Norwegen, überwintern oft 1000 km weiter im Süden.

Biologie: Die Krähenscharbe baut ihr Nest oft schon im Winter in Hohlräumen zwischen den Felsen oder im Gebüsch. Die drei Eier werden etwa einen Monat lang von beiden Partnern abwechselnd bebrütet. Die Jungvögel sind nach circa 53 Tagen flügge. Die Krähenscharbe ernährt sich hauptsächlich von Fischen.

Besonderheiten: So wie der Kormoran nimmt auch die Krähenscharbe zum Fliegen einen Anlauf auf dem Wasser. Ebenso ist sie oft in einer Ruheposition zu sehen, bei der sie mit halb geöffneten Flügeln auf einem Felsen im Wasser steht.

Bestände: Die nördlichen Populationen sind stabil oder nehmen sogar zu, während die südlichen abnehmen.

Ähnliche Arten: Die nur etwa 50 cm große Zwergscharbe *(Phalacrocorax pygmaeus)* lebt vorwiegend an Binnengewässern und in Sümpfen oder wärmeren Klimazonen, vorwiegend in Südosteuropa, Vorder- und Mittelasien. Die Zwergscharbe brütet in Kolonien auf Bäumen und auf Buschwerk am Wasser.

*Krähenscharbe
mit Haube in typischer Haltung
mit halb ausgebreiteten Flügeln.
Oben: Krähenscharbe im Flug.*

Rohrdommel Botaurus stellaris

Die Rohrdommel ist ein großer reiherähnlicher Schilfvogel mit kurzem Hals und braunem, reich marmoriertem und gebändertem Gefieder, das im dichten Röhricht eine gute Tarnung darstellt. Der Schnabel ist gerade und gelblich grün gefärbt. Beide Geschlechter sind gleich gefärbt.

Verbreitung: Die Rohrdommel ist im gemäßigten Eurasien und Südafrika verbreitet. Manche Vertreter dieser Spezies bleiben auch im Winter in Südeuropa, was jedoch in strengen Wintern für die Vögel oft lebensbedrohend ist. Die meisten überwintern jedoch in Afrika.

Lebensraum: Die Rohrdommel bevorzugt Sumpflandschaften und größere Binnengewässer, die von Röhrichtwäldern bedeckt sind.

Biologie: Die Rohrdommel brütet einzeln im Röhricht und baut sich ein geräumiges Nest aus Rohrwerk, in das sie zwischen April und Mai 5–6 Eier legt, die ausschließlich vom Weibchen 25–26 Tage bebrütet werden. Die Männchen beteiligen sich weder am Brüten noch an der Aufzucht der Jungen, sie begatten manchmal sogar mehrere Weibchen. Die Jungvögel fliegen nach 7–8 Wochen. Der Flug wirkt bei diesen Vögeln etwas schwerfällig; sie fliegen langsam, aber geräuschlos und sehr niedrig. Die Rohrdommel ernährt sich von Fischen, Amphibien und Insekten, aber auch von Krebsen, kleinen Vögeln und Kleinsäugern.

Besonderheiten: Man bekommt diese Vögel zwar nur sehr schwer zu sehen, kann ihre Anwesenheit jedoch an ihrem eigentümlichen dumpfen Ruf erkennen, der fast einen Kilometer weit zu hören ist. Die Rohrdommel ist meist dämmerungsaktiv und verlässt tagsüber kaum das schützende Röhricht. Bei Gefahr richtet sie Körper, Kopf und Schnabel ganz starr auf und verharrt regungslos in dieser „Pfahlstellung".

Bestände: Im Zuge der Trockenlegung von Sumpflandschaften wurden und werden die Lebensräume der Rohrdommel immer kleiner, sodass die Bestände dieser Art leider abnehmen.

Familie	Ardeidae Reiher
Gesamtlänge	70–80 cm
Flügelspannweite	125–135 cm
Gewicht	600–1940 g
Merkmale	Zeichnung und Farbe des Gefieders, dumpfes Rufen, typische Pfahlstellung
Europäische Population	10 000–11 500 Paare
Internationaler Artenschutz	SPEC 3 EEC 1 BERN 2 BONN 2 AEWA
Gewässer oder Sümpfe	

Zwergdommel Ixobrychus minutus

Bei dieser relativ kleinen Reiherart – die Vögel sind nur etwa taubengroß – zeichnen sich die Männchen *(siehe Bild)* durch einen schwarzen Scheitel und Rücken aus, während die Weibchen an diesen Partien bräunlich gefärbt sind. Zur Brutzeit hat das Männchen eine rote Schnabelwurzel. Die kurzen Beine sind grünlich gefärbt.

Verbreitung: Dieser Zugvogel ist in Eurasien, Afrika und Australien weit verbreitet. In Europa ist er nördlich des 60. Breitengrades nicht mehr anzutreffen. Die in Europa brütenden Vertreter überwintern im tropischen Afrika.

Lebensraum: Die Zwergdommel brütet in unseren Breiten oft an kleineren Teichen und Tümpeln, wo für die Rohrdommel nicht genügend Platz vorhanden ist. Sie bevorzugen Gewässer mit einem mehr oder weniger breiten Vegetationsgürtel und mit hohem Schilf. Auch Süßwassersümpfe und Torfmoore zählen zu den Lebensräumen dieser Vögel.

Biologie: Zwergdommeln brüten paarweise oder sie können auch kleinere Kolonien bilden. Ab Mitte Mai legen sie für gewöhnlich 5–6 weiße Eier, die von beiden Elterntieren 17–19 Tage bebrütet werden. Die Jungvögel sind nach circa einem Monat flügge. Die Zwergdommel ist überaus scheu und fliegt nur selten aus. Der Vogel ist vor allem nachts aktiv und klettert zur Nahrungssuche sehr geschickt an den Schilfhalmen oder wartet regungslos, bis sich eine Beute nähert. Diese Vögel ernähren sich hauptsächlich von Fischen, Krebsen, Fröschen, Insekten und Spinnen. Ihre Anwesenheit kann man unter anderem auch am monoton quakenden Ruf des Männchens erkennen.

Besonderheiten: So wie die Rohrdommel nimmt auch die Zwergdommel eine charakteristische Pfahlstellung ein, sobald sie sich gestört fühlt. Dabei bildet ihre gelb und braun gestrichelte Brust eine perfekte Tarnung im Schilf.

Bestände: Nach den 70er-Jahren war in Europa eine deutliche Abnahme der Bestände zu verzeichnen, was darauf zurückzuführen ist, dass viele Tiere die langen Wanderungen in die Überwinterungsgebiete nicht überlebten.

Nachtreiher   Nycticorax nycticorax

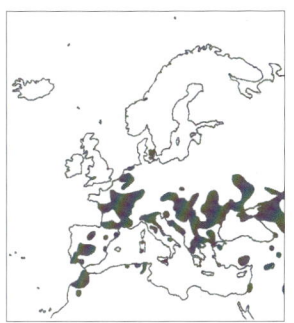

Diese mittelgroße, kurzbeinige Reiherart ist von gedrungener Gestalt und hat einen kräftigen Schnabel. Hals und Unterseite sind weiß, Oberkopf und Rücken schwarz. Vom Scheitel hängen zur Brutzeit zwei bis drei lange Schmuckfedern herab. Die Jungtiere sind bräunlich gefärbt und zeigen eine weiße tropfenartige Fleckung, während die Unterseite gelblich und braun gestreift ist. Beide Geschlechter zeigen keine äußeren Unterschiede.

Verbreitung: Dieser **Zugvogel** ist praktisch weltweit verbreitet und nur in Australien und Neuseeland nicht anzutreffen. Er lebt in Europa südlich des 50. Breitengrades (Mittelmeerländer) als Sommervogel und überwintert im tropischen Afrika.

Lebensraum: Der Nachtreiher nistet in Kolonien, manchmal zusammen mit anderen Reiherarten, an Salz-, Brack- und Süßgewässern, in Auwäldern an Flüssen und in Sumpflandschaften sowie auch einzeln im Röhricht.

Biologie: Im März bauen die Nachtreiher in Bäumen und im hohen Gebüsch ihre Nester. Begonnen wird die Arbeit vom Männchen, das zunächst eine Unterlage baut und weitere Ästchen herbeischafft, die vom Weibchen eingeflochten werden. Darin werden dann die 3–5 grünblauen Eier abgelegt, aus denen die Jungen nach 21–22 Tagen schlüpfen. Die Jungvögel sind nach 30–35 Tagen flugfähig. Wie der Name sagt, ist der Nachtreiher hauptsächlich abends und nachts auf Nahrungssuche unterwegs. Bevorzugte Beute sind Fische, Amphibien und Insekten, die er fängt, indem er entweder aus der Luft ins Wasser eintaucht oder langsam durchs Wasser schreitet.

Besonderheiten: Aufgrund der Färbung ihres Gefieders könnte man junge Nachtreiher mit Rohrdommeln verwechseln. Das Alterskleid dieser Vögel erscheint nach drei Jahren. Ihre rau-krächzenden oder quakenden Rufe, die die Tiere nachts im Flug ausstoßen, erinnern an Raben, weshalb der Nachtreiher mit dem wissenschaftlichen Namen „Nachtrabe", *Nycticorax*, bezeichnet wurde.

Bestände: Wie bei vielen anderen Arten sind auch beim Nachtreiher die Bestände gefährdet, da die natürlichen Lebensräume, nämlich Feuchtgebiete verschiedener Art, durch menschliche Tätigkeit immer knapper werden.

Familie	Ardeidae Reiher
Gesamtlänge	58–65 cm
Flügelspann- weite	105–112 cm
Gewicht	380–900 g
Merkmale	Farbe des Gefieders, heiseres Quaken
Europäische Population	45 000–52 000 Paare
Internationaler Artenschutz	SPEC 3 EEC 1 BERN 2
Gewässer oder Sümpfe	

Seidenreiher   Egretta garzetta

Diese mittelgroße Reiherart ist vollkommen weiß gefärbt, mit einem dünnen schwarzen Schnabel und schwarzen Beinen mit gelben Zehen. In der Brutzeit trägt er auffallende weiße Schmuckfedern auf Brust und Rücken und am Kopf zwei lang herabhängende Nackenfedern. Das Federkleid ist bei beiden Geschlechtern gleich.

Verbreitung: Der Seidenreiher ist in vier Unterarten in Eurasien, Afrika, Australien und in Indonesien vertreten. In Europa besiedelt er die südlicheren Regionen bis zum 48. Breitengrad als **Sommervogel**, in Südspanien lebt diese Art als **Jahresvogel**. Die Vögel überwintern vorwiegend in Afrika südlich der Sahara, aber gelegentlich auch im Mittelmeerraum.

Lebensraum: Diese schöne Reiherart bewohnt zur Brutzeit bevorzugt Sumpflandschaften, Brackwasserlagunen, Flussmündungen sowie gelegentlich auch flache Meeresküsten.

Biologie: Im April legen die Weibchen in einen Horst aus Zweigen, der auf einem Baum gebaut wird, 3–5 blaugrüne Eier, die abwechselnd von beiden Partnern 21–22 Tage lang bebrütet werden. Die Jungen verlassen das Nest nach ca. einem Monat, können jedoch erst nach 40–45 Tagen fliegen. Der Seidenreiher legt jährlich nur ein Gelege an. Die Tiere leben das ganze Jahr über recht gesellig und ernähren sich von kleinen Fischen ebenso wie von Amphibien, Reptilien, Krebsen, Würmern und Insekten. Seidenreiher sind eher schweigsame Tiere und lassen nur in der Brutzeit gelegentlich ihre rauen krächzenden Rufe ertönen.

Silberreiher   Egretta alba

Diese große Reiherart sticht durch ihr schnee-
weißes Federkleid hervor. Der Schnabel ist während der Brutzeit dunkel bis schwarz gefärbt, im
Winterkleid gelb *(siehe Bild)*. In der Brutzeit trägt
er fadenförmige Schmuckfedern am Rücken.
Beide Geschlechter sind gleich gefärbt.

Verbreitung: Der Silberreiher ist ein **Teilzieher**, der
in vier Unterarten auf allen Kontinenten verbreitet ist. Nur im kühlen Norden Asiens und Nordamerikas sowie in der Antarktis ist er nicht beheimatet. In Europa ist diese Reiherart vor allem
im Südosten stark vertreten, von wo sie sich nördlich bis zum Neusiedler See ausgebreitet hat.

Familie
Ardeidae
Reiher

Gesamtlänge
55–102 cm

**Flügelspann-
weite**
140–170 cm

Gewicht
960–1680 g

Merkmale
Farbe des
Gefieders

**Europäische
Population**
2500–5000
Paare

**Internationaler
Artenschutz**
EEC 1
BERN 2
AEWA
CITES 1

**Gewässer oder
Sümpfe**

Lebensraum: Das Habitat der Silberreiher umfasst größere Sumpflandschaften und
Binnengewässer mit ausgedehnten Röhrichtwäldern, wo er in dichten Kolonien im
Schilf brütet. Im Winter ist er auch an den Küsten anzutreffen.

Biologie: Im April bauen diese Vögel in kleinen Bäumen oder im Schilf ihre Nester aus
Zweigen und Halmen, in denen sie 3–5 bläuliche Eier ablegen, die beide Partner
25–26 Tage bebrüten. Die Jungvögel werden nach ca. 40 Tagen flügge. Die Ernährung des Silberreihers variiert je nach der Jahreszeit und setzt sich aus Fischen,
Amphibien, Insekten, Weichtieren, kleinen Reptilien und Jungvögeln zusammen.

Bestände: Die Verbreitung des Silberreihers geht leider schon seit langem zurück, ein
Umstand, der vor allem auf die Trockenlegung von Feuchtgebieten zurückzuführen
ist. In früheren Zeiten wurden diese Vögel vor allem wegen ihrer Schmuckfedern, die
in der Hutmode begehrt waren, stark bejagt.

Graureiher _Ardea cinerea_

Diese größte europäische Reiherart trägt auf der Oberseite ein aschgraues Gefieder, sein übriger Körper ist weißlich. Der kräftige Schnabel ist gelblich gefärbt, die langen Beine zeigen einen bräunlichen Farbton. Sein schwarzer Brauenstreif setzt sich in einem kurzen herabhängenden Nackenschopf fort.

Verbreitung: Der Graureiher oder Fischreiher, wie er auch genannt wird, ist ein **Teilzieher**, der in vier Unterarten in Eurasien, Afrika und Indonesien beheimatet ist. In Europa ist diese Spezies weiter als jede andere Reiherart in den Norden vorgedrungen. Die Vögel überwintern teils im Mittelmeerraum und in Afrika.

Lebensraum: Der Graureiher nistet in den unterschiedlichsten Habitaten, insbesondere an Ufern von seichten Süßgewässern, und zwar in der Ebene ebenso wie im Gebirge. Während des Winters ist er auch im Küstenbereich zu finden. Im Binnenland hält er sich im Winter auf Wiesen und Äckern auf.

Biologie: Der Graureiher brütet für gewöhnlich in Kolonien von bis zu 200 Paaren. Zwischen Februar und Mai wird in Bäumen der Horst in bis zu 25 m Höhe gebaut. Die 4–5 bläulichen Eier werden von den Altvögeln 25–26 Tage bebrütet. Die Jungen verlassen das Nest nach einem knappen Monat und brauchen noch einmal so lang, bis sie voll flugfähig sind. Diese im Allgemeinen stummen Vögel beginnen erst in der Zeit des Nistens ihre krächzenden und keckernden Laute von sich zu geben. Sie fliegen mit langsamen, kräftigen Flügelschlägen, den Hals zwischen die Schultern eingezogen, während die Beine über den Schwanz hinausragen. Die Ernährung kann je nach Lebensraum recht unterschiedlich sein und umfasst Fische, Amphibien, Reptilien, kleine Säugetiere und auch wirbellose Tiere.

Besonderheiten: Der Fischreiher geht vorwiegend tagsüber auf Nahrungssuche. Dabei schreiten diese Vögel langsam, mit vorgestrecktem Hals, durch das seichte Wasser, um dann, sobald sie eine Beute erspäht haben, blitzschnell und zielsicher mit dem spitzen Schnabel zuzustoßen.

Purpurreiher Ardea purpurea

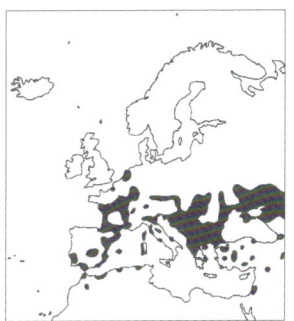

Dieser relativ schlanke Reiher hat etwas kürzere Beine, dafür aber längere Zehen, was eine Anpassung an das Leben im Schilf darstellt. Der Hals ist auffallend dünn und lang. Die Oberseite ist dunkelgrau, die Unterseite kastanienbraun gefärbt, der Hals kastanienbraun mit schwarzer Längsstreifung. Zur Brutzeit trägt er lang herabhängende braune Schmuckfedern. Beide Geschlechter tragen das gleiche Federkleid.

Verbreitung: Diese Zugvögel sind in vier Unterarten in Eurasien, Afrika und Indonesien verbreitet. Die europäische Art ist eher in südlicheren Regionen beheimatet. Die Vögel überwintern in Afrika südlich der Sahara. Die südosteuropäische Population des Purpurreihers erstreckt sich bis zum Neusiedler See.

Lebensraum: Der Purpurreiher nistet vorwiegend in Sumpfgebieten mit dichtem Schilfbestand. Manchmal baut er sein Nest auch in Feuchtgebieten, auf Weidengebüschen oder auf kleinen Bäumen.

Biologie: Purpurreiher brüten meistens in kleinen Kolonien. Von April bis Mai errichten sie im Weidengebüsch oder auf umgebrochenem Schilf ihre großen Nester, in denen beide Partner ihre 4–6 grünblauen Eier ausbrüten, was ca. 25–30 Tage in Anspruch nimmt. Die Jungvögel sind nach 45–50 Tagen flugfähig. Es wird jährlich nur ein Gelege hervorgebracht. Im Flug zieht der Purpurreiher den Hals schlangenartig ein, der dadurch eckig wirkt. Dieser für gewöhnlich stumme Vogel wird mit der Balzzeit „gesprächig". Als Nahrung dienen ihm wasserlebende Tiere verschiedenster Art, insbesondere Fische, Insekten und kleine Säugetiere, die er jagt, indem er durch das seichte Wasser läuft. Die halbwüchsigen Jungen verwenden die Nester später oft noch als Rastplatz.

Bestände: Der Purpurreiher verschwindet in vielen Teilen seines Verbreitungsgebietes. Grund dafür ist die anhaltende Zerstörung der natürlichen Feuchtgebiete, aber auch die Trockenheit in jenen Gebieten Afrikas, die ihm als Winterquartier dienen.

Familie
Ardeidae
Reiher

Gesamtlänge
78–90 cm

Flügelspannweite
120–150 cm

Gewicht
570–1470 g

Merkmale
Farbe des Gefieders, Gestalt beim Flug

Europäische Population
7500–8500 Paare

Internationaler Artenschutz
SPEC 3
EEC 1
BERN 2
BONN 2
AEWA

Gewässer oder Sümpfe

Weißstorch Ciconia ciconia

Familie Ciconiidae Störche	
Gesamtlänge 100–115 cm	
Flügelspann- weite 155–165 cm	
Gewicht 2450–4000 g	
Merkmale Farbe des Gefieders, Flug mit aus- gestrecktem Hals, Schnabel- klappern	
Europäische Population ca. 104 000 Paare	
Internationaler Artenschutz SPEC 2 EEC 1 BERN 2 BONN 2 AEWA	
Siedlungs- gebiete	

Das Gefieder dieses großen Vogels ist rein weiß, nur die Flügel sind schwarz gefärbt, die langen Beine und der Schnabel sind rot. Der Weißstorch fliegt mit auffällig gestrecktem Hals. Beide Geschlechter tragen das gleiche Federkleid.

Verbreitung: Der Weißstorch ist ein **Langstreckenzieher**, der in zwei Unterarten in Eurasien und Nordafrika beheimatet ist. In Europa ist er nördlich des 60. Breitengrades nicht mehr anzutreffen. Während auf der Iberischen Halbinsel manche Populationen als Jahresvögel leben, andere jedoch über Gibraltar nach Afrika fliegen, ziehen osteuropäische Populationen über den Bosporus bis in die afrikanischen Savannen.

Lebensraum: Der Weißstorch bevorzugt als Habitat offenes Gelände mit einzelnen Bäumen und Feuchtwiesen am Rande von Sumpfgebieten. Er nistet häufig auf Hausdächern in Dörfern.

Biologie: Weißstörche bauen im April und Mai ihre großen Nester auf Hausdächern, seltener auf Bäumen im offenen Gelände oder auf Felsklippen. Sie legen für gewöhnlich vier weiße Eier, aus denen die Jungen nach 33–34 Tagen schlüpfen. Das Ausbrüten wird von beiden Partnern besorgt. Die nesthockenden Jungen fliegen nach circa zwei Monaten. Weißstörche sind ausgezeichnete Segelflieger; sie lassen sich von Aufwinden in große Höhen tragen und nehmen im Schwarm keine erkennbare Ordnung ein. Sie zeigen wenig Scheu gegenüber dem Menschen, was für sie leider nicht immer von Vorteil ist. Als Nahrung dienen ihnen kleine Säugetiere, Reptilien, Fische, Amphibien, Insekten, Regenwürmer, Weichtiere und Vogeleier.

Besonderheiten: Während der Fortpflanzungsphase gibt er Laute von sich, die an Husten erinnern. Zum Balzritual gehört ausgiebiges Schnabelklappern, das weithin zu hören ist. Dieses Klappern dient aber auch als Begrüßungszeremonie, wenn der Partner beim Brüten abgelöst werden soll.

Ähnliche Arten: Darunter ist vor allem der **Schwarzstorch** *(Ciconia nigra)* zu erwähnen, dessen großteils schwarzes Federkleid einen schönen metallischen Schimmer zeigt. Die Art lebt in Eurasien und Südafrika sehr scheu in gewässerreichen Nadel- und Laubwäldern.

Löffler Platalea leucorodia

Der Löffler ist vor allem an seinem weißen Gefieder und dem langen schwarzen Schnabel, der vorne löffelartig verbreitert ist, leicht zu erkennen. Zur Brutzeit tragen die Vögel einen gelblich braunen Fleck an Kinn, Brust und Schnabelspitze sowie einen kurzen Federschopf.

Verbreitung: Der Löffler ist in drei Unterarten in Europa, Asien und Nordafrika beheimatet. Die europäische Population bevorzugt die südöstlichen Regionen nach Norden bis zum Neusiedler See. Den Winter verbringen die Löffler hauptsächlich im Niltal sowie teilweise im Mittelmeerraum.

Lebensraum: Der Löffler bevorzugt als Habitat weite Flachgewässer, Brackwassersümpfe, Seen und Lagunen.

Biologie: Löffler brüten in Kolonien. Sie bauen ihre Nester im Schilf oder auf Bäumen und Büschen. Die 3–5 Eier, aus denen die Jungen nach 24–25 Tagen schlüpfen, werden von beiden Partnern abwechselnd bebrütet. Die Jungvögel verlassen das Nest bereits nach einem Monat, sind jedoch erst nach 45–50 Tagen voll flugfähig. Es gibt nur ein Gelege pro Jahr. Die Löffler fliegen meist in einer Linie oder paarweise. Der ausgestreckte Hals hängt im Flug leicht herab. Der Löffler ernährt sich von wirbellosen Tieren, Fischen, Amphibien und Reptilien.

Besonderheiten: Mit ihrem löffelartigen Schnabel durchsuchen die Löffler das Wasser nach Krebsen oder anderen kleinen Wasserbewohnern, die sie mit rhythmischen halbkreisförmigen Suchbewegungen aufstöbern und erfassen.

Bestände: Der Löffler ist in Europa nur sehr spärlich und nur in isolierten Kolonien vertreten, was vor allem auf die Entwässerung und Verschmutzung vieler Feuchtgebiete zurückzuführen ist.

Familie
Threskiornithidae
Ibisse

Gesamtlänge
80–90 cm

Flügelspannweite
115–130 cm

Gewicht
1130–1950 g

Merkmale
Farbe des Gefieders,
Form des Schnabels

Europäische Population
2500–3000 Paare

Internationaler Artenschutz
SPEC 2
EEC 1
BERN 2
BONN 2
AEWA
CITES 1

Gewässer oder Sümpfe

Höckerschwan · Cygnus olor

Familie Anatidae Enten	
Gesamtlänge 145–160 cm	
Flügelspann- weite 208–238 cm	
Gewicht 5,5–20 kg	
Merkmale Farbe des Schnabels, Höcker, Hals- krümmung beim Schwimmen	
Europäische Population 45 000–53 000 Paare	
Internationaler Artenschutz EEC 2 BERN 3 BONN 2 AEWA	
Gewässer oder Sümpfe	

Der Höckerschwan ist einer der schwersten flugfähigen Vögel. Das Gefieder ist weiß, der Schnabel orangefarben mit einem schwarzen Höcker am Schnabelansatz. Beide Geschlechter sind identisch gefärbt, während die Jungvögel graubraun gefärbt sind und einen fleischfarbenen Schnabel aufweisen.

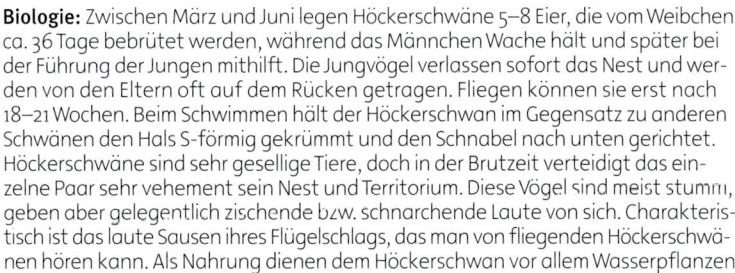

Verbreitung: Höckerschwäne sind **Teilzieher**, deren ursprüngliches Verbreitungsgebiet Eurasien ist, die aber gebietsweise in Südafrika, Nordamerika, Australien und Neuseeland eingeführt wurden. In Europa ist er vor allem nördlich des 46. Breitengrades anzutreffen. Skandinavische und osteuropäische Populationen ziehen im Winter nach Westen.

Lebensraum: Der Höckerschwan ist in unseren Breiten teils halbzahm an kleinen Teichen und Parkseen anzutreffen. Nicht domestizierte Populationen leben in großen Kolonien an Küsten und Flussmündungen sowie an allen Arten von Binnengewässern mit flachen Ufern.

Biologie: Zwischen März und Juni legen Höckerschwäne 5–8 Eier, die vom Weibchen ca. 36 Tage bebrütet werden, während das Männchen Wache hält und später bei der Führung der Jungen mithilft. Die Jungvögel verlassen sofort das Nest und werden von den Eltern oft auf dem Rücken getragen. Fliegen können sie erst nach 18–21 Wochen. Beim Schwimmen hält der Höckerschwan im Gegensatz zu anderen Schwänen den Hals S-förmig gekrümmt und den Schnabel nach unten gerichtet. Höckerschwäne sind sehr gesellige Tiere, doch in der Brutzeit verteidigt das einzelne Paar sehr vehement sein Nest und Territorium. Diese Vögel sind meist stumm, geben aber gelegentlich zischende bzw. schnarchende Laute von sich. Charakteristisch ist das laute Sausen ihres Flügelschlags, das man von fliegenden Höckerschwänen hören kann. Als Nahrung dienen dem Höckerschwan vor allem Wasserpflanzen.

Besonderheiten: Diese Vögel greifen während der Brutzeit Eindringlinge, auch Menschen, mit großer Vehemenz an, wobei sie die Flügel krümmen und auf den Rücken hochziehen und Geräusche ausstoßen, die wie ein Fauchen klingen. Höckerschwan-Paare bleiben meist in lebenslanger Einehe miteinander verbunden.

Saatgans *Anser fabalis*

Die Saatgans ist etwas kleiner als die Graugans und weist ein eher bräunliches Gefieder auf, das an Hals und Kopf deutlich dunkler ist. Der Schnabel ist schwarz und orange, die Beine sind orangegelb gefärbt. Beide Geschlechter sehen gleich aus.

Verbreitung: Die Saatgans ist in fünf Unterarten im nördlichen Eurasien, d. h. in der Tundra und Taiga, verbreitet. In Europa nistet sie nördlich des 60. Breitengrades. Sie überwintert in Westeuropa, Japan und China. Die Saatgans ist die in Mitteleuropa am häufigsten anzutreffende Wildgans.

Lebensraum: Die Saatgans brütet an den Seen und Sümpfen der Tundra sowie in den dichten Nadelwäldern der Taiga. Im Winter trifft man sie nicht selten auf Wiesen und in der Nähe von Binnengewässern.

Biologie: Im Mai und Juni legt die Saatgans 4–6 Eier, die ausschließlich von ihr 27–29 Tage bebrütet werden. Die Jungen sind Nestflüchter und fliegen nach ca. 40 Tagen. Es gibt nur ein Gelege im Jahr. Saatgänse leben gesellig und schließen sich auf ihren Wanderungen oft Blässgänsen an. Sie ernähren sich vor allem von Gras, Getreidekörnern und anderen Sämereien. Saatgänse zeichnen sich durch ihre nasalen und rauen „ang-ank"-Rufe aus. Nicht selten ertönt auch ein „kajak-kajaiak".

Ähnliche Arten: Die Saatgans wird manchmal mit der **Kurzschnabelgans** *(Anser brachyrhynchus)* verwechselt, die kleiner ist und einen kürzeren Schnabel sowie rosafarbene Beine hat. Ein weiterer Verwandter der Saatgans ist die **Blässgans** *(Anser albifrons)*, die jedoch an ihren unregelmäßigen schwarzen Querflecken auf dem Bauch und an ihrer weißen Stirn zu erkennen ist. Die deutlich kleinere **Zwerggans** *(Anser erythropus)* zeichnet sich dadurch aus, dass der weiße Stirnfleck bis an den Scheitel reicht. Außerdem weisen diese Vögel gelbe Augenringe auf. Die seltene Zwerggans brütet in der nördlichsten Tundra Europas und Asiens und überwintert u. a. auf der Balkanhalbinsel. Manche Vertreter ziehen auf ihrem Weg nach Süden durch Mitteleuropa.

Familie
Anatidae
Enten

Gesamtlänge
66–84 cm

Flügelspannweite
142–175 cm

Gewicht
2–4 kg

Merkmale
Form und Farbe des Schnabels, dunklerer Hals und Kopf

Europäische Population
2500–3500 Paare

Internationaler Artenschutz
EEC 2
BERN 3
BONN 2
AEWA

Wiesen

Eine Rotfußgans. Oben: Ein gemischter Schwarm von Saatgänsen und Blässgänsen.

Graugans   Anser anser

Familie
Anatidae
Enten

Gesamtlänge
75–90 cm

**Flügelspann-
weite**
147–180 cm

Gewicht
2,5–4,5 kg

Merkmale
Form und Farbe
des Schnabels

**Europäische
Population**
50 000–61 000
Paare

**Internationaler
Artenschutz**
EEC 2–3
BERN 3
BONN 2
AEWA

Wiesen

Die Graugans ist die größte der in Europa vorkommenden Gänse und hat ein graubraunes
Federkleid, hellgraue Vorderflügel, rosafarbene
Beine und einen orangefarbenen Schnabel.
Letzteres trifft aber nur auf die Unterart *anser*
zu, die in Westeuropa beheimatet ist, während
die in Osteuropa lebende Unterart einen rosafarbenen Schnabel aufweist. Beide Geschlechter
zeigen keine Merkmalsunterschiede.

Verbreitung: Graugänse sind **Teilzieher** und bewohnen in zwei Unterarten den eurasiatischen
Raum. Die westeuropäische Form war früher in
ganz Westeuropa weit verbreitet, wurde aber
durch Bejagung und Entwässerung ihrer Habitate stark dezimiert. Sie brütet heute
von Island ostwärts bis zum Pazifik und überwintert in Westeuropa sowie im Mittleren und Fernen Osten.

Lebensraum: Die Graugans brütet an dicht bewachsenen Sümpfen sowie an größeren
Binnengewässern. In der Mongolei ist sie auch noch in über 2000 m ü. d. M. zu finden.
Im Winter hält sie sich vorwiegend an Flussmündungen und auf trockenen Wiesen
und Feldern auf.

Biologie: Die Graugans legt im April bzw. Mai 4–6 Eier in ihr mit Daunen gepolstertes
Nest, das oft auf kleinen Erhebungen errichtet wird. Die Bebrütung dauert 27–28
Tage und wird nur von der weiblichen Graugans durchgeführt. Die Jungvögel verlassen sofort nach dem Schlüpfen ihr Nest, können aber erst nach 50–60 Tagen
fliegen. Graugänse leben wie alle Gänsearten gesellig und schließen sich im Winter
oft mit anderen Gänsearten zusammen. Sie fliegen meistens in Keil- oder Fächerfor-
mation. Als Nahrung dienen ihnen Gras, Sämereien, Getreidekörner und Wurzeln.

Besonderheiten: Die Graugans spielt in der Ethologie (Tierverhaltensforschung) eine
große Rolle und wurde vor allem durch die Forschungen des österreichischen Nobel-
preisträgers Konrad Lorenz berühmt. Was die Stimme dieser Tiere betrifft, so gleichen
ihre heiseren, nasalen Rufe denen der Hausgans.

Ähnliche Arten: Die **Kanadagans** (*Branta canadensis*), die ursprünglich aus Nordamerika stammt, wurde in Großbritannien und Skandinavien eingeführt und ist
gelegentlich auch in anderen europäischen Ländern, u. a. auch in Deutschland,
anzutreffen. Die **Nonnengans** (*Branta leucopsis*), die **Ringelgans** (*Branta bernicla*)
und die **Rothalsgans** (*Branta ruficollis*) brüten im arktischen Raum und tauchen
teilweise als Wintergäste in unseren Breiten auf. Die Nilgans hingegen ist im Niltal
und in Afrika südlich der Sahara beheimatet. Sie wurde in England eingeführt.

Schnatterente · Anas strepera

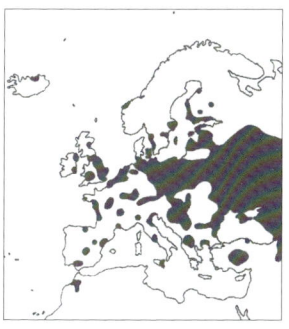

Diese Entenart zeichnet sich durch ihren schwarz-weißen Flügelspiegel aus. Das Männchen (*Bild unten*) ist dunkelgrau gefärbt, das Gefieder des Weibchens ist braun mit schwärzlichen Flecken und ähnelt dem Gefieder im Juvenilkleid. Die Beine sind orangegelb gefärbt.

Verbreitung: Die Schnatterente lebt als Teilzieher in Eurasien und Nordamerika. In Europa ist sie in der gemäßigten Zone beheimatet, wobei sie in Westeuropa jedoch nur lückenhaft verbreitet ist. Die Winterquartiere liegen im Süden Europas.

Lebensraum: Diese zierliche Entenart lebt bevorzugt an Seen, Flüssen, Teichen und in Sümpfen mit Buschwerk, an Meeresküsten ist sie nur selten anzutreffen.

Biologie: Zwischen April und Juni legen die Weibchen in eine Nestmulde nahe am Wasser ihre 8–12 gelblich weißen Eier, die von ihnen 24–26 Tage lang bebrütet werden. Die Jungen folgen ihrer Mutter und verlassen das Nest schon kurz nachdem sie geschlüpft sind, können jedoch erst nach 45–50 Tagen fliegen. Die Schnatterente legt jährlich nur ein Gelege an. Schnatterenten sind zwar recht gesellig, bilden aber keine allzu großen Scharen. Das Männchen bringt als Lautäußerung ein tiefes Grunzen hervor, während das Weibchen quakende Rufe ausstößt. Als Nahrung dienen diesen Enten Wasserpflanzen, die durch Gründeln zutage gefördert werden, aber auch wirbellose Tiere, Amphibien und Fische.

Bestände: Durch Trockenlegung von Sumpfgebieten und auch durch andere Eingriffe in ihre natürlichen Lebensräume sind die Bestände der Schnatterente in einigen Ländern Osteuropas stark gefährdet.

Ähnliche Arten: Die kleine Marmelente (*Marmaronetta angustirostris*) ist an ihrem graubraunen, hell getüpfelten Federkleid und der dunklen Zone um das Auge zu erkennen. Die Marmelente brütet in Europa nur in einigen Gebieten Spaniens; darüber hinaus ist sie in Nordafrika, in der Türkei, im Mittleren Osten, am Kaspischen Meer und am Aralsee beheimatet.

Familie
Anatidae
Enten

Gesamtlänge
46–56 cm

Flügelspann-weite
84–95 cm

Gewicht
470–1300 g

Merkmale
Färbung des Gefieders

Europäische Population
22 000–25 500 Paare

Internationaler Artenschutz
SPEC 3
EEC 2
BERN 3
BONN 2
AEWA

Gewässer oder Sümpfe

Krickente   Anas crecca

Familie Anatidae Enten	
Gesamtlänge 34–38 cm	
Flügelspann- weite 58–64 cm	
Gewicht 240–430 g	
Merkmale kleinste Wild- ente, Färbung des Gefieders, markanter Ruf	
Europäische Population 350 000 Paare	
Internationaler Artenschutz EEC 2–3 BERN 3 BONN 2 AEWA	
Gewässer oder Sümpfe	

Die Krickente ist die kleinste unter den Wilden-
ten. Das Männchen (Erpel, *siehe Bild*) hat einen
rotbraunen Kopf mit bogenförmig grünem Au-
genfleck, der gelblich weiß eingefasst ist. Auffallend ist auch der weiße Längsstreifen an den
Schultern. Das Weibchen ist bräunlich gefärbt.
Beide Geschlechter zeigen einen auffallenden
grünen Flügelspiegel, woran man das Weibchen
der Krickente von dem der Knäkente unterscheiden kann.

Verbreitung: Die Krickente ist ein **Teilzieher**, der
in drei Unterarten in Nordamerika und im Norden
Eurasiens brütet. In Europa ist sie nördlich des
45. Breitengrades beheimatet. Sie überwintert im Süden der USA, in Mittelame-
rika sowie in den gemäßigten Zonen Europas und Asiens bis hin zum Mittelmeerraum und in Zentralafrika.

Lebensraum: Die Krickente nistet an kleinen Seen, in Mooren und in Sümpfen. Im
Winter trifft man sie häufig an Flussmündungen und an Küsten an.

Biologie: Im April bzw. Mai errichtet die Krickente ihr Nest im niedrigen Gebüsch, in
welchem sie 8–11 bräunliche Eier ablegt, aus denen die Jungen nach 21–23 Tagen
schlüpfen. Für das Brüten ist ausschließlich das Weibchen zuständig. Die Jungvögel
sind Nestflüchter. Sie fliegen nach 30–40 Tagen. Es gibt nur ein Gelege im Jahr. Die
Krickente ist ein geselliger Vogel, der schnell und in geringer Höhe fliegt. Die Män-
chen stoßen im Flug oft ihr weithin hörbares „krick" aus. Die Krickente ernährt sich
von kleinen wirbellosen Tieren, Sämereien und Wasserpflanzen, die sie im flachen
Wasser gründelnd aufnimmt. Bei Störung fliegt sie fast senkrecht vom Wasser auf.

Stockente Anas platyrhynchos

Die Stockente ist die häufigste Wildente, von der die meisten Hausentenrassen abstammen. Das Männchen *(siehe Bild)* ist vorwiegend grau mit schwarzem Hinterende und weißem Schwanz. Zwischen dem metallisch flaschengrünen Kopf und der tiefbraunen Brust zieht sich ein weißes Halsband. Das Weibchen ist ebenso wie die Jungvögel unscheinbar graubraun gefleckt. Beide Geschlechter zeigen einen metallisch blauen Flügelspiegel, der beiderseits von einem weißen Streifen begrenzt ist.

Verbreitung: Die Stockente ist ein **Teilzieher**, der in sieben Unterarten fast weltweit verbreitet ist. Sie brütet in ganz Europa und überwintert in weiten Teilen Europas mit Ausnahme von Russland und Skandinavien.

Lebensraum: Die Stockente ist an allen Arten von Binnengewässern anzutreffen, vor allem im Sumpfgelände. Sie ist auch an Flussmündungen und an Küsten zu finden.

Biologie: Die Paare finden sich im Herbst bzw. im Winter. Das Nest wird meist im dichten Gebüsch in Ufernähe gebaut; es kommt jedoch gelegentlich vor, dass die Stockente in Städten in Baumhöhlen oder auf Gebäuden brütet. Ab März werden für gewöhnlich 9–13 Eier gelegt, die vom Weibchen bebrütet werden und aus denen die Jungen nach 27–28 Tagen schlüpfen. Die Jungvögel sind Nestflüchter, können jedoch erst nach 50–60 Tagen fliegen. Manche Männchen paaren sich mit mehreren Weibchen. Die Erpel geben ein gedämpftes „räh" und „fihb" von sich, während die Weibchen ein lautes Quaken hervorbringen. Die Stockente ist ein ausgezeichneter Flieger und erreicht eine Höchstgeschwindigkeit von 95 km/h; ihre schnellen Flügelschläge produzieren ein leises, aber markantes Pfeifen. Stockenten sind Allesfresser, die im flachen Wasser nach wirbellosen Tieren und Wasserpflanzen gründeln, die aber auch Sämereien und Brot nicht verschmähen.

Familie
Anatidae
Enten

Gesamtlänge
50–65 cm

Flügelspann-weite
81–98 cm

Gewicht
600–1490 g

Merkmale
Farbe des Gefieders, Laute

Europäische Population
2–2,4 Millionen Paare

Internationaler Artenschutz
EEC 2–3
BERN 3
BONN 2
AEWA

Gewässer oder Sümpfe

Spießente · Anas acuta

Familie Anatidae Enten	
Gesamtlänge 51–66 cm	
Flügelspann-weite 80–95 cm	
Gewicht 550–1100 g	
Merkmale Färbung des Gefieders, Schwanzform	
Europäische Population 23 000–33 000 Paare	
Internationaler Artenschutz SPEC 3 EEC 2–3 BERN 3 BONN 2 AEWA	
Gewässer oder Sümpfe	

Diese langhalsige Schwimmentenart zeichnet sich durch ihren langen Hals und spitzen Schwanz aus. Die Geschlechter präsentieren sich recht unterschiedlich: Das Männchen *(Bild unten)* hat einen schokoladebraunen Kopf, einen weißen Hals und einen grauen Rücken. Auffallend sind die langen Schwanzspieße. Der Flügelspiegel glänzt dunkelgrün mit teils rötlichem, teils schwarz-weißem Rand. Das Weibchen hat ein graubraunes Gefieder mit einem schwarzbraunen Flügelspiegel.

Verbreitung: Die Spießente ist als **Teilzieher** in Eurasien und Nordamerika vertreten und brütet in der Tundra bzw. in der nördlichen Waldzone. In Europa brütet sie vor allem von Island über Skandinavien bis nach Russland. Gebietsweise ist sie auch in Großbritannien, Dänemark, Deutschland und Polen anzutreffen. Sie überwintert von den Britischen Inseln bis in den Balkan.

Lebensraum: Die Spießente bevorzugt als Lebensraum Feuchtgebiete aller Art und ist im Winter vor allem an Meeresküsten anzutreffen.

Biologie: Die Paare finden bei dieser Spezies schon im Winter zusammen. Im April bzw. Mai werden vom Weibchen in ein Bodennest für gewöhnlich 7–9 gelbliche Eier gelegt, die von ihm 22–24 Tage bebrütet werden. Die Jungvögel sind Nestflüchter und werden erst nach 40–45 Tagen flugfähig. Das Männchen gibt als Lautäußerung ein tiefes Pfeifen von sich, während das Weibchen quakende Laute hören lässt. Der S-förmig gekrümmte lange Hals erinnert bei der schwimmenden Spießente etwas an einen Schwan. Im Flug ist der Hals ausgestreckt. Die Spießente hält sich gerne in Gesellschaft von Enten ähnlicher Art auf. Als Nahrung dienen ihr Wasserpflanzen und wirbellose Tiere.

Knäkente Anas querquedula

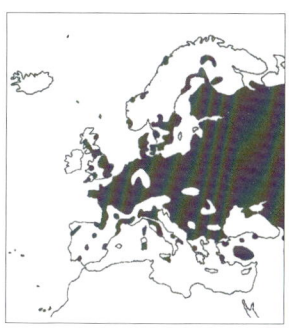

Die Erpel dieser kleinen Entenart haben einen braunen Kopf mit einem weißen bogigen Überaugenstreif. Die Brust ist ebenfalls braun, der Flügelspiegel graugrün mit weißem Rand. Auf dem grauen Rücken trägt er lange herabhängende Schmuckfedern. Die weibliche Knäkente *(auf dem Bild unten im Hintergrund)* ist bräunlich gefärbt und trägt einen grauen Spiegel.

Verbreitung: Die Knäkente ist ein **Langstreckenzieher**, der in den gemäßigten Zonen Eurasiens weit verbreitet ist. Ihr Brutgebiet erstreckt sich von Großbritannien bis zur Ukraine. Die europäischen Populationen überwintern südlich der Sahara.

Lebensraum: Die Knäkente brütet an Süßwasserseen und in pflanzenreichen Sümpfen. Außerhalb der Brutzeit findet man sie an Gewässern aller Art.

Biologie: Im April bzw. Mai legt die Knäkente für gewöhnlich 8–9 Eier, die sie allein bebrütet. Die Jungen schlüpfen nach 21–23 Tagen. Die Jungvögel sind Nestflüchter, können aber erst nach 35–40 Tagen fliegen. Der Erpel lässt ein laut schnarrendes „klerrb" vernehmen, während das Weibchen ein Quaken von sich gibt. Die Knäkente lebt gesellig und ist im Allgemeinen weniger misstrauisch als andere Entenarten. Sie vermag schnell zu fliegen, steigt aber aus dem Wasser nicht senkrecht auf, wie es die Krickente tut. Als Nahrung dienen diesen Enten Wasserpflanzen und wirbellose Tiere.

Bestände: Die Populationen der Knäkente werden in weiten Teilen Europas immer weniger, was vor allem auf die Zerstörung ihrer natürlichen Lebensräume sowie auf die Bejagung zurückzuführen ist. Auch die Lebensbedingungen in ihren Winterquartieren haben sich offensichtlich verschlechtert. Ein weiterer Nachteil ist die Gewohnheit der Knäkente, auf Wiesen, die in der Nähe von Sumpfgebieten liegen, zu brüten, sodass so manches Gelege beim Mähen unabsichtlich vernichtet wird.

Familie
Anatidae
Enten

Gesamtlänge
37–41 cm

Flügelspannweite
60–63 cm

Gewicht
260–470 g

Merkmale
Färbung des Gefieders, markanter Ruf

Europäische Population
79 000–92 000 Paare

Internationaler Artenschutz
SPEC 3
BERN 3
BONN 2
AEWA
CITES 1

Gewässer oder Sümpfe

Löffelente   *Anas clypeata*

Familie	Anatidae Enten
Gesamtlänge	44–52 cm
Flügelspann- weite	70–84 cm
Gewicht	400–680 g
Merkmale	Färbung des Gefieders, Form des Schnabels
Europäische Population	34 000–39 500 Paare
Internationaler Artenschutz	EEC 2–3 BERN 3 BONN 2 AEWA
Gewässer oder Sümpfe	

Die Löffelente ist vor allem an ihrem langen, löffelartigen Schnabel erkennbar. Die Erpel *(Bild unten)* haben einen grün schillernden Kopf; Hals und Brust sind weiß, Bauch und Flanken zimtbraun gefärbt. Die Flügeldecken sind bläulich grau und der Spiegel ist schwärzlich grün. Das weibliche Tier gleicht der Stockente, unterscheidet sich von dieser aber durch die bläulich grauen Flügeldecken und den Schnabel.

Verbreitung: Als **Teilzieher** ist die Löffelente in Eurasien und Nordamerika verbreitet, und zwar in der nördlichen und in der gemäßigten Zone. Russische Populationen überwintern in Ostafrika, einige europäische in Westafrika.

Lebensraum: Die Löffelente ist vor allem in Flachwassersümpfen und an anderen Binnengewässern anzutreffen. Im Winter taucht sie auch an Flussmündungen und an Küsten auf.

Biologie: Zwischen April und Juni werden in das gut im Gebüsch verborgene Nest 9–11 Eier gelegt, die vom Weibchen allein bebrütet werden. Nach 22–23 Tagen schlüpfen die Jungen. Die Jungvögel sind Nestflüchter, können aber erst nach 40–45 Tagen fliegen. Die Löffelente ernährt sich vor allem von wasserlebenden wirbellosen Tieren und Wasserpflanzen sowie deren Samen. Dabei leistet ihr der löffelartige Schnabel gute Dienste, der mit seinen feinen Sieblamellen das Filtern des Wassers nach Kleintieren ermöglicht. Die Löffelente lebt gesellig und schließt sich oft anderen Entenarten an. Auf Nahrungssuche schwimmen kleine Gruppen oft langsam paddelnd im Kreis, um Samen und Kleintiere an die Oberfläche zu befördern. Sobald sie sich gefährdet fühlt, fliegt die Löffelente fast senkrecht vom Wasser auf.

Kolbenente   Netta rufina

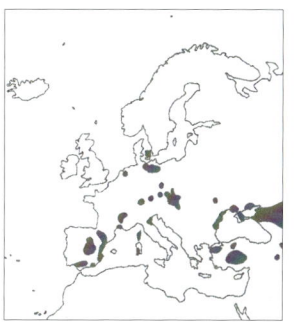

Diese Spezies zeichnet sich durch beträchtliche Unterschiede zwischen männlichen und weiblichen Tieren aus. Das Männchen *(Bild unten)* hat einen großen ockerfarbenen Kopf mit aufrichtbarer Federhaube und einen roten Schnabel; Hals, Brust und Bauch sind größtenteils schwarz. Das Weibchen ist hingegen schlicht graubraun mit weißen Wangen. Im Flug zeigen beide Geschlechter ein breites weißes Flügelband.

Verbreitung: Die Kolbenente ist ein **Teilzieher**, der in Europa und im südlichen Zentralasien verbreitet ist. Nach Norden erstreckt sich ihr Verbreitungsgebiet nicht über den 55. Breitengrad hinaus. Sie ist auf der Iberischen Halbinsel **Jahresvogel**, während sich west- und mitteleuropäische Populationen im Winter im Mittelmeerraum aufhalten. Die Populationen der Ukraine überwintern hingegen in Südosteuropa.

Lebensraum: Diese Ente bevorzugt vor allem seichte Süßwasserseen mit dichter Vegetation als Lebensraum. Darüber hinaus ist sie auch an Flussmündungen, in Brackwassersümpfen sowie in Küstenlagunen anzutreffen.

Biologie: Zwischen Ende April und Juni legt das Weibchen in einem Nest, welches in der dichten Vegetation versteckt ist, 8–10 cremefarbene Eier, die von ihm 26–28 Tage lang bebrütet werden. Die Jungvögel sind Nestflüchter, jedoch erst nach 45–50 Tagen flugfähig. Die Kolbenente legt nur ein Gelege im Jahr an. Als Nahrung dienen ihr vor allem Wasserpflanzen, die sie durch Tauchen heraufholt, darüber hinaus aber auch kleine Wassertiere. Wie auch andere Tauchenten läuft die Kolbenente beim Abflug erst eine gewisse Strecke flügelschlagend über die Wasseroberfläche, ehe sie sich in die Luft erhebt. Kolbenenten geben als Lautäußerung gelegentlich knarrende Laute von sich.

Familie
Anatidae
Enten

Gesamtlänge
53–57 cm

Flügelspannweite
84–88 cm

Gewicht
800–1240 g

Merkmale
Färbung des Gefieders,
Farbe des Schnabels

Europäische Population
8000–11 500 Paare

Internationaler Artenschutz
SPEC 3
EEC 2
BERN 3
BONN 2
AEWA

Gewässer oder Sümpfe

Tafelente   *Aythya ferina*

Familie	Anatidae Enten
Gesamtlänge	42–49 cm
Flügelspannweite	72–82 cm
Gewicht	700–1100 g
Merkmale	Färbung des Gefieders
Europäische Population	201 000– 241 000 Paare
Internationaler Artenschutz	SPEC 4 EEC 2–3 BERN 3 BONN 2 AEWA
Gewässer oder Sümpfe	

Die Tafelente fällt als Vertreter der Tauchenten vor allem durch ihr markantes Kopfprofil mit flacher Stirn und hohem Scheitel auf. Das Männchen *(Bild unten)* hat einen fast dreieckigen rotbraun gefärbten Kopf und einen ebenso gefärbten Hals. Die Brust ist schwarz, der Rücken grau. Das Weibchen ist an Kopf, Hals, Brust und Oberseite einheitlich braun gefärbt, wobei der seitliche Rücken und Bauch einen helleren Grauton aufweist. Im Flug zeigen sich die Flügel grau mit einem hellgrauen Flügelband.

Verbreitung: Die Tafelente ist ein **Teilzieher**, der von Irland über die nördliche und gemäßigte Zone Europas bis hin nach Ostsibirien beheimatet ist. Diese Spezies überwintert in Japan, China, Indien, im Nahen und Mittleren Osten, in Afrika und nicht zuletzt auch in Westeuropa. Rund eine Viertelmillion Tafelenten verbringen den Winter in Europa.

Lebensraum: Die Tafelente ist auf allen Arten von Binnengewässern und sogar auf Stauseen zu finden, u. a. auch in höher gelegenen Regionen. Sie taucht gelegentlich auch an Flussmündungen und an geschützten Küsten auf.

Biologie: Im April bzw. Mai baut die Tafelente ihr Nest gut verborgen im niedrigen Gebüsch; dabei kommt es aber auch vor, dass sie ein verlassenes Blässhuhn- oder Möwennest „übernimmt" und dort ihre 8–10 grünlichen Eier legt, die das Weibchen 24–28 Tage bebrütet. Die Jungvögel verlassen das Nest schon nach kurzer Zeit, sind aber erst nach 50–55 Tagen voll flugfähig. Die Tafelente lebt sehr gesellig und schließt sich gerne Reiherenten an. Sie fliegt sehr schnell und nimmt zum Abfliegen einen Anlauf auf dem Wasser. Die Tafelente ernährt sich von Wasserpflanzen und wirbellosen Tieren, Nahrung, nach der sie manchmal mehrere Meter tief taucht.

Moorente   Aythya nyroca

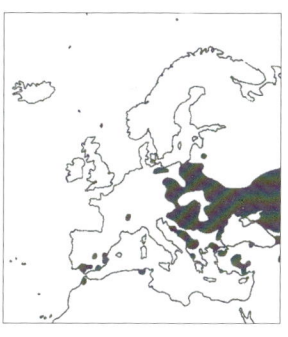

Vertreter dieser seltenen Tauchentenart sind an ihrem kastanienbraunen Federkleid zu erkennen; Rücken und Hinterende sind etwas dunkler. Auffallend sind die weißen Unterschwanzdecken und der weiße Flügelstreif. Das Männchen *(Bild unten)* zeigt weiße Augen, während die des Weibchens dunkel sind. Das Federkleid des Weibchens ist ähnlich gefärbt wie das des Männchens, jedoch allgemein etwas blasser.

Verbreitung: Die Moorente ist ein **Teilzieher**, der in Zentral- und Westasien sowie in Süd- und Osteuropa verbreitet ist. Sie überwintert in Südosteuropa, in der Türkei, in Afrika und in Nordindien.

Lebensraum: Die Moorente hält sich im Sommer bevorzugt an Sümpfen und Seen mit dichter Vegetation auf. Im Winter ist sie auch in Küstenlagunen anzutreffen.

Biologie: Zwischen April und Juni baut das Weibchen ihr Nest in der dichten Ufervegetation, wo es 8–10 gelblich braune Eier ablegt, die von ihm 25–27 Tage bebrütet werden. Die Jungvögel verlassen kurz nach dem Schlüpfen das Nest, werden jedoch erst nach 55–60 Tagen flugfähig. Die Moorente bringt nur ein Gelege im Jahr hervor. Sie ist scheu und lebt nicht sehr gesellig. Die Vögel ernähren sich von Wasserpflanzen und wirbellosen Tieren, die sie direkt unter der Wasseroberfläche oder durch Hinabtauchen erbeuten.

Bestände: Dass die Bestände der Moorente in großen Teilen ihres europäischen Verbreitungsgebietes stetig abnehmen, hat verschiedene Gründe – insbesondere die Vernichtung ihrer Brutgebiete sowie die Jagd auf diese seltenen Tiere und die immer ungünstiger werdenden Bedingungen in den afrikanischen Winterquartieren. Um ihr Aussterben zu verhindern, versucht man in verschiedenen Ländern Europas die Moorente wieder anzusiedeln.

Familie	Anatidae Enten
Gesamtlänge	38–42 cm
Flügelspannweite	63–67 cm
Gewicht	400–690 g
Merkmale	Färbung des Gefieders
Europäische Population	14 000–23 000 Paare
Internationaler Artenschutz	SPEC 1 EEC 1 BERN 3 BONN 1–2 AEWA CITES 1

Gewässer oder Sümpfe

Reiherente   Aythya fuligula

Familie
Anatidae
Enten

Gesamtlänge
40–47 cm

**Flügelspann-
weite**
67–73 cm

Gewicht
350–1000 g

Merkmale
Färbung des
Gefieders,
Gesselligkeit

**Europäische
Population**
252 000–
310 000 Paare

**Internationaler
Artenschutz**
EEC 2–3
BERN 3
BONN 2
AEWA

**Gewässer oder
Sümpfe**

Diese Tauchente zeichnet sich durch ihren herabhängenden Federschopf aus. Das Männchen
(Bild unten) ist schwarz mit weißen Flanken. Der
Kopf schillert violett und trägt einen Federschopf,
der über den Nacken herabhängt. Das Weibchen
ist bräunlich gefärbt und hat einen kleinen, oft
nicht sehr ausgeprägten weißen Fleck am Schnabelgrund; der Schopf ist nur angedeutet.

Verbreitung: Die Reiherente ist ein **Teilzieher**, der
im eurasiatischen Raum verbreitet ist und sich in
Mitteleuropa erfolgreich ausgebreitet hat. Ihre
Winterquartiere bezieht sie vorwiegend im Niltal,
im Mittelmeerraum sowie im Nahen, Mittleren
und Fernen Osten.

Lebensraum: Die Reiherente ist vor allem in Süßwassersümpfen sowie an Seen und
Teichen beheimatet. Selbst in Städten ist sie gelegentlich an Teichen anzutreffen.
Im Winter bevorzugt sie größere Stillgewässer, Flussmündungen und Lagunen.

Biologie: Ab Mai baut die Reiherente ihr Nest meist im niedrigen Gebüsch nahe am
Wasser. Die 8–11 grünlichen Eier werden vom Weibchen ca. 25 Tage bebrütet. Die
Jungen sind Nestflüchter, können jedoch erst nach 45–50 Tagen fliegen. In der Brutzeit teilen sich die Reiherenten manchmal ihr Territorium mit Möwen und Seeschwalben.

Besonderheiten: Reiherenten sind überaus gesellig und bilden zusammen mit Tafelenten oft große Scharen. Auf den Teichanlagen der Städte vereinen sie sich oft mit
Hausenten.

Ähnliche Arten: Die **Bergente** (Aythya marila) brütet in Eurasien und Nordamerika.
Im Winter ziehen russische Populationen an die Ostsee, während isländische Vögel
in Irland und Schottland überwintern.

Schellente   Bucephala clangula

Diese Tauchente fällt durch ihren dreieckigen, recht hohen Kopf auf. Dieser ist beim Männchen *(Bild unten)* zur Brutzeit schwarz mit einem leicht grünlichen Metallschimmer; zusätzlich ist am Schnabelgrund ein rundlicher weißer Fleck zu erkennen. Hals und Brust sind weiß, Rücken und Schwanz hingegen schwarz. Das Weibchen zeigt einen schokoladebraunen Kopf und trägt am Hals einen weißen Halsring.

Verbreitung: Die Schellente ist ein **Teilzieher**, der in zwei Unterarten in Eurasien und Nordamerika beheimatet ist. In Europa brüten die Schellenten in Skandinavien, Nordrussland und Ostdeutschland. Den Winter verbringen sie zwischen Deutschland und Südosteuropa.

Lebensraum: Schellenten brüten vorwiegend in Wäldern nahe an Seen und an großen Flüssen. Während des Winters sind sie an Süßwasserseen, an Flussmündungen und in Meeresbuchten anzutreffen.

Biologie: Im Mai bzw. Juni legt die Schellente 8–11 grünlich blaue Eier, die vom Weibchen 29–30 Tage bebrütet werden. Die Jungen bleiben nach dem Schlüpfen 1–2 Tage im Nest und können nach 8–9 Wochen fliegen. Diese Enten leben zwar gesellig, bilden dabei aber keine größeren Gruppen. Sie fliegen schnell und nehmen beim Abflug einen kurzen Anlauf auf dem Wasser. Die Flügelschläge erzeugen markante pfeifende Geräusche, die an Schellengeläut erinnern. Schellenten ernähren sich von Krebstieren und Mollusken, nach denen sie mehrere Meter tief tauchen. Sie stoßen heisere und nasale Rufe aus.

Besonderheiten: Schellenten nisten in Baumhöhlen, die mit Holzspänen und Brustfedern des Weibchens ausgekleidet werden. Sie lassen sich aber auch in künstlichen Ersatzhöhlen nieder, sodass in letzter Zeit in einigen Gebieten eine Wiederansiedlung mittels Nistkästen erzielt werden konnte.

Ähnliche Arten: Die **Spatelente** *(Bucephala islandica)* ist größer und brütet in Nordamerika, Grönland und Island. Sie zieht im Winter immer nur so weit, bis sie eisfreies Wasser erreicht. Der **Zwergsäger** *(Mergellus albellus)* brütet in Nordschweden, Finnland und Russland und überwintert u. a. auch an der Nordsee.

Familie
Anatidae
Enten

Gesamtlänge
42–50 cm

Flügelspann-weite
65–80 cm

Gewicht
550–1250 g

Merkmale
Färbung des Gefieders,
Form und Farbe des Kopfes

Europäische Population
227 000–
283 000 Paare

Internationaler Artenschutz
EEC 2
BERN 3
BONN 2
AEWA

Wiesen

Gänsesäger Mergus merganser

Familie
Anatidae
Enten

Gesamtlänge
58–66 cm

**Flügelspann-
weite**
82–97 cm

Gewicht
900–2150 g

Merkmale
Färbung des
Gefieders,
Schnabelform

**Europäische
Population**
46 500–61 000
Paare

**Internationaler
Artenschutz**
EEC 2
BERN 3
BONN 2
AEWA

**Gewässer oder
Sümpfe**

Der Gänsesäger ist der größte Entenvogel Europas und zeichnet sich durch seinen langen, an den Rändern gesägten Schnabel aus. Der Kopf des Männchens ist schwarz mit grünlichem Glanz. Hals, Brust und Unterseite sind cremeweiß mit einem leichten rosa Schimmer. Das Weibchen ist überwiegend grau gefärbt mit einem kastanienbraunen Kopf und Hals sowie mit weißer Kehle. Die Federn des Hinterkopfes sind haubenartig verlängert.

Verbreitung: Der Gänsesäger ist ein Teilzieher, der in drei Unterarten im Waldgürtel Eurasiens und Nordamerikas beheimatet ist. Er überwintert in Japan, China, Nordindien, Teilen Sibiriens, am Schwarzen Meer sowie im gemäßigten Westeuropa. Auch im Alpenraum ist er als Brutvogel anzutreffen.

Lebensraum: Der Gänsesäger brütet an Flüssen und Seen im Bereich der nördlichen Nadelwälder und in den Alpen. Im Winter ist er vorwiegend an Küsten anzutreffen.

Biologie: Als Nistplatz wählt der Gänsesäger Baumhöhlen oder Felsspalten, wo ab Mai 8–11 Eier 30–32 Tage bebrütet werden. Die Jungen fliegen nach 60–70 Tagen. Der Gänsesäger ist für gewöhnlich stumm, gibt jedoch gelegentlich krächzende oder knarrende Laute von sich. Der schnelle Flug dieser Vögel erzeugt zischende Luftgeräusche und beginnt stets mit einem langen Anlauf auf dem Wasser. Gänsesäger sind gesellige Tiere und bilden im Winter oft beträchtliche Schwärme. Sie ernähren sich hauptsächlich von Fischen, die sie tauchend erbeuten.

Besonderheiten: Während der Balz krümmt das Männchen den Hals zurück oder streckt ihn nach oben, wobei es klagende Laute ausstößt.

Ähnliche Arten: Der Mittelsäger *(Mergus serrator)* ist kleiner und trägt am Kopf eine nach hinten abstehende Haube. Diese Art ist in Eurasien und Nordamerika verbreitet und überwintert vor allem an den Küsten des Atlantiks und der Nordsee, aber auch am Mittelmeer und am Schwarzen Meer.

Ein männlicher Gänsesäger, gefolgt vom weiblichen Tier. Oben: Ein weiblicher Mittelsäger.

Wespenbussard   *Pernis apivorus*

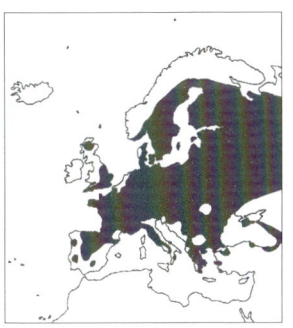

Im Flug gleicht dieser Vogel dem Mäusebussard, er hat jedoch einen kleineren Kopf, schmalere, gerade gestreckte Flügel und einen längeren Schwanz. Charakteristisch sind die drei dunklen Schwanzbinden. Wespenbussarde sind sehr variabel gefärbt, konstant ist jedoch die typische Bänderung an Flügel- und Schwanzunterseite. Die Krallen sind nicht, wie bei anderen Greifen üblich, dolchscharf, sondern ziemlich stumpf ausgebildet. Beide Geschlechter sind gleich gefärbt.

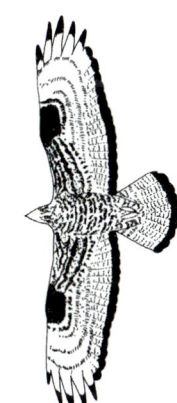

Familie
Accipitridae
Habichtartige

Gesamtlänge
52–60 cm

Flügelspann-
weite
135–150 cm

Gewicht
630–1050 g

Merkmale
Form des
Kopfes,
Ernährungs-
gewohnheiten

Europäische
Population
41 000–48 500
Paare

Internationaler
Artenschutz
SPEC 4
EEC 1
BERN 2
BONN 2
CITES 1

Wälder

Verbreitung: Der Wespenbussard ist ein **Langstreckenzieher**, der in waldreichen Gebieten Europas und Westasiens beheimatet ist. Er überwintert in der Sahelzone und in Südwestafrika.

Lebensraum: Der Wespenbussard bevorzugt als Habitat Laub- und Nadelwälder mit Lichtungen bzw. Waldränder. Er ist bis in 1800 m ü. d. M. anzutreffen.

Biologie: Ab Mitte Mai legt das Weibchen für gewöhnlich zwei Eier, die hauptsächlich von ihm 30–35 Tage bebrütet werden. Die Jungvögel sind nach 40–45 Tagen flugfähig. Der Wespenbussard ernährt sich fast ausschließlich von Bienen, Wespen, Hornissen und deren Brut. Mit seinen breiten Krallen und dem Schnabel gräbt er bis zu 40 cm tiefe Löcher in den Boden, um zu seiner bevorzugten Nahrung zu gelangen: ausgewachsene Hautflügler, aber auch deren Larven und Puppen. Der Stachelapparat wird vor dem Verzehren entfernt. Wie alle Greifvögel würgt er die unverdaulichen Teile der Beute, in diesem Fall die Chitinteile, in Form von Speiballen („Gewölle") wieder aus. Gelegentlich erbeutet dieser Vogel auch Amphibien, Reptilien und kleine Vögel. Der Wespenbussard stößt hohe Rufe aus, die wie „kii-ää" klingen.

Besonderheiten: In der Umgebung des Schnabels und der Augen sitzen beim Wespenbussard kurze harte Federchen, die ihn vor den Stichen seiner Beutetiere schützen.

Der in Europa und Asien verbreitete Wespenbussard ernährt sich vorwiegend von Bienen, Wespen und Hornissen sowie deren Larven und Puppen.
Oben: Die Zeichnung zeigt wichtige Erkennungsmerkmale eines ausgewachsenen fliegenden Wespenbussards an seiner Unterseite.

Schwarzmilan   *Milvus migrans*

Familie	Accipitridae Habichtartige
Gesamtlänge	55–60 cm
Flügelspann-weite	160–180 cm
Gewicht	600–930 g
Merkmale	Gestalt im Flug, hohes Trillern
Europäische Population	26 000–29 000 Paare
Internationaler Artenschutz	SPEC 3 EEC 1 BERN 2 BONN 2 CITES 1
Wälder	

Das Federkleid des Schwarzmilans ist dunkel graubraun mit helleren Oberflügeldecken. Der Kopf ist etwas heller und der lange Schwanz endet leicht gegabelt. Beide Geschlechter zeigen keine Unterschiede.

Verbreitung: Der Schwarzmilan ist in sechs Unterarten in Eurasien, mit Ausnahme Nord- und Westeuropas, Afrika, Indonesien und Australien beheimatet. Er überwintert in Afrika südlich der Sahara.

Lebensraum: Der Schwarzmilan bevorzugt als Habitat Wälder und Baumgruppen in Feuchtgebieten, an Seen und Flussufern. Er ist auf Meereshöhe ebenso anzutreffen wie in tibetischen Hochsteppen von über 4500 m Höhe.

Biologie: Schwarzmilane nisten als einzelne Paare oder in Kolonien. Im April bzw. Mai legt das Weibchen in das eher flüchtig gebaute Nest hoch in einem Baum 2–3 braun gefleckte cremefarbene Eier, die von ihm allein 26–28 Tage bebrütet werden. Die Jungvögel sind Nesthocker und fliegen nach 40–42 Tagen. Der Schwarzmilan zeigt sich das ganze Jahr über recht gesellig. Erkennbar ist er u. a. auch an seinem hohen Trillern und Schnattern, das er zur Brutzeit von sich gibt. Seine Ernährung ist recht vielfältig und umfasst kleine Säuger, Vögel, Reptilien, Amphibien, Krebstiere und Insekten. Er ernährt sich aber auch von Aas und Abfällen. In manchen Gegenden ernährt er sich fast ausschließlich von lebenden oder toten, auf der Wasseroberfläche treibenden Fischen. Als Aasfresser erfüllt er in manchen Gegenden Afrikas und Asiens eine überaus nützliche Funktion.

Besonderheiten: Als geschickter Flieger gelingt es dem Schwarzmilan oft, anderen Greifvögeln die Beute abzujagen oder auch große Käfer im Flug zu fangen. Vor dem Menschen zeigt er keine Scheu, sodass er manchmal sogar Nahrung aus den Körben stiehlt, die afrikanische Frauen auf ihrem Kopf tragen.

Ein Jungvogel.
Oben: Die Flugsilhouette des Schwarzmilans zeichnet sich durch den nur leicht gegabelten Schwanz aus.

Rotmilan   *Milvus milvus*

Der Rotmilan ist ein mittel- großer schlanker Greifvogel mit langen, stark gewin- kelten Schwingen und ei- nem langen, tief gegabel- ten Schwanz. Er hat ein rötlich braunes Gefieder und einen hellgrauen, dunk- ler gestreiften Kopf. Die Flügelunterseiten sind mit weißlich grauen Flecken versehen. Beide Geschlech- ter zeigen keine Unter- schiede.

Familie	Accipitridae Habichtartige
Gesamtlänge	60–66 cm
Flügelspann- weite	175–195 cm
Gewicht	800–1600 g
Merkmale	Gestalt im Flug
Europäische Population	17 000–28 000 Paare
Internationaler Artenschutz	SPEC 4 EEC 1 BERN 2 BONN 2 CITES 1
Wälder	

Verbreitung: Der Rotmilan ist ein **Teilzieher**, der in zwei Unter- arten fast ausschließlich in Europa beheimatet ist, im Süden und Westen lebt er sogar als **Standvogel**. Rotmilane, die von Nordfrankreich ostwärts leben, sind lediglich **Sommervögel**. Die meisten wandern im Herbst nach Südwesten ab; sie fliegen dann über die Pyrenäenpässe, um auf der Iberischen Halb- insel zu überwintern.

Lebensraum: Der Rotmilan bevorzugt als Habitat Laubwälder mit angrenzendem offenem Gelände, ist aber auch an Gewässern mit Baumbestand zu finden. Er hält sich selten über 1000 m ü. d. M. auf.

Biologie: Ab März legt das Weibchen in seinen Horst aus Zweigen, der in einem hohen Baum gebaut wurde, seine 1–3 weißen Eier mit rotbraunen Flecken, sie werden von ihm 31–36 Tage bebrütet. Die Jungen sind Nesthocker und nach 50–70 Tagen voll flugfähig. Rotmilane sind ausgezeichnete Flieger; man kann sie oft beobachten, wie sie im Aufwind an Hängen in der Luft stehen und nur durch leichtes Drehen der Stoßfedern den schwankenden Flug korrigieren. Diese Vögel ernähren sich von Säugetieren, Vögeln, größeren Insekten und Aas. Sie betätigen sich auch als Abfallvertilger. Der Rotmilan fasst seine lebende Beute im Flug und tötet sie mit dem Schnabel. Er ist im Allgemeinen stumm, macht sich jedoch in der Fortpflanzungsphase mit einem jammernden Trillern und wiederholten „hä-hii- ha"-Rufen bemerkbar.

Ähnliche Arten: Der **Gleitaar** *(Elanus caerulus)* ist kleiner und auf der Oberseite grau, auf der Unterseite weiß gefärbt. Er bewohnt als Sommervogel die Iberische Halbinsel, Nordafrika und Südasien und überwintert in Afrika südlich der Sahara.

Ein Rotmilan im Adultkleid. Oben: Der lange, tief gegabelte Schwanz, der beim Flug gut zu erkennen ist, dient als Steuer- ruder und trägt dazu bei, dass der Rotmilan ein geschickter und eleganter Flieger ist.

Seeadler   Haliaeetus albicilla

Familie
Accipitridae
Habichtartige

Gesamtlänge
70–90 cm

**Flügelspann-
weite**
200–240 cm

Gewicht
3–6,9 kg

Merkmale
Silhouette
im Flug, Form
und Farbe des
Schwanzes

**Europäische
Population**
ca. 2400 Paare

**Internationaler
Artenschutz**
SPEC 3
EEC 1
BERN 2
BONN 1
CITES 1

**Felsen und
Küsten**

Dieser mächtige Greifvogel hat breite und breit endende Flügel, unbefiederte Beine und einen kurzen keilförmigen Schwanz, der bei Altvögeln *(Bild unten)* weiß, bei Jungvögeln braun ist. Das Gefieder dieser Vögel ist braun, Kopf und Hals sind heller gefärbt. Im Flug sieht man die breiten Schwingen des Seeadlers. Beide Geschlechter zeigen keine Unterschiede.

Verbreitung: Der Seeadler brütet von Grönland und Island über Eurasien bis zur Beringstraße. In Westeuropa ist er seit langem ausgerottet. Größere Bestände finden sich noch in Norwegen, aber auch im Einzugsgebiet der Donau ist er noch beheimatet. Wenige Paare sind an den großen Seen in Mecklenburg und Brandenburg anzutreffen. Die nördlichen Populationen überwintern etwas südlich ihrer Brutgebiete.

Lebensraum: Der Seeadler brütet an größeren Seen und Flüssen auf hohen Bäumen, aber auch an felsigen Meeresküsten.

Biologie: Je nach geographischer Breite des Brutgebietes baut der Seeadler zwischen Ende Februar und Mai seinen Horst hoch auf Baumwipfeln oder auf unzugänglichen Felsen. Die zwei Eier werden vom Weibchen ca. 38 Tage bebrütet. Die Jungvögel fliegen nach 70–75 Tagen. Seeadler ernähren sich vorwiegend von großen Fischen und Wasservögeln bis zur Größe von Gänsen, aber auch von Säugetieren, wie z. B. Hasen und Kaninchen, sowie von Aas.

Besonderheiten: Ihr Brutplatz wird von diesen Vögeln immer wieder aufgesucht und der Horst, welcher einen Durchmesser von bis zu 3 m erreichen kann, findet somit jedes Jahr aufs Neue Verwendung.

Bestände: In vielen europäischen Ländern sind die Bestände des Seeadlers dramatisch zurückgegangen, in Westeuropa ist er zum größten Teil verschwunden, wofür in erster Linie der Mensch verantwortlich ist, u. a. auch durch die Verunreinigung der Gewässer. In manchen Gebieten wurde der Seeadler erfolgreich wieder eingebürgert, beispielsweise in Schottland.

Bartgeier Gypaetus barbatus

Dieser riesige Geier unterscheidet sich von anderen Geiern dadurch, dass er keinerlei nackte Stellen an Kopf, Hals oder Brust aufweist. Die Beine sind vollständig befiedert, die gewinkelten Flügel lang und schmal und der Schwanz ist lang und endet keilförmig. Kopf und Unterseite sind weißlich mit einem gelblich rostfarbenen Anflug. An der Basis des Schnabels trägt er ein schwarzes Federbärtchen, dem er seinen Namen verdankt. Beide Geschlechter zeigen keine Unterschiede, die Jungvögel sind relativ dunkel graubraun gefärbt.

Familie	Accipitridae Habichtartige
Gesamtlänge	100–115 cm
Flügelspann- weite	266–282 cm
Gewicht	4,5–7,5 kg
Merkmale	Silhouette im Flug, Farbe des Gefieders, Ernährungs- gewohnheiten
Europäische Population	80–90 Paare
Internationaler Artenschutz	SPEC 3 EEC 1 BERN 2 BONN 2 CITES 1
Felsen	

Verbreitung: Der Bartgeier ist ein Jahresvogel, der in drei Unterarten in Afrika und Südeuropa bis hin nach Zentralasien beheimatet ist. In Europa ist er heute nur noch in den Pyrenäen, auf Korsika, in Griechenland und auf Kreta anzutreffen.

Lebensraum: Der Bartgeier lebt bevorzugt in felsigem Gelände, im Gebirge und auf Hochplateaus, wo er in den Höhlen hoher Felswände nistet.

Biologie: Das Bartgeierweibchen legt im Winter 1–2 Eier, die vor allem von ihm selbst 55–60 Tage bebrütet werden. Die Jungvögel fliegen nach 14–15 Wochen. Trotz seiner Größe ist der Bartgeier ein ausgezeichneter und geschickter Flieger. Zur Brutzeit gibt er gelegentlich ein krächzendes Pfeifen von sich.

Besonderheiten: Bartgeier sind Aasfresser, die es vor allem auf Knochen abgesehen haben. Die Tiere lassen sie aus großer Höhe herabfallen, damit sie auf einem Felsen zerschellen, sodass das Knochenmark freigelegt wird. Sie verschlingen oft riesige Stücke, die restlos verdaut werden.

Bestände: Um dem dramatischen Rückgang der europäischen Bestände entgegenzuwirken, wurden in manchen Ländern Rettungsmaßnahmen ergriffen, wie z. B. eine gezielte Wiedereinbürgerung von Vögeln aus speziellen Aufzuchten. Entsprechende Projekte im Alpenraum scheinen überraschend gute Ergebnisse zu bringen, wie z. B. im Nationalpark Hohe Tauern in Österreich.

Gänsegeier Gyps fulvus

Familie Aegypiinae Altweltgeier	
Gesamtlänge 95–105 cm	
Flügelspann- weite 240–280 cm	
Gewicht 5–11,2 kg	
Merkmale Silhouette im Flug, Ver- halten bei der Nahrungssuche	
Europäische Population ca. 9000 Paare	
Internationaler Artenschutz SPEC 3 EEC 1 BERN 2 BONN 2 CITES 1	
Felsen	

Dieser mächtige hellbraune Geier hat als Kennzeichen einen langen Hals, der mit weißlichem Flaum bedeckt ist. Auffallend ist die weiße Halskrause, die bei Jungvögeln *(Bild unten)* noch braun gefärbt ist. Der Gänsegeier hat einen eher kleinen Kopf, aber einen kräftigen Schnabel. Im Flug ist er an den breiten Flügeln sowie dem kurzen, breiten Schwanz zu erkennen. Das Federkleid ist bei beiden Geschlechtern gleich gefärbt.

Verbreitung: Der Gänsegeier ist in zwei Unterarten in Eurasien und Nordafrika vertreten. In Europa ist er vor allem in Spanien weit verbreitet, darüber hinaus ist er auf Sardinien, in Griechenland und Frankreich beheimatet. Gänsegeier halten sich das ganze Jahr über in ihrem Brutgebiet auf.

Lebensraum: Gänsegeier bevorzugen als Habitat felsiges Gelände mit Schluchten, wo sie in Felswänden oder Höhlen nisten.

Biologie: Die Weibchen legen im Winter in einen Hort aus Zweigen ein einziges weißes Ei, das abwechselnd von beiden Partnern 54–58 Tage bebrütet wird. Der Jungvogel kann nach ca. dreieinhalb Monaten fliegen. Der Gänsegeier bringt nur ein Gelege im Jahr hervor. Der Vogel ist im Allgemeinen eher schweigsam – in der Fortpflanzungszeit lässt er jedoch seine krächzenden und fauchenden Rufe sowie ein klagendes Pfeifen vernehmen. Er lässt sich meistens von Aufwinden in große Höhen tragen, um dann sein großes Revier abzusuchen. Hat er Aas entdeckt, stößt er in großen Spiralen herab. Am Boden bewegt er sich mit unbeholfen wirkenden Sprüngen vorwärts.

Besonderheiten: Das gesellige Verhalten der Gänsegeier ist für das Überleben jedes einzelnen Tieres von großer Bedeutung – vor allem bei der Nahrungssuche. Dabei achten diese Tiere stets auf das Verhalten von Artgenossen sowie von anderen Spezies, wie z. B. Rabenvögeln oder Mäusebussarden, die auf Fallwild aufmerksam machen. Als Nahrung dient dem Gänsegeier vor allem Aas, z. B. abgestürzte und verendete Tiere. In der Rangordnung der Tiere, die sich über das Aas hermachen, kommt der Gänsegeier erst nach dem Mönchsgeier.

Bestand: Durch Auslegen von vergifteten Ködern sowie das Verschwinden der Tierhaltung im Freien sind die Bestände dieses Geiers allgemein stark zurückgegangen und gebietsweise ganz verschwunden.

Ähnliche Arten: Der Mönchsgeier *(Aegypius monachus)* hat ein sehr dunkles Federkleid, einen kurzen, keilförmig endenden Schwanz sowie sehr lange Flügel. Im Flug kann man ihn vom Gänsegeier durch die einfarbig dunkle Unterseite unterscheiden. In Europa ist der Mönchsgeier in Portugal und Spanien, auf den Balearen, in Griechenland und in den Balkanländern beheimatet.

Rohrweihe   Circus aeruginosus

Dieser schlanke, langbeinige Greifvogel zeichnet sich durch lange Flügel und einen langen Schwanz aus, was ihn von anderen Greifvögeln, mit Ausnahme der Weihen und Milane, deutlich unterscheidet. Die Geschlechter sind recht unterschiedlich gefärbt; das Männchen (Bild unten) ist auf der Oberseite braun, auf der Unterseite rötlich gefärbt. Der Kopf ist etwas heller, der Schwanz und ein Teil der Schwingen sind grau. Das Weibchen ist einheitlich braun; nur der Kopf, die Kehle und der vordere Teil der Schwingen sind cremegelb gefärbt.

Familie
Accipitridae
Habichtartige

Gesamtlänge
48–56 cm

Flügelspannweite
115–130 cm

Gewicht
400–1100 g

Merkmale
Silhouette
im Flug, Flug,
Jagdtechnik

Europäische Population
26 000–34 500
Paare

Internationaler Artenschutz
EEC 1
BERN 2
BONN 2
CITES 1

Gewässer oder Sümpfe

Verteilung: Die Rohrweihe ist ein Teilzieher, der in acht Unterarten im gemäßigten eurasiatischen Raum von Großbritannien bis Japan verbreitet ist. Auch in Nordafrika, auf Madagaskar, in Australien, Neuguinea und Neuseeland ist die Rohrweihe beheimatet. In Europa ist sie von Spanien bis ins südliche Skandinavien Brutvogel.

Lebensraum: Die Rohrweihe ist die einzige Weihenart, deren Lebensraum an das Vorhandensein von Gewässern gebunden ist. Sie bevorzugt Feuchtgebiete im Flachland, mit großem Schilfbestand, fliegt aber auch gerne über Getreidefelder in der Nähe von Feuchtgebieten.

Biologie: Im April bzw. Mai legen die Weibchen der Rohrweihen 3–8 Eier, die hauptsächlich von ihnen 31–38 Tage lang bebrütet werden. Die Jungvögel fliegen nach 35–40 Tagen. Hat ein Männchen mehrere Weibchen, so werden die Nester nah beisammen angelegt. Die Rohrweihe fliegt mit langsamen Schlägen ihrer aufwärts gewinkelten Schwingen und gleitet meistens sehr niedrig über dem Schilf dahin, um sich dann ganz plötzlich auf die Beute fallen zu lassen. Die Ernährung dieser Vögel ist je nach Habitat recht unterschiedlich; meist sind es kleine Vögel, Kleinsäuger und Reptilien, die erbeutet werden. Auch Aas wird nicht verschmäht. Bei der Balz stößt die Rohrweihe ein hohes „kii-ä" aus.

Besonderheiten: Die Rohrweihe ist u. a. an ihren aufwärts gewinkelten Schwingen erkennbar und am typischen ruhigen Flügelschlag, mit dem sie auf Nahrungssuche über das Röhricht hinweggleitet und dabei große Unruhe unter den Wasservögeln auslöst, sobald diese den nahenden Greifvogel wahrnehmen.

Kornweihe *Circus cyaneus*

Familie Accipitridae Habichtartige	
Gesamtlänge 44–52 cm	
Flügelspann- weite 100–120 cm	
Gewicht 250–700 g	
Merkmale Silhouette im Flug, Färbung des Gefieders	
Europäische Population 8000–10 500 Paare	
Internationaler Artenschutz SPEC 3 EEC 1 BERN 2 BONN 2 CITES 1	
Wiesen	

Die wie alle Weihen eher schlank gebaute Kornweihe fällt durch einen langen Schwanz und lange, dünne Beine auf. Männchen und Weibchen sind recht unterschiedlich gefärbt. Das Männchen zeigt eine hellgraue Oberseite und eine weiße Unterseite; die Flügelenden sind schwarz. Das Weibchen ist braun, dunkel gestreift, hat einen weißen Bürzel und einen dunkel gebänderten Schwanz.

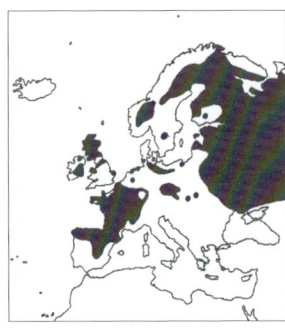

Verbreitung: Die Kornweihe ist in vier Unterarten in Nord- und Südamerika sowie im Norden Europas und Asiens verbreitet. Sie überwintert etwas südlich ihrer Brutgebiete, u. a. auch in Westeuropa. In Europa brütet die Kornweihe von Spanien über Großbritannien und Skandinavien bis nach Russland und in die Ukraine.

Lebensraum: Wie ihre Verwandten lässt sich die Kornweihe vorzugsweise im offenen, steppenartigen Gelände nieder, das trocken bis feucht sein kann. Im Winter ist sie oft in Sumpfgebieten oder höher gelegenem Grasland anzutreffen.

Biologie: Zwischen Ende April und Juni legt das Weibchen in ihr am Boden in der Vegetation verstecktes Nest 4–6 Eier, die von ihm 29–31 Tage bebrütet werden. Die Jungen sind Nesthocker und nach 32–42 Tagen flugfähig, die männlichen Tiere etwas früher als die weiblichen. Auf Nahrungssuche zeichnet sich die Kornweihe durch ihren schnellen, niedrigen Suchflug aus. Die Kornweihe ernährt sich fast ausschließlich von Vögeln und kleinen Säugetieren. Sie gibt vor allem am Brutplatz keckernde Laute von sich.

Bestände: Die Veränderung ihrer natürlichen Lebensräume durch den Menschen, aber auch die Zerstörung von Nestern während der Brut sind daran schuld, dass die Bestände der Kornweihen in letzter Zeit deutlich zurückgegangen sind.

Ähnliche Arten: Die Steppenweihe *(Circus macrourus)* ist deutlich blasser gefärbt als die Kornweihe. Außerdem ist das Schwarz an den Flügelspitzen weniger ausgedehnt. Sie brütet in Osteuropa sowie in Zentral- und Westasien und überwintert in Indien, in Afrika südlich der Sahara und teilweise auch in Griechenland.

Das Männchen der Steppenweihe (linke Zeichnung) unterscheidet sich von dem der Kornweihe (Zeichnung rechts und Bild nebenan) dadurch, dass das Schwarz der Flügelspitzen weniger ausgedehnt und die Unterseite völlig weiß ist.

Wiesenweihe Circus pygargus

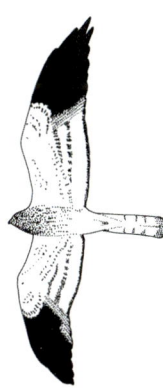

Diese mittelgroße Weihe ist schlanker als die Kornweihe und fällt ebenfalls durch lange, dünne Beine auf. Die Geschlechter unterscheiden sich stark; das Männchen ist grau, hat schwarze Flügelspitzen und eine schwarze Binde auf dem Oberflügel. Die Brust ist rostbraun gestrichelt. Das Weibchen ist braun gefärbt und ähnelt dem Kornweihenweibchen, hat jedoch eine ausgeprägtere Gesichtszeichnung.

Familie	Accipitridae Habichtartige
Gesamtlänge	43–47 cm
Flügelspann-weite	105–120 cm
Gewicht	230–430 g
Merkmale	Silhouette im Flug, Färbung des Gefieders
Europäische Population	7000–9500 Paare
Internationaler Artenschutz	SPEC 4 EEC 1 BERN 2 BONN 2 CITES 1
Wiesen	

Verbreitung: Die Wiesenweihe ist ein **Langstreckenzieher**, der in Eurasien und Nordafrika beheimatet ist. In Europa brütet die Wiesenweihe südlich des 60. Breitengrades. Sie überwintert in Indien und in Afrika südlich der Sahara. Im Herbst zieht sie nach Südwesten über das Mittelmeer und die Sahara hinweg.

Lebensraum: Die Wiesenweihe bewohnt Steppenlandschaften, Heiden und Getreidefelder ebenso wie sumpfiges Gelände in der Nähe von Flüssen oder am Rande von Lagunen.

Biologie: Im Mai bzw. Juni errichtet die Wiesenweihe am Boden eine Plattform aus Zweigen, wo das Weibchen 4–5 Eier ablegt, die es 28–29 Tage bebrütet. Die Jungvögel fliegen nach 35–40 Tagen. Zum Nahrungserwerb fliegt die Wiesenweihe meistens in geringer Höhe und sucht den Boden nach Beute ab; gelegentlich segelt sie aber auch in weiten Kreisen hoch am Himmel. Ihre Nahrung setzt sich vor allem aus kleinen Säugetieren und Vögeln sowie deren Eiern und Jungen zusammen. Wiesenweihen sind gesellige Vögel, die sich oft zu Dutzenden in den bevorzugten Jagdgebieten einfinden.

Besonderheiten: Das Verhalten dieser Vögel zur Paarungszeit ist besonders eindrucksvoll: Beide Partner fliegen zusammen in weiten Spiralen, wobei sich immer wieder Sturzflug und Steigflug abwechseln. Das Männchen bietet dem Weibchen Nahrung an, indem es diese im Flug fallen lässt; das Weibchen ergreift sie mit vorgestreckten Beinen und dreht sich dabei im Flug auf den Rücken.

Die Wiesenweihe ist ein guter Flieger mit schmalen Flügeln und einem langen Schwanz. Das Männchen (Zeichnung oben und Bild links) unterscheidet sich vom Weibchen durch sein überwiegend graues Gefieder.

Habicht   *Accipiter gentilis*

Familie
Accipitridae
Habichtartige

Gesamtlänge
48–62 cm

**Flügelspann-
weite**
135–165 cm

Gewicht
600–1300 g

Merkmale
Silhouette
im Flug,
Jagdtechnik

**Europäische
Population**
62 000–91 000
Paare

**Internationaler
Artenschutz**
BERN 2
BONN 2
CITES 1

Wälder

Dieser mittelgroße Greifvogel ist oben graubraun gefärbt, unten weißlich mit dichter dunkler Querbänderung. Auffällig sind die weißen Unterschwanzdecken, die der Habicht beim Segeln wie einen Federbusch spreizt. Das Weibchen ist deutlich größer als das Männchen. Die Flügel sind kurz und rundlich, der lange Schwanz ist mit 4–5 dunklen Querbinden versehen. Die Jungvögel sind oben dunkelbraun, unten rostfarben mit deutlichen dunklen Längsflecken.

Verbreitung: Der Habicht ist in 7–9 Unterarten in Eurasien und Nordamerika verbreitet. Er bewohnt als Jahresvogel fast ganz Europa, kommt aber nirgends häufig vor. Nördliche Populationen überwintern etwas weiter südlich.

Lebensraum: Der Habicht bewohnt vor allem ausgedehnte Wälder, wo er seinen Horst auf einem hohen Baum anlegt. Er ist im Tiefland des Nordens ebenso zu finden wie in den Bergwäldern Tibets auf rund 4500 m Höhe.

Biologie: Die Paare finden sich im Februar/März und beziehen für gewöhnlich ein bereits bestehendes Nest, das bei Bedarf renoviert wird. Im April bzw. Mai werden 3–4 Eier gelegt, die hauptsächlich vom Weibchen 35–38 Tage bebrütet werden. Die Jungvögel sind Nesthocker und fliegen nach 35–42 Tagen, die männlichen Tiere etwas früher als die weiblichen. Der Habicht ist ein geschickter und schneller Flieger, bei dessen Flug sich kräftige Flügelschläge und Gleitflug abwechseln. Der Habicht ist selten zu sehen, da er meist im gedeckten Gelände jagt, seine Beute schlägt er meist in einem Überraschungsangriff. Der Habicht schlägt vorwiegend Vögel und Säugetiere; wobei das bedeutend größere Habicht-Weibchen Tiere von der Größe eines Fasans oder eines Hasen erbeuten kann. In der Brutzeit gibt der Habicht oft markante keifende Laute von sich.

Sperber   Accipiter nisus

Der Sperber gleicht in Erscheinungsbild und Verhalten dem Habicht, ist aber um einiges kleiner. Männchen und Weibchen zeigen beträchtliche Größen- und Färbungsunterschiede; das Männchen ist an der Oberseite bräunlich grau, unten weißlich und rostbraun gebändert. Die Wangen sind rostfarben, der Nacken ist weiß. Das Weibchen ist auf der Oberseite dunkelbraun und auf der Unterseite grau-weiß mit dunkler Querbänderung (Sperberung). Es zeigt außerdem einen weißen Überaugenstreif. Auch beim Sperber ist das Weibchen deutlich größer als das Männchen. Die Beine sind gelb.

Familie	Accipitridae Habichtartige
Gesamtlänge	28–38 cm
Flügelspannweite	55–70 cm
Gewicht	100–380 g
Merkmale	Silhouette im Flug, Jagdtechnik
Europäische Population	148 000–167 000 Paare
Internationaler Artenschutz	BERN 2 BONN 2 CITES 1

Wälder

Verbreitung: Der Sperber ist ein Teilzieher, der in sechs Unterarten in den Wäldern der nördlichen und gemäßigten Zonen Europas und Asiens als **Brutvogel** beheimatet ist. Auch in Nordwestafrika ist er vertreten. Der Sperber ist in ganz Europa heimisch; nordeuropäische Vögel wandern im Herbst nach Süden und Westen ab.

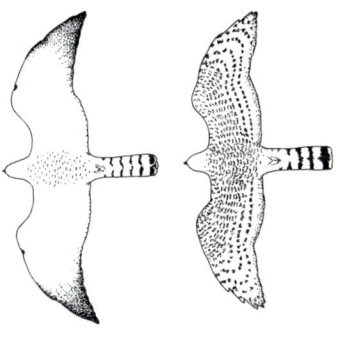

Lebensraum: Der Sperber bevorzugt als Habitat alle Waldtypen, insbesondere aber Nadelwälder. Manchmal brütet er auch in kleineren Wäldchen im offenen Gelände.

Biologie: Die Paare finden schon im Winter zusammen. Zwischen März und Mai werden die 4–6 braune Eier gelegt, und zwar oftmals in ein verlassenes Nest einer Ringeltaube. Die Eier werden vom Weibchen 39–42 Tage bebrütet. Die Jungvögel sind Nesthocker und fliegen nach 24–30 Tagen. Der Sperber ist ein äußerst wendiger Flieger, der sich zwischen Bäumen und Sträuchern überaus geschickt bewegt. Meist überrascht er seine Beute, indem er aus der Deckung heraus in einem kurzen Angriffsflug zustößt. Er greift seine Beute aber auch im offenen Gelände. Seine Nahrung besteht fast ausschließlich aus Kleinvögeln. Während der Balz lässt der Sperber sein hohes „kik-kik-kik" vernehmen.

Ähnliche Arten: Der Kurzfangsperber (*Accipiter brevipes*) ist erkennbar an seiner helleren Unterseite, die nur zart rostfarben gebändert ist und hat außerdem längere Flügel, die fast weiß mit schwarzen Spitzen sind. Er brütet auf der Balkanhalbinsel und in der westlichen Ukraine.

Ein Sperber mit Jungvögeln im Nest.
Oben: Die beiden Flugsilhouetten zeigen zwei männliche Tiere, von unten betrachtet – und zwar einen Sperber (rechts) sowie einen Kurzfangsperber (links). Letzterer ist an seiner helleren Unterseite und den dunklen Flügelspitzen erkennbar.

Mäusebussard   Buteo buteo

Familie	Accipitridae Habichtartige
Gesamtlänge	51–57 cm
Flügelspann-weite	113–128 cm
Gewicht	550–1400 g
Merkmale	Silhouette im Flug
Europäische Population	371 000–472 000 Paare
Internationaler Artenschutz	BERN 2 BONN 2 CITES 1
Gewässer oder Sümpfe	

Der Mäusebussard ist ein ziemlich schwerfälliger, mittelgroßer Vogel ohne äußerliche Unterschiede zwischen den Geschlechtern. Die Oberseite ist meist bräunlich gefärbt, die Unterseite kann weiß bis dunkelbraun sein und verschiedene Bände-rungen aufweisen. Der Schwanz ist dunkel quer gebändert. Die Flugsilhouette des Mäusebus-sards ist unverwechselbar, mit seinen breiten Flügeln, dem runden Kopf und dem kurzen, brei-ten Schwanz.

Verbreitung: Der Mäusebussard ist ein Teilzieher, der in 9–11 Unterarten im nördlichen und gemä-ßigten Europa und in Asien beheimatet ist. Er brütet in ganz Europa mit Ausnahme der Hochländer Nordskandinaviens. Seine Winterquartiere bezieht er von Indien bis China sowie in Süd- und Ostafrika.

Lebensraum: Der Mäusebussard ist in aufgelockerten Wäldern ebenso beheimatet wie im offenen Gelände mit Baumgruppen und im Hügelland. In Tibet ist er bis in Höhen von 4500 m anzutreffen.

Biologie: Im Februar bzw. März finden sich die Paare zusammen, im April bzw. Mai werden in einem Nest aus Zweigen, das in einem hohen Baum angelegt wird, 2–4 rotbraun gefleckte Eier gelegt. Die-se werden abwechselnd von beiden Partnern 30–35 Tage bebrütet. Die Jungvögel fliegen nach 40–50 Tagen. Man sieht den Mäusebus-sard häufig über offenem Gelände dahinsegeln und manchmal rüttelnd in der Luft verweilen. Oft sucht er auch auf der Jagd nach Mäusen, seiner Hauptbeute, die Felder und Wiesen ab. Neben Na-getieren zählen aber auch andere Kleinsäuger zu seiner bevorzugten Beute. Im Winter ernährt er sich auch von Aas. Erkennbar ist der Mäusebussard auch an seinem miauenden Schrei, einem weit hörbaren „hiäh", das er vor allem während des Kreisens ausstößt.

Ähnliche Arten: Der Adlerbussard (*Buteo rufinus*) brütet von Süd-osteuropa bis Mittelasien und in Nordafrika. Der Raufußbussard (*Buteo lagopus*) hat bis zu den Zehen hinunter befiederte Beine und einen weißen Schwanz mit dunklem Endband. Er brütet in Europa in den Bergen Skandina-viens, in Lappland und Nordruss-land und überwintert im gemä-ßigten Europa.

Der Mäuse-bussard, der praktisch auf dem gesamten europäischen Kontinent ver-breitet ist, trägt ein bräunliches Federkleid. Oben: Raufuß-bussard.

Steinadler Aquila chrysaetos

Dieser mächtige und majestätische Greifvogel hat ein überwiegend dunkelbraunes Gefieder; Hinterkopf und Nacken sind goldbraun. Jüngere Tiere sind schwarz-braun gefärbt mit hellen Flecken an der Flügelunterseite und einem grauweißen Schwanz mit dunkler Endbinde. Im Flug weit aufgebogene Handschwingen. Im Flug erscheint der Schwanz rundlich und etwa so lang, wie die Flügel breit sind. Das Weibchen ist deutlich größer als das Männchen.

Verbreitung: Der Steinadler ist in sechs Unterarten in Europa, Nordasien, Nordamerika, aber auch in Teilen Nordafrikas und im Mittleren Osten verbreitet. In Europa brütet dieser mächtige Greifvogel in Schottland, Spanien, Italien, Griechenland und in den Alpen. Er ist größtenteils **Standvogel**, nur nordrussische Vögel ziehen im Winter nach Süden bzw. Westen.

Lebensraum: Der Steinadler ist vor allem in Gebirgen mit steilen Felswänden beheimatet. Im Norden lebt er auch in größeren Wäldern.

Biologie: Steinadler-Paare halten sich auch im Winter die Treue. Jedes Paar verfügt über mehrere Horste, die oft weit auseinander liegen und abwechselnd benutzt werden. Dadurch können sie ein Revier nie leer jagen. Ab Mitte März werden vom Weibchen die zwei weißen, braun gefleckten Eier gelegt, die vorwiegend von ihm bebrütet werden. Die Jungen schlüpfen nach 43–45 Tagen; meist überlebt jedoch nur einer der beiden Nestlinge, nämlich der Erstgeschlüpfte, der nach 65–80 Tagen fliegen kann. Der Steinadler stößt manchmal kläffende und pfeifende „kiä"-Rufe aus, die ein wenig an den Schrei des Mäusebussards erinnern. Mit seinen langen, breiten Schwingen ist der Steinadler ein majestätischer Flieger, den man jedoch selten am freien Himmel beobachten kann, da er auf Nahrungssuche meist die Bergwände entlang fliegt. Sobald der Steinadler Junge hat, benötigt er große Mengen an Beute – und entsprechend vielfältig ist dann sein Nahrungsspektrum. Vor allem im Winter macht Aas von Lawinenopfern einen großen Teil seiner Ernährung aus.

Besonderheiten: Es kommt oft vor, dass nur eines der beiden Jungen überlebt – ja, sogar, dass der ältere Jungvogel den jüngeren tötet, dies vor allem dann, wenn im Revier Nahrungsknappheit herrscht.

Bestände: Nachdem es in Europa im 19. Jahrhundert zu einem besorgniserregenden Schwund der Steinadler gekommen war, gibt es heute in verschiedenen Regionen wieder florierende Populationen. Dennoch gibt es viele Faktoren, die den Bestand dieses auf der Nordhalbkugel noch am häufigsten vorkommenden Adlers bedrohen, insbesondere die Eingriffe des Menschen in seinen Lebensraum.

Ähnliche Arten: Der **Zwergadler** (*Hieraaetus pennatus*) ist deutlich kleiner als der Steinadler und tritt in einer hellen und einer dunklen Form auf. Er ist vor allem in den Wäldern Südeuropas beheimatet.

Familie	Accipitridae Habichtartige
Gesamtlänge	75–88 cm
Flügelspannweite	204–220 cm
Gewicht	3–6,6 kg
Merkmale	Silhouette im Flug, Jagdtechnik
Europäische Population	ca. 5500 Paare
Internationaler Artenschutz	SPEC 3 EEC 1 BERN 2 BONN 2 CITES 1
Felsen	

Fischadler   Pandion haliaetus

Dieser Greifvogel ist auf der Oberseite dunkel-braun und auf der Unterseite weiß gefärbt. Die Schwung- und Schwanzfedern zeigen eine Bänderung, am Flügelbug ist ein schwarzer Fleck zu erkennen. Die scharfen Krallen sind besonders lang und fast halbkreisförmig gebogen. Dieser Adler kann seine Außenzehen nach hinten wenden, um so die Beute, einen Fisch, sicherer ergreifen zu können. Die Geschlechter zeigen keine Unterschiede im Federkleid.

Verbreitung: Der Fischadler ist fast weltweit verbreitet; er fehlt lediglich in Südamerika und in Teilen Afrikas. In Europa brütet er vor allem im Norden und Osten des Kontinents. Zum Überwintern ziehen die Vögel in breiter Front nach Süden, um ihre Quartiere in Afrika und im Mittelmeerraum zu beziehen.

Lebensraum: Diese Art lebt bevorzugt an fischreichen Binnengewässern, umgeben von Wäldern sowie an Seen und Flüssen mit alten Bäumen in der Umgebung. Auch an felsigen Meeresküsten ist er anzutreffen.

Biologie: Der Fischadler baut seinen Horst aus Ästen auf einem hohen Baum oder in einer Felswand. Dort legt das Weibchen im April für gewöhnlich 2–3 weißliche, rötlich gefleckte Eier ab, die von ihm ca. 37 Tage bebrütet werden. Die Jungvögel sind nach 7–8 Wochen flügge. Der Fischadler bringt nur ein Gelege im Jahr hervor. Im Flug ist diese Adlerart vor allem durch ihren Knickflügel unverwechselbar. Stimmlich macht er sich durch ein helles „kji-kji" bemerkbar.

Besonderheiten: Der Fischadler hat sich, was seine Ernährung betrifft, ganz auf das Erbeuten lebender Fische durch Stoßtauchen spezialisiert. Dabei stößt er aus einer Höhe von 5–30 m senkrecht herab, taucht mit den Fängen voran ins Wasser ein und ergreift seine Beute mit den mächtigen Krallen. Manchmal kommt es vor, dass ein Fischadler von seiner Beute ertränkt wird, wenn er seine Krallen in einen Fisch schlägt, der zu groß bzw. zu schwer für ihn ist, um ihn aus dem Wasser zu heben.

Bestände: Der Fischadler wird durch verschiedene Einflüsse bedroht, insbesondere durch die Zerstörung seiner natürlichen Lebensräume, aber auch durch die Jagd auf die Vögel während ihrer Wanderung in die Winterquartiere sowie durch die Vergiftung der Gewässer mit Pestiziden. Wo die Art geschützt wird, können die Bestände sogar wieder zunehmen, wobei sie sich neue Lebensräume erschließen kann.

Rötelfalke   Falco naumanni

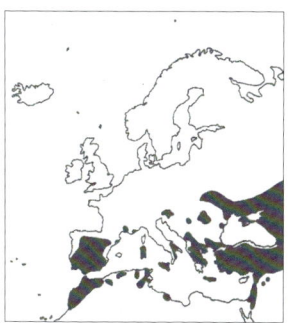

Diese Falkenart ähnelt stark dem Turmfalken, ist jedoch etwas kleiner. Die Geschlechter sind recht unterschiedlich gefärbt: Das Männchen hat einen rotbraunen Rücken ohne dunkle Flecken, einen grauen Kopf, eine blass rostfarbene Unterseite mit schwarzen Flecken sowie einen grauen Schwanz. Das Weibchen *(Bild unten)* ist kastanienbraun mit dunkel längsgeflecktem Rücken.

Verbreitung: Der Rötelfalke ist im Mittelmeerraum, in Nordafrika und Südosteuropa verbreitet. Im Mittelmeergebiet sowie von der Türkei bis Südostsibirien und Nordchina lebt er als **Sommervogel**. Rötelfalken ziehen im Herbst in breiter Front nach Afrika, einige Vertreter überwintern in Südspanien.

Lebensraum: Dieser Falke bewohnt Grasland in der Nähe von Städten und Dörfern ebenso wie Ackerbau- und Moorgebiete. Er jagt im offenen Gelände nach Großinsekten und kleinen Wirbeltieren.

Biologie: Von April bis Mai legt das Weibchen für gewöhnlich 3–5 gelblich weiße, braun gesprenkelte Eier in einen Hohlraum eines Gebäudes, in eine Baumnische oder in eine Felsspalte. Dort übernimmt es die Bebrütung der Eier, die 28–29 Tage dauert. Rötelfalken bringen nur ein Gelege im Jahr hervor. Als Nahrung dienen ihm hauptsächlich große geflügelte Insekten. Er macht sich stimmlich durch ein heiseres ,,tschitschetsche" oder ein hohes ,,ki-ki-ki" bemerkbar.

Besonderheiten: Rötelfalken leben sehr gesellig und nisten in manchen Gebieten sogar in Kolonien. In der Phase vor der Fortpflanzungszeit werden ab und an gemeinsame Schlafplätze aufgesucht, in denen über 1600 Tiere zusammenkommen können.

Bestände: In seinen europäischen Verbreitungsgebieten kommt der Rötelfalke immer seltener vor; schuld daran sind vor allem Veränderungen in der Landnutzung, der Einsatz von Pestiziden in der Landwirtschaft sowie das Abreißen alter Gebäude, die diesem Falken als Nistplatz dienen.

Familie
Falconidae
Falken

Gesamtlänge
29–32 cm

Flügelspannweite
58–72 cm

Gewicht
90–200 g

Merkmale
Färbung des Gefieders,
Silhouette
im Flug, Nistplätze

Europäische Population
8000–9500 Paare

Internationaler Artenschutz
SPEC 1
EEC 1
BERN 2
BONN 1–2
CITES 1

Siedlungsgebiete

Turmfalke   Falco tinnunculus

Familie	
Falconidae	
Falken	
Gesamtlänge	
32–35 cm	
Flügelspann-	
weite	
71–80 cm	
Gewicht	
120–280 g	
Merkmale	
Silhouette	
im Flug,	
Jagdtechnik	
Europäische	
Population	
256 000–	
324 500 Paare	
Internationaler	
Artenschutz	
SPEC 3	
BERN 2	
BONN 2	
CITES 1	
Felsen	

Der relativ kleine Turmfalke ist der in Europa am weitesten verbreitete und häufigste Greifvogel. Er kann ab und an mit dem Rötelfalken verwechselt werden und umgekehrt. Das Männchen hat einen grauen Kopf mit einem schwarzen Bartstreif. Die Oberseite ist rötlich braun mit schwarzen Flecken, die Unterseite zeigt deutliche Längsflecken. Das Weibchen ist bräunlich gefärbt, unten etwas heller, und zeigt überall dunkle Bänder. Die Beine dieser Vögel sind gelblich, die Krallen schwarz.

Verbreitung: Der Turmfalke ist ein **Teilzieher**, der in ca. einem Dutzend Unterarten in Eurasien und Afrika verbreitet ist. In Europa ist er nur in Island nicht anzutreffen. Die nördlichen Populationen überwintern etwas südlich ihrer Brutgebiete. Westlich der Linie von Dänemark bis zur Krim sind die Turmfalken **Standvögel**.

Lebensraum: Der Turmfalke ist in felsigem Gelände ebenso anzutreffen wie in offener Landschaft, an Waldrändern sowie auf Feldern und Heiden. Auch nahe menschlicher Siedlungsräume und sogar in Städten ist er oft zu Hause.

Biologie: Der Turmfalke nistet vor allem in Felsspalten und Mauerlöchern von Türmen. Er brütet aber auch in verlassenen Nestern größerer Vögel auf Bäumen. Ab April werden die 3–6 weißen, stark gelblich braun gefleckten Eier vom Weibchen 27–29 Tage bebrütet. Die Jungen sind Nesthocker und fliegen nach etwa einem Monat. Der Turmfalke fliegt relativ schnell und mit kräftigen Flügelschlägen. Er ernährt sich hauptsächlich von kleinen Säugetieren, Vögeln und von großen Insekten. Dieser Vogel stößt oft ein durchdringendes „kvikk-vikkvik" aus, am Brutplatz lässt er auch ein klirrendes „krii" vernehmen.

Besonderheiten: Auf Nahrungssuche sieht man den Turmfalken oft in geringer Höhe rüttelnd in der Luft stehen (Rüttelfalke).

Die beiden Abbildungen zeigen jeweils ähnliche Turmfalken, auf dem Bild rechts im Flug, auf dem Bild oben auf seiner Warte.

Rotfußfalke · Falco vespertinus

Bei dieser kleinen Falkenart gibt es starke Unterschiede zwischen den beiden Geschlechtern: Das Männchen ist dunkel schiefergrau gefärbt, mit kastanienbraunen „Hosen" und Unterschwanzdecken. Beim Weibchen sind Kopf und Brust hell rostfarben; die Oberseite ist heller schiefergrau mit dunkler Bänderung. Die Jungvögel *(Bild unten)* sind an der Oberseite dunkelbraun gefärbt.

Verbreitung: Der Rotfußfalke ist ein **Langstreckenzieher**, der als **Sommervogel** seine Brutgebiete von Osteuropa bis nach Ostsibirien bewohnt. Zum Überwintern ziehen die Vögel in breiter Front nach Ost- bzw. Südafrika.

Lebensraum: Der Rotfußfalke bevorzugt als Lebensraum offenes Gelände bzw. Grasland mit vereinzelten Bäumen oder Baumgruppen. Er hält sich nur selten in über 300 m ü. d. M. auf.

Biologie: Der Rotfußfalke lebt sehr gesellig und nistet manchmal auch in Kolonien. Zwischen April und Juni werden vom Weibchen meistens in ein verlassenes Krähennest 3–4 gelbbräunliche, leicht gefleckte Eier gelegt, die abwechselnd von beiden Partnern 22–23 Tage bebrütet werden. Die Jungvögel sind Nesthocker und werden nach 27–30 Tagen flügge. Der Rotfußfalke legt nur ein Gelege im Jahr an. Seine gesellige Lebensweise zeigt sich auch darin, dass er oft das ganze Jahr über mit anderen Arten zusammenlebt, insbesondere mit Turmfalken. Gerne lässt er sich auf Stromleitungen oder Masten als Ansitzwarte nieder. Als Nahrung dienen ihm vor allem große Insekten, die im Flug gefangen werden. Im Suchflug zeigt er ein ähnliches Rütteln, wie man es vom Turmfalken kennt.

Bestände: In weiten Teilen seines europäischen Verbreitungsgebietes gehen die Bestände des Rotfußfalken dramatisch zurück, nachdem die Großinsekten, seine Beutetiere, durch den Einsatz von Pestiziden in der Landwirtschaft allmählich verschwinden.

Ähnliche Arten: Der Merlin *(Falco columbarius)* ist der kleinste europäische Falke. Er brütet im nördlichen Eurasien sowie in Nordamerika und überwintert in Teilen Westeuropas. Das Männchen ist an der Oberseite schiefergrau, das Weibchen braun gefärbt.

Familie	Falconidae Falken
Gesamtlänge	29–31 cm
Flügelspannweite	66–78 cm
Gewicht	100–190 g
Merkmale	Silhouette im Flug, Färbung des Gefieders, Jagdverhalten
Europäische Population	3000–3500 Paare
Internationaler Artenschutz	SPEC 3 BERN 2 BONN 2 CITES 1
Bäume	

Baumfalke Falco subbuteo

Familie
Falconidae
Falken

Gesamtlänge
30–36 cm

**Flügelspann-
weite**
82–92 cm

Gewicht
140–340 g

Merkmale
Silhouette
im Flug,
Färbung des
Gefieders,
Jagdtechnik

**Europäische
Population**
19 500–22 500
Paare

**Internationaler
Artenschutz**
BERN 2
BONN 2
CITES 1

Mittelmeer

Der Baumfalke wirkt wie ein kleineres Ebenbild des Wanderfalken. Die Oberseite ist dunkel schiefergrau, die Unterseite cremeweiß mit dunklen Flecken. Die Unterschwanzdecken sind rostrot gefärbt. Jungvögel *(Bild unten)* sind an der Oberseite dunkelbraun, an der Unterseite weißlich und bräunlich gestreift. Die Geschlechter zeigen keine nennenswerten Unterschiede.

Verbreitung: Der Baumfalke ist ein **Langstreckenzieher**, der in zwei Unterarten in Eurasien und Nordafrika verbreitet ist. In Europa lebt er als **Sommervogel** mit Ausnahme von Island. Er überwintert in Indien und im südlichen Afrika.

Lebensraum: Der Baumfalke bevorzugt als Habitat Laub- und Nadelwälder, aber auch halboffenes Gelände mit vereinzelten Baumgruppen, darüber hinaus auch Sumpf- und Seengebiete.

Biologie: Der Baumfalke brütet gerne in verlassenen Nestern größerer Vögel auf Bäumen, die ab Mitte Mai aufgesucht werden. Die 2–3 gelblich braunen, rotbraun gefleckten Eier werden vom Weibchen 28–31 Tage bebrütet. Die Jungen sind Nesthocker und fliegen nach 28–34 Tagen. Der Baumfalke ernährt sich vorwiegend von großen Insekten wie z. B. Libellen und Vögeln, die er in elegantem, rasend schnellem Flug in der Morgen- oder Abenddämmerung jagt. Er verschlingt seine Beute oft schon im Flug.

Besonderheiten: Baumfalken zeichnen sich zur Paarungszeit durch ihre akrobatischen Flüge aus, bei denen sich die beiden Partner gegenseitig Nahrung reichen, wobei sie kurze, wiederholte Rufe ausstoßen. Auf ihrer Wanderung in die Winterquartiere überqueren die Baumfalken das Mittelmeer nicht auf Zugstraßen, die von vielen anderen Greifvögeln und auch den Störchen benutzt werden, sondern sozusagen „auf breiter Front".

Lannerfalke Falco biarmicus

Der Lanner- oder Feldeggsfalke ähnelt dem Wanderfalken, hat jedoch ein etwas helleres Federkleid. Charakteristisch sind auch seine relativ langen Flügel. Die Oberseite ist graubraun, der Oberkopf ockerfarben. Die Unterseite ist weiß gefärbt mit feiner dunkler Fleckung. Das Gefieder ist bei beiden Geschlechtern identisch, das Weibchen ist jedoch etwas größer.

Verbreitung: Der Lannerfalke ist in fünf Unterarten in Südeuropa, im Mittleren Osten und in Nordafrika vertreten. In Europa reicht sein Siedlungsraum von Italien ostwärts. Er verbleibt das ganze Jahr über in seinem Brutgebiet.

Lebensraum: Diese Falkenart bevorzugt kahles, felsiges Gelände mit steilen Wänden, die Vögel bewohnen aber auch Steppen und Halbwüsten.

Biologie: Der Lannerfalke baut sich seinen Horst meistens auf einem Felssims oder er sucht ein verlassenes Nest einer anderen Spezies auf. Dort legt das Weibchen zwischen Ende Februar und Anfang April für gewöhnlich 3–4 bräunlich gefleckte, weiße Eier ab, die von beiden Partnern 32–35 Tage bebrütet werden. Die Jungvögel werden vom Weibchen gefüttert, während das Männchen für die Nahrung sorgt. Sie werden nach 44–46 Tagen flügge. Der Lannerfalke bringt nur ein Gelege im Jahr hervor. Er ernährt sich vorwiegend von Vögeln, gelegentlich auch von Säugetieren, seltener von Amphibien, Reptilien und Insekten. Er fängt seine Beute im Flug oder am Boden. Manchmal stößt er ein schrilles, durchdringendes „krri-krri" aus.

Bestände: Dass der Lannerfalke zunehmend seltener wird, liegt u. a. daran, dass dieser seltene Vogel in manchen Gebieten immer noch vom Menschen bejagt wird und Jungvögel nach wie vor von Falknern ausgehorstet werden.

Ähnliche Arten: Neben dem Wanderfalken ist hier vor allem der Würgfalke oder „Saker" (Falco cherrug) zu nennen. Dieser ist etwas größer, hat einen auffallend hellen Kopf und eine weiße, dunkel gestrichelte Unterseite. Der Würgfalke brütet in den Grassteppen Osteuropas bis nach Sibirien und Nordchina. Er überwintert südlich nicht weit von seinem Brutgebiet.

Familie	Falconidae Falken
Gesamtlänge	35–50 cm
Flügelspannweite	90–115 cm
Gewicht	500–1050 g
Merkmale	Silhouette im Flug, Farbe des Kopfes
Europäische Population	ca. 200 Paare
Internationaler Artenschutz	SPEC 3 EEC 1 BERN 2 BONN 2 CITES 1
Felsen	

Ein junger Lannerfalke. Sein Federkleid ist dunkler und die Unterseite stärker gefleckt als beim Altvogel.

Wanderfalke · Falco peregrinus

Familie
Falconidae
Falken

Gesamtlänge
36–48 cm

**Flügelspann-
weite**
95–110 cm

Gewicht
380–890 g

Merkmale
Silhouette
im Flug,
Backenstreif
am Kopf,
Jagdtechnik

**Europäische
Population**
5500–6000
Paare

**Internationaler
Artenschutz**
SPEC 3
EEC 1
BERN 2
BONN 2
CITES 1

**Felsen und
Küsten**

Der Wanderfalke zeichnet sich durch einen kurzen Schwanz, einen großen Kopf und zugespitzte Flügel aus. Er ist an der Oberseite schiefergrau, an der Unterseite heller und mit schwarzen Bändern versehen. Die Wangen sind weiß und weisen einen breiten schwarzen Backenstreif auf. Die Jungvögel *(Bild unten)* sind an der Oberseite bräunlich, an der Unterseite braun gestrichelt. Die Beine sind gelb. Mit seinen langen sichelförmig gewinkelten Flügeln, dem kurzen Schwanz und der kräftigen Brust ist der Wanderfalke ein ausgezeichneter und sehr schneller Flieger. Auch hier ist das Weibchen deutlich größer als das Männchen.

Verbreitung: Der Wanderfalke ist ein **Teilzieher**, der in rund 15 Unterarten auf allen Kontinenten vertreten ist, jedoch in der Sahara und in weiten Teilen Südamerikas fehlt. In Europa ist er als **Jahresvogel** weit verbreitet. Nordeuropäische Populationen überwintern in Südeuropa.

Lebensraum: Der Wanderfalke ist in felsigem Gelände mit hohen Wänden ebenso anzutreffen wie in Wäldern mit Lichtungen. Auch in Siedlungen lässt er sich gelegentlich blicken. Im Winter hält er sich gerne in Feuchtgebieten auf.

Biologie: Wanderfalken sind monogam. Zwischen März und Juni legen sie für gewöhnlich 3–4 rötlich gefleckte, cremefarbene Eier, die von beiden Elternteilen 29–32 Tage bebrütet werden. Die Jungvögel sind Nesthocker und fliegen nach 35–42 Tagen. Der Wanderfalke ist ein außerordentlich schneller, guter Flieger, der seine Beute im Flug schlägt, wobei er vor allem Tauben bevorzugt.

Besonderheiten: Charakteristisch für die Jagdweise des Wanderfalken ist, dass er meistens im Sturzflug auf seine Beute herabstößt, wobei er Geschwindigkeiten von bis zu 300 km/h erreichen kann. Aufgrund dieser Fähigkeiten ist er bei Falknern sehr begehrt, die nicht selten illegal Jungtiere aus den Nestern entnehmen.

Ähnliche Arten: Der Gerfalke *(Falco rusticolus)* ist der größte europäische Falke. Er ist in der Färbung des Gefieders sehr variabel; so sind z. B. grönländische Vögel meistens fast ganz weiß. Der Gerfalke brütet in Europa in Island, Skandinavien und Nordrussland und überwintert teilweise etwas weiter im Süden.

Haselhuhn Bonasa bonasia

Das Haselhuhn zeichnet sich durch eine grau gefleckte Oberseite mit schwarzer, brauner und weißer Bänderung aus, wodurch es sehr gut getarnt ist. Der Hahn unterscheidet sich vom Weibchen (Henne) durch einen kleinen Federschopf, eine schwarze, weiß eingefasste Kehle und kleine rote Hautkämme über dem Auge, sogenannte Rosen. Die Beine sind befiedert.

Familie	Tetraonidae Raufußhühner

Gesamtlänge
35–37 cm

Flügelspann-weite
48–54 cm

Gewicht
300–470 g

Merkmale
Färbung des Gefieders, hohes Pfeifen

Europäische Population
486 000–700 000 Paare

Internationaler Artenschutz
EEC 1
BERN 3

Wälder

Verbreitung: Das Haselhuhn ist in vier Unterarten im nördlichen und gemäßigten Eurasien anzutreffen. Es brütet von den Alpen bis zum Balkan und von Skandinavien bis Russland.

Lebensraum: Das Haselhuhn bevorzugt als Habitat Nadel- und Mischwälder, die reich an Unterholz sind. Es ist bis in 1800 m Höhe anzutreffen.

Biologie: Haselhühner leben meist paarweise in Einehe. Die Paare finden sich schon im Herbst. Zwischen März und Mai werden in eine von Vegetation gut getarnte Nestmulde 7–11 braun gefleckte, gelblich braune Eier gelegt, die von der Henne ca. 25 Tage bebrütet werden. Die Jungen sind Nestflüchter und fliegen nach 30–40 Tagen. Als Nahrung dienen dem Haselhuhn vor allem Knospen und Samen von verschiedenen Laubbäumen, im Sommer und Herbst kommen Früchte und Beeren hinzu, während sich die Tiere im Winter mit den Nadeln von Nadelbäumen, den Zweigen des Heidelbeerstrauchs oder den Spitzenknospen des Haselstrauchs begnügen.

Besonderheiten: Während der Balz im Frühling zeigt der Hahn ein eigentümliches Ritual: Er breitet den Schwanz fächerartig aus, senkt die Flügel und präsentiert seine schwarze Kehle; um die Präsenz in seinem Territorium auszudrücken, schlägt er mit den Flügeln, vollführt Sprünge und stößt charakteristische hohe Pfiffe aus.

Bestände: Wie die anderen Raufußhühner ist auch das Haselhuhn durch die Beeinträchtigung seiner natürlichen Umgebung in seinem Bestand bedroht, sodass es in Mitteleuropa außerhalb der Alpen bereits so gut wie ausgestorben ist.

Ein weibliches Haselhuhn. Oben: Die Zeichnung zeigt den Kopf eines Kükens.

Alpenschneehuhn Lagopus mutus

Familie
Tetraonidae
Raufußhühner

Gesamtlänge
34–36 cm

**Flügelspann-
weite**
54–60 cm

Gewicht
350–530 g

Merkmale
Färbung des
Gefieders,
Lebensraum
zur Brutzeit,
knarrender
Balzruf

**Europäische
Population**
399 000–
737 500 Paare

**Internationaler
Artenschutz**
BERN 3

Wiesen

Dieses Raufußhuhn zeichnet sich besonders durch die jahreszeitlichen Unterschiede in der Färbung seines Federkleids und vollständig weiß befiederte Zehen aus. Im Winter ist das Alpenschneehuhn weiß – mit Ausnahme der Steuerfedern am Schwanz. Der Hahn *(Bild unten)* trägt einen roten Hautkamm über dem Auge (Rosen) und einen schwarzen Streif vom Schnabel durchs Auge. Das Sommerkleid des Alpenschneehuhns ist grau und schwarz gebändert, das der Henne rostbraun und dunkel gebändert.

Verbreitung: Das Alpenschneehuhn ist in über 20 Unterarten im äußersten Norden Eurasiens und Nordamerikas beheimatet. In Europa brütet dieser Vogel in Island, Schottland, Skandinavien und Nordrussland, darüber hinaus aber auch in den Alpen und in den Pyrenäen.

Lebensraum: Das Alpenschneehuhn ist im Gebirge oberhalb der Baumgrenze beheimatet, im Norden auch in Hochmooren und in der Tundra. Nur wenn im hohen nördlichen Winter für drei Monate völlige Dunkelheit herrscht, ist der Vogel gezwungen, ein Stück nach Süden abzuwandern, damit er Nahrung finden kann.

Biologie: Alpenschneehühner leben monogam. Zwischen Mai und Juli legt das Weibchen 5–8 Eier, die von ihm 21–23 Tage bebrütet werden. Die Küken sind Nestflüchter und beginnen schon nach zehn Tagen zu fliegen, von den Eltern unabhängig werden sie aber erst nach 10–12 Wochen. Alpenschneehühner leben im Herbst und Winter gesellig. Der typische knarrende Balzruf des Hahns ist weithin zu hören. Diese Vögel ernähren sich hauptsächlich vegetarisch, von Pflanzentrieben, Knospen und Beeren.

Besonderheiten: Wird das Alpenschneehuhn im Nest oder mit den Jungen im Gefolge gestört, so verharrt es regungslos oder führt den Feind in die Irre, indem es sich scheinbar verletzt gibt. Bei schweren Winterstürmen gräbt es sich ein und lässt sich vom Schnee zudecken.

Bestände: In den Alpen ist das Schneehuhn durch die Beeinträchtigung seines Lebensraumes, durch Bejagung, Störung und durch verschiedene Krankheiten in seinem Bestand bedroht.

Ähnliche Arten: Das Moorschneehuhn *(Lagopus lagopus)* ist im Norden Eurasiens und Nordamerikas verbreitet und unterscheidet sich vom Alpenschneehuhn durch den rötlicheren Farbton des Sommerkleids. Das Männchen zeigt im weißen Winterkleid keinen schwarzen Streif durchs Auge und gleicht daher dem Weibchen des Alpenschneehuhns. Das schottische Moorschneehuhn bewohnt England und Irland.

Birkhuhn Tetrao tetrix

Bei diesem Raufußhuhn zeigen Hahn und Henne deutliche Unterschiede. Das Männchen ist größtenteils schwarz mit dunkelblauem Gefiederglanz, weißer Flügelbinde und weißen Unterschwanzdecken sowie roten Hautlappen (Rosen) über dem Auge und einem lyraförmigen Schwanz. Das Weibchen ist kleiner und graubraun mit heller und dunkler Bänderung sowie mit einem leicht gegabelten Schwanz. Zwischen Auer- und Birkhuhn kommt es gelegentlich zu Paarungen, bei denen meistens unfruchtbare Bastarde hervorgebracht werden, die man „Rackelhühner" nennt.

Verbreitung: Das Birkhuhn ist als Jahresvogel in 5–7 Unterarten in den kühlen und gemäßigten Zonen Eurasiens beheimatet. In Europa brütet dieser Vogel in Großbritannien, Skandinavien und in weiten Teilen Russlands – darüber hinaus aber auch in Deutschland, in den Alpen und in den Karpaten.

Lebensraum: Je nach geographischer Breite nistet das Birkhuhn in unterschiedlichen Landschaften. Während es im Norden auch in der Ebene und im Hügelland anzutreffen ist, bewohnt es weiter südlich die Hochgebirgslandschaften zwischen 1000 und 2200 m ü. d. M. Dementsprechend sind die bevorzugten Lebensräume des nördlichen Birkhuhns Moore und Heidelandschaften, die des Alpenbirkhuhns Nadelwälder an der Waldgrenze und darüber.

Biologie: Birkhühner leben polygam. Die Hähne finden sich im Frühling auf Balzarenen ein, wo sie gemeinsam vor den Hennen balzen und sich mit ihnen paaren. Zwischen April und Juli werden in einer gut verborgenen Bodenmulde 6–10 braun gefleckte Eier gelegt, die von der Henne 25–27 Tage bebrütet werden. Die Jungen sind Nestflüchter und fliegen nach 28 Tagen. Nach drei Monaten sind sie von den Eltern unabhängig. Birkhühner sind gute Flieger, die oft lange Strecken gleiten. Sie ernähren sich vegetarisch von Pflanzentrieben, Knospen und Beeren.

Besonderheiten: Bei der Balz geben die Hähne ein charakteristisches Kullern, unterbrochen von einem Zischen, von sich. Dabei richten sie sich hoch auf. Im Winter gräbt sich das Birkhuhn gerne unter die Schneedecke ein, um möglichst wenig Kalorien zu verbrauchen. Sobald der Schnee geschmolzen ist, bleibt dann eine kleine Grube mit den Exkrementen der Tiere zurück.

Bestände: Man kann beim Birkhuhn Schwankungen in den Populationsdichten beobachten, die einem Zyklus von 17–20 Jahren folgen. Bedroht ist das Birkhuhn vor allem von Eingriffen durch den Menschen sowie durch die Bejagung und Infektionskrankheiten.

Familie	Tetraonidae Raufußhühner
Gesamtlänge	40–55 cm
Flügelspannweite	65–80 cm
Gewicht	750–1480 g
Merkmale	Färbung des Gefieders, Schwanzform, Balzverhalten, kullernde Laute
Europäische Population	578 000–879 000 Paare
Internationaler Artenschutz	SPEC 3 EEC 1–2 BERN 3
Wiesen	

Ein balzender Birkhahn. Oben: Der Kopf eines Jungtieres.

Auerhuhn   Tetrao urogallus

Familie	Tetraonidae Raufußhühner
Gesamtlänge	60–87 cm
Flügelspannweite	87–125 cm
Gewicht	2,4–6 kg
Merkmale	Färbung des Gefieders, Schwanzform, Balzverhalten, Stimme
Europäische Population	209 000–296 000 Paare
Internationaler Artenschutz	EEC 1 BERN 2
Wälder	

Dieses beeindruckend große Raufußhuhn zeigt große Unterschiede zwischen Hahn und Henne. Das Männchen ist vorwiegend dunkel schiefergrau gefärbt mit grünem Glanz in der Brust- und Kropfgegend. Auffallend sind auch der intensiv rote Augenring sowie der kräftige helle Schnabel und der lange runde Schwanz, der bei der Balz aufgerichtet und gefächert wird. Das Weibchen ist auf braunem Grund dunkel und hell gebändert. Die Kropfgegend ist rotbraun, der Schwanz gerundet und der Schnabel dunkel. Es kommt immer wieder zu Fehlpaarungen mit dem Birkhuhn („Rackelhuhn").

Verbreitung: Das Auerhuhn ist in vier Unterarten vor allem im nördlichen Eurasien verbreitet. In Europa brütet der Vogel in Schottland, Skandinavien und Nordrussland – darüber hinaus aber auch weiter südlich in den Pyrenäen, den Alpen und den Karpaten. Vereinzelt ist das Auerhuhn auch in Norddeutschland beheimatet.

Lebensraum: Das Auerhuhn bevorzugt als Habitat vor allem größere Misch- und Nadelwälder.

Biologie: Das Auerhuhn lebt polygam. Die Hähne versammeln sich zwischen Februar und April an den Balzarenen, wo sie gemeinsam um die Hennen balzen. Für gewöhnlich werden Anfang Mai in eine Bodenmulde von der Henne 7–9 rötlich gefleckte Eier gelegt, die von ihr 24–26 Tage bebrütet werden. Die Jungvögel sind Nestflüchter, die nach 14–21 Tagen fliegen können und nach 4–5 Monaten von den Eltern unabhängig werden. Das Auerhuhn ernährt sich von Blättern, Trieben und Früchten, im Winter vor allem von Nadeln und Samen der Nadelbäume.

Besonderheiten: Bei der Balz richtet der Hahn den Schwanz in Fächerform auf, um damit Weibchen anzulocken und Rivalen zu beeindrucken. Dabei stößt er eine Serie von dumpfen hölzernen Lauten aus, gefolgt von einem Geräusch, welches an das Entkorken einer Flasche erinnert. Zuletzt gibt er ein rau wetzendes Schleifen von sich.

Bestände: Dass das Auerhuhn heute trotz einiger Schutzbemühungen stark bedroht ist, hat verschiedene Gründe: Diese Vögel ertragen Lärm und Unruhe kaum und meiden allzu „ordentlich" bewirtschaftete Wälder. Auch die immer noch ausgeübte Bejagung durch den Menschen trägt dazu bei, dass das Auerhuhn immer seltener wird und aus vielen Gegenden bereits völlig verschwunden ist.

Ein Auerhahn, der gerade sein Balzlied hören lässt.
Oben: Der Kopf eines Kükens.

Steinhuhn   *Alectoris graeca*

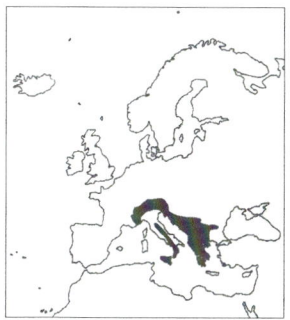

Dieser Hühnervogel hat eine graue Oberseite, eine hellgraue Stirn und eine weiße Kehle, die schwarz eingefasst ist. Der Oberkopf ist grau mit hellem Überaugenstreif. Die Flanken sind rostbraun-schwarz gebändert. Bei den Jungvögeln ist der Kehlfleck nicht schwarz eingefasst und die Bänderung an den Flanken weniger ausgeprägt. Beide Geschlechter zeigen keine Unterschiede.

Verbreitung: Das Steinhuhn ist als Jahresvogel in drei Unterarten in den Alpen, den Apenninen, in Sizilien und auf der Balkanhalbinsel beheimatet.

Lebensraum: Das Steinhuhn bevorzugt als Lebensraum felsiges Gelände mit niedriger Vegetation. Im Hochgebirge ist der Vogel im Sommer zwischen Baum- und Schneegrenze anzutreffen, vor allem im Winter aber auch in tieferen Lagen zu finden, so z. B. in Sizilien fast auf Höhe des Meeresspiegels.

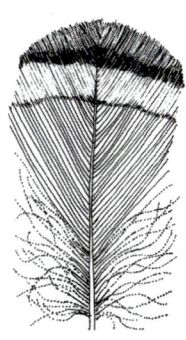

Biologie: Zwischen April und Juni legen die Steinhühner in eine Bodenmulde für gewöhnlich 8–14 braun gefleckte Eier, die 24–26 Tage bebrütet werden. Die Jungvögel sind Nestflüchter und können nach spätestens drei Wochen fliegen. So wie andere *Alectoris*-Arten legen Steinhühner manchmal zwei Gelege pro Jahr, von denen eines dann vom Männchen bebrütet wird. Das Steinhuhn ist ein schneller Flieger und hat einen charakteristischen zwitschernden Balzgesang, der stakkatoartig vorgetragen wird. Sein an einen Kleiber erinnerndes „witt-witt-witt" lässt der Vogel vor allem im Morgengrauen und bei Sonnenuntergang vernehmen. Die Ernährung des Steinhuhns ist vegetarisch und besteht aus Trieben, Knospen und Samen. Küken und brütende Weibchen fressen darüber hinaus auch Insekten.

Bestände: In den Alpen haben die Bestände der Steinhühner seit den 50er-Jahren spürbar abgenommen. Die Gründe dafür sind recht vielfältig: Vor allem ist die Beeinträchtigung und Erschließung seines Lebensraumes durch den Menschen zu nennen, außerdem die Bejagung und epidemische Krankheiten. Auch verschiedene Maßnahmen zur Wiedereinbürgerung waren bislang wenig erfolgreich; durch die Aussetzung des Chukarhuhns wurde die Situation in einigen Gebieten sogar noch verschlechtert.

Ähnliche Arten: Das Chukarhuhn *(Alectoris chukar)* unterscheidet sich durch die etwas weitere dunkle Querbänderung der Flanken. Kehle und Vorderhals sind gelblich weiß und von einem schwarzen Rand gesäumt. Der Oberkopf ist hell graubraun. Das Chukarhuhn nistet von Südosteuropa über den Mittleren Osten bis nach Zentralasien und China. Es wurde in Nordamerika und in Westeuropa eingeführt.

Familie	Phasianidae Fasanvögel
Gesamtlänge	32–35 cm
Flügelspannweite	46–53 cm
Gewicht	700–740 g
Merkmale	Färbung des Gefieders, Stimme
Europäische Population	41 000–54 000 Paare
Internationaler Artenschutz	SPEC 2 EEC 1–2 BERN 3

Wiesen

Ein Steinhuhn im Sommerkleid. Oben: Zeichnung einer Feder der Flanke.

Rebhuhn Perdix perdix

Das Rebhuhn ist das am weitesten verbreitete Feldhuhn Europas. Sein Federkleid ist überwiegend graubraun gesprenkelt, Kopfseiten und Kehle sind rotbraun, die Unterseite ist grau mit rotbraunen Flankenstreifen und einem dunkelbraunen hufeisenförmigen Bauchfleck, der beim Hahn *(Bild unten)* deutlich stärker ausgeprägt ist.

Verbreitung: Das Rebhuhn ist als Jahresvogel in acht Unterarten in Europa, Zentral- und Westasien und in Nordamerika verbreitet. Sein Brutgebiet reicht von der Atlantikküste bis Mittelsibirien. In Europa ist es nur im äußersten Süden und Norden nicht anzutreffen.

Lebensraum: Das Rebhuhn nistet vor allem in offenen Kulturlandschaften, auf Brachflächen, Feldern und Heiden, aber auch auf Grassteppen und sogar auf Bergmatten bis in Höhen von 1000 m.

Biologie: Zwischen April und Juni werden von der Henne in eine gut versteckte Nestmulde 10–20 olivbraune Eier gelegt, die sie 23–25 Tage bebrütet. Die Jungvögel sind Nestflüchter und fliegen schon nach 10–15 Tagen. Im Herbst rotten sich oft größere Scharen dieser Vögel zusammen. Das Rebhuhn ernährt sich vorwiegend von Samen und Insekten. Diese Vögel trifft man häufig in kleinen Gruppen an. Sie fliegen mit lautem, schnellem Flügelschlag auf und streichen dann flach über dem Boden dahin. Dabei stoßen sie ihre markanten „räp-räp"-Rufe aus, denen sie ihren Namen verdanken.

Bestände: Das Rebhuhn verschwindet heute in weiten Teilen Europas immer mehr, was vor allem auf die Veränderung der Landschaft sowie den Einsatz von giftigen Insektenvertilgungs- und Pflanzenschutzmitteln zurückzuführen ist. Das Rebhuhn war ursprünglich ein Bewohner der Steppen, hat sich aber im Laufe der Zeit sehr gut an die verschiedenen Kulturlandschaften des Menschen angepasst, wo es nun jedoch durch die Monotonie moderner Landwirtschaft zunehmend Probleme hat, Nahrung und Schutz zu finden. Die großen Felder bieten heutzutage kaum noch Deckung, sodass diese Vögel Mühe haben, die für ihren Nistplatz nötigen schützenden Hecken und Feldraine aufzufinden.

Wachtel   Coturnix coturnix

Dieser kleinste aller Hühnervögel lebt sehr scheu und ist mit einem hervorragenden, an der Oberseite braun gestrichelten und an der Unterseite gelblich braunen Tarnkleid ausgestattet. Der Hahn zeichnet sich durch seine schwarze Kehle und das weißliche Querband darunter aus. Die Henne zeigt eine helle Kehle, gleicht im Übrigen aber dem Männchen. Bei den Wachteln tritt ab und an Albinismus (Farbstoffmangel) und Melanismus (Überproduktion von Melanin, das die braunen und schwarzen Federfarben erzeugt) auf.

Familie
Phasianidae
Fasanvögel

Gesamtlänge
16–18 cm

Flügelspannweite
32–35 cm

Gewicht
70–150 g

Merkmale
Balzruf

Europäische Population
641 000–876 000 Paare

Internationaler Artenschutz
SPEC 3
EEC 2
BERN 3
BONN 2

Wiesen

Verbreitung: Die Wachtel ist als **Teilzieher** in fünf Unterarten in Eurasien und Afrika verbreitet. In Europa brütet dieses Feldhuhn fast überall, in Großbritannien und Skandinavien jedoch nur vereinzelt. Europäische Populationen dieser Vögel überwintern in der Sahelzone und im Süden Afrikas, sie ziehen im Herbst in breiter Front über das Mittelmeer und die Sahara.

Lebensraum: Die Wachtel bevorzugt offenes Grasland, feuchte Wiesen und Getreidefelder. Sie ist in bis zu 2000 m ü. d. M. anzutreffen.

Biologie: Im April bzw. Mai legt die Wachtelhenne in eine Bodenmulde 8–13 braun gefleckte, cremefarbene Eier, die von ihr 17–20 Tage bebrütet werden. Die Jungvögel sind Nestflüchter und fliegen nach ca. 19 Tagen. Manchmal sind sogar zwei Bruten pro Jahr möglich. Wachteln leben außerhalb der Brutzeit recht gesellig. Sie ernähren sich von Samen und Insekten. Unverwechselbar ist der Balzruf des Männchens, dessen „bick-bibick" oft auch nachts zu horen ist.

Bestände: Auch die Wachtel ist mittlerweile schon recht selten geworden, was vor allem auf die ausgeräumte Landschaft der modernen Landwirtschaft zurückzuführen ist. Durch den Einsatz von Insektiziden und Pestiziden findet sie auch nicht mehr ausreichend Wildkrautsamen und Insekten als Nahrung.

Ähnliche Arten: Der Frankolin *(Francolinus francolinus)* hat die Größe eines Rebhuhns und bewohnt die Türkei und die Länder südöstlich des Kaspischen Meeres. Gegen Ende des 19. Jahrhunderts war der Vogel auch noch in Sizilien beheimatet. Die **Weißkehlwachtel** *(Colinus virginianus)* ist auf Feldern und Weiden Nordamerikas verbreitet und wurde in Europa mit Erfolg in der Poebene eingeführt.

Jagdfasan · *Phasianus colchicus*

Der Jagdfasan zeichnet sich unter den Hühnervögeln vor allem durch seinen langen Schwanz aus. Der Hahn ist goldbraun mit schwarzen Flecken und hat einen grünlich schimmernden Kopf mit Federohren und einen roten Augenlappen. Der Schwanz kann beim männlichen Tier über 50 cm lang werden. Das Weibchen ist graubraun mit dunkleren Flecken und zeigt einen kürzeren Schwanz. Durch Kreuzungen verschiedener Rassen treten unterschiedliche Exemplare mit mehr oder weniger stark ausgeprägten weißen Halsringen auf. Auch Vertreter mit dunkelgrünem Federkleid kommen ab und an vor.

Verbreitung: Der Jagdfasan stammt ursprünglich aus Asien und ist heute als **Jahresvogel** auf fast allen Kontinenten vertreten. Auch in Europa hat sich der Fasan in vielen Ländern gut eingelebt. Er wird vor allem deshalb in vielen Gegenden ausgesetzt, weil er als leicht zu schießendes Jagdwild geschätzt wird.

Lebensraum: Der Fasan ist vor allem auf Feldern, Heiden und Wiesen sowie an Waldrändern, jedoch nicht über 1000 m ü. d. M. anzutreffen.

Biologie: Die Fasanhähne sind polygam und verfügen oft über einen Harem von Hennen. Zwischen März und Mai werden vom Weibchen für gewöhnlich 8–15 olivbraune Eier in eine Nestmulde gelegt, wo sie von ihm 23–28 Tage bebrütet werden. Die Jungvögel sind Nestflüchter und unternehmen nach etwa 12 Tagen ihre ersten Flüge. Fasane schlafen auf Bäumen. Im Flug wirken sie etwas schwerfällig, sie sind jedoch recht schnelle Flieger. Als Nahrung dienen ihnen vor allem Beeren, Triebe und Samen. Das Männchen fällt durch seinen lauten und durchdringenden Ruf auf, der wie „kok-kok" klingt.

*Ein Fasanhahn.
Oben: Zeichnung
einer Henne beim
Brüten; ihr Federkleid ist deutlich
weniger auffällig
als beim Männchen.*

Ähnliche Arten: Zu den Arten, die wegen ihrer Schönheit in Großbritannien eingeführt wurden, zählen der **nordchinesische Königsfasan** (*Syrmaticus reevesii*), der **Goldfasan** (*Chrysolophus pictus*) und der **Diamantfasan** (*Chrysolophus amherstiae*). Das **Rostkehllaufhühnchen** (*Turnix silvatica*), das zur Ordnung und Familie der Laufhühnchen gehört, ist in Afrika und Südasien verbreitet. In Europa ist dieser Vogel nur in Südspanien anzutreffen; bis etwa 1920 war er auch in Sizilien beheimatet.

Wasserralle Rallus aquaticus

Die kleine, schlanke Wasserralle hält sich meist im dichten Schilf verborgen. Sie ist an der Oberseite olivbraun mit schwarzer Längsfleckung. Gesicht, Kehle und Brust sind blaugrau, die Flanken deutlich schwarz und weiß quer gebändert. Charakteristisch sind auch ihre roten Augen und der lange rote Schnabel.

Verbreitung: Die Wasserralle ist ein **Teilzieher**, der in vier Unterarten in Eurasien und Nordafrika verbreitet ist. In Europa brütet dieser Vogel vom Süden bis Mittelskandinavien und in Island. Westliche Populationen sind **Jahresvögel**, während die Vertreter der östlichen weiter westlich überwintern.

Lebensraum: Die Wasserralle bevorzugt als Lebensraum Sumpfgebiete sowie Binnengewässer mit dichtem Schilfgürtel.

Biologie: Die Wasserralle baut ihr Nest im dichten Schilf über dem Wasser. Zwischen Ende März und Juni legen die Weibchen 6–11 rot gefleckte, cremefarbene Eier, die von beiden Partnern ca. 20 Tage lang bebrütet werden. Die Jungen tragen ein schwarzes Daunenkleid und sind Nestflüchter, sie fliegen nach 20–30 Tagen. In der Regel werden zwei Gelege jährlich angelegt. Wasserrallen ernähren sich von Fischen, Amphibien, wirbellosen Tieren und Pflanzenteilen. Man sieht sie nicht allzu oft fliegen – dafür bewegen sie sich überaus geschickt und völlig lautlos durch dichtes Schilf. Kleine Wasserflächen überqueren sie auch schwimmend. Die Wasserralle ist vor allem in der Morgen- und Abenddämmerung aktiv. Wenn man den Vogel auch selten zu sehen bekommt, so kann man seine Stimme deutlich vernehmen, die überaus vielfältig ist und als Grunzen, Quieken, Trillern und Brummen in Erscheinung treten kann.

Familie	Rallidae Rallen
Gesamtlänge	23–28 cm
Flügelspannweite	38–45 cm
Gewicht	80–190 g
Merkmale	Form des Schnabels, Stimme
Europäische Population	130 000– 239 000 Paare
Internationaler Artenschutz	EEC 2 BERN 3
Gewässer oder Sümpfe	

Tüpfelsumpfhuhn Porzana porzana

Familie Rallidae Rallen	
Gesamtlänge 22–24 cm	
Flügelspann- weite 37–42 cm	
Gewicht 60–140 g	
Merkmale Form des Schnabels, heller Ruf	
Europäische Population 48 500–67 000 Paare	
Internationaler Artenschutz SPEC 4 EEC 1 BERN 2 BONN 2 AEWA	
Gewässer oder Sümpfe	

Dieses kleine Sumpfhuhn ist an der Oberseite dunkelbraun, mit feinen weißen Tüpfeln und Stricheln, daher auch sein Name. Der kurze gelbe Schnabel ist an der Wurzel rot gefärbt. Die Unterseite des Gefieders ist grau, die Flanken zeigen eine Querbänderung. Beide Geschlechter sind gleich gefärbt.

Verbreitung: Das Tüpfelsumpfhuhn ist ein Teil-zieher, der in großen Teilen des gemäßigten Europa bis Westsibirien als **Sommervogel** ver-treten ist. Die Vögel überwintern in Süd- und Ostafrika, in Indien und in geringer Zahl auch im Mittelmeerraum.

Lebensraum: Das Tüpfelsumpfhuhn bevorzugt als Lebensraum hauptsächlich Sumpfgebiete mit dichter Vegetation.

Biologie: Das Tüpfelsumpfhuhn baut sich ein Grasnest über dem Wasser, in dem 10–12 rot gefleckte, gelbbraune Eier abgelegt werden. Diese werden von beiden Partnern 18–24 Tage bebrütet. Die Jungvögel fliegen nach ca. 25 Tagen. Das Tüp-felsumpfhuhn bringt meist ein, manchmal auch zwei Gelege im Jahr hervor. Charak-teristisch ist der Ruf dieser Vögel, ein helles, durchdringendes „quitt ... quitt ...", das besonders häufig nachts im Frühling zu hören ist. Sie ernähren sich hauptsäch-lich von wasserlebenden wirbellosen Tieren sowie von Pflanzentrieben und Samen. Das scheue Tüpfelsumpfhuhn hält sich meist im Schutze des dichten Schilfs in Bodennähe auf und wagt sich erst in der Dämmerung hervor. Fliegend ist es nur selten zu sehen, es bewegt sich eher langsam, geradlinig und niedrig durch die Luft und lässt dabei die Beine herabhängen.

Kleines Sumpfhuhn   Porzana parva

Diese Rallenart ähnelt dem Zwergsumpfhuhn, ist jedoch etwas größer als dieses und hat eine weniger auffällige Flankenbänderung. Die Oberseite des Gefieders ist braun und schwarz, die Unterseite grau mit weißer Querbänderung auf den hinteren Flanken. Der gelbgrüne Schnabel zeigt eine rote Basis. Die Beine sind grünlich gefärbt. Das Weibchen *(Bild unten)* unterscheidet sich vom Männchen durch seine hellbraune Unterseite.

Verbreitung: Das Kleine Sumpfhuhn ist ein **Langstreckenzieher**, der als **Sommervogel** im gemäßigten Europa, und zwar hauptsächlich in Osteuropa, beheimatet ist. Der Vogel überwintert in Zentralafrika sowie im Mittelmeerraum.

Lebensraum: Dieses Sumpfhuhn ist hauptsächlich in dicht bewachsenen Süßwassersümpfen sowie an Binnengewässern mit dichtem Schilfbestand anzutreffen.

Biologie: Das Kleine Sumpfhuhn baut sich in der dichten Ufervegetation ein Nest aus Schilfrohr und Binsen und kleidet es innen mit feinem Gras aus. Dort legt das Weibchen zwischen Mai und Juli 7–9 braun gefleckte, gelbliche Eier, die abwechselnd von beiden Partnern 21–23 Tage bebrütet werden. Die Jungvögel sind Nestflüchter und werden nach 45–50 Tagen flugfähig. Das Kleine Sumpfhuhn legt meistens ein, manchmal auch zwei Gelege im Jahr an. Der Vogel lebt überaus zurückgezogen und hält sich ständig im Schutze der dichten Ufervegetation auf. Dort sucht er sich auch seine Nahrung, die aus wasserlebenden Insekten und deren Larven sowie aus Pflanzenteilen besteht. Am ehesten kann man das Kleine Sumpfhuhn in der Abenddämmerung erspähen, wenn es über die Blätter von Schwimmpflanzen hinwegeilt. Es macht sich stimmlich durch ein hartes „quik-quik-quik" bemerkbar, das in der Balz zu einem immer schneller werdenden Triller aneinander gereiht wird.

Ähnliche Arten: Das **Zwergsumpfhuhn** *(Porzana pusilla)* zeichnet sich durch seine auffällige schwarz-weiße Querbänderung an den Flanken aus. Es hat außerdem bräunliche bis fleischfarbene Beine und einen grünlichen Schnabel. Das Zwergsumpfhuhn ist als Sommervogel von Europa bis Japan und China anzutreffen; in Afrika, Südasien und Ozeanien ist es als Jahresvogel vertreten.

Familie	Rallidae Rallen
Gesamtlänge	18–20 cm
Flügelspannweite	34–39 cm
Gewicht	30–50 g
Merkmale	Balztriller
Europäische Population	16 000–20 000 Paare
Internationaler Artenschutz	SPEC 4 EEC 1 BERN 2 BONN 2 AEWA
Gewässer oder Sümpfe	

Wachtelkönig   Crex crex

Familie	Rallidae Rallen
Gesamtlänge	27–30 cm
Flügelspann- weite	46–53 cm
Gewicht	120–200 g
Merkmale	knarrender Ruf
Europäische Population	87500–97000 Paare
Internationaler Artenschutz	SPEC 1 EEC 1 BERN 2

Wiesen

Diese kleine Ralle hat einen etwas stämmigeren Körper als die Wasserralle. Ihr Federkleid ist gelblich braun mit schwarzen Längsflecken. Die Flügeldecken sind kräftig rotbraun gefärbt. Der Wachtelkönig hat einen kurzen Schnabel und helle Flanken mit brauner Querbänderung. Beide Geschlechter zeigen keine Unterschiede.

Verbreitung: Der Wachtelkönig ist ein **Langstreckenzieher**, der in nahezu ganz Eurasien verbreitet ist. Er ist als **Sommervogel** von Europa bis Sibirien sowie in Nordafrika anzutreffen. Nur in Nordskandinavien, auf der Iberischen Halbinsel und an den Mittelmeerküsten kommt er als Brutvogel nicht vor. Die europäischen Populationen überwintern in Afrika südlich der Sahara.

Lebensraum: Der Wachtelkönig lebt in Hochstaudenfluren, auf Wiesen und Feldern sowie in Sumpfgebieten mit üppiger Vegetation.

Biologie: Der Wachtelkönig baut sich ein Grasnest am Boden, wo die 8–12 braun gefleckten, grünlichen Eier vom Weibchen bebrütet werden. Nach 16–19 Tagen schlüpfen die Jungen; diese sind Nestflüchter und fliegen nach 34–38 Tagen. Manchmal gibt es sogar zwei Gelege im Jahr. Im Gegensatz zu den anderen Rallen bevorzugt der Wachtelkönig weniger Sumpfgebiete als Hochgraswiesen und Felder. Er ernährt sich vorwiegend von wirbellosen Tieren und Sämereien. Er hält sich so gut wie immer im hohen Gras verborgen und verrät seine Anwesenheit nur durch den typischen zweimaligen Ruf. Im Flug erkennt man ihn an den rostbraun leuchtenden Flügeldecken und den herabhängenden Beinen.

Besonderheiten: Der Wachtelkönig ist vor allem in der Dämmerung bzw. nachts aktiv. Dabei zeigt das Männchen mit einem rauen, knarrenden „errp-errp" sein Revier an.

Bestände: In den letzten Jahren sind die Bestände des Wachtelkönigs in Europa geradezu dramatisch zurückgegangen. Schuld daran ist vor allem das allzu frühe Mähen von Wiesen, in denen er sich mit Vorliebe aufhält. Dadurch werden die Nester zerstört und Jungtiere häufig getötet.

Teichhuhn   *Gallinula chloropus*

Diese mittelgroße Ralle trägt ein dunkles Feder-kleid mit je einem weißen, mehrfach abgesetz-ten Längsstreif an den Flanken. Charakteristisch sind auch der rote Schnabel mit der gelben Spitze, die rote Stirnplatte, die olivgrünen Beine und die weißen Unterschwanzdecken. Die Geschlechter zeigen keine Unterschiede. Jungvögel haben ein graubraunes Federkleid.

Verbreitung: Das Teichhuhn ist ein **Teilzieher**, der in 12 Unterarten im gemäßigten Eurasien, in Afrika sowie in Nord- und Südamerika beheimatet ist. In Europa fehlt dieser Vogel nur im hohen Norden Skandinaviens sowie in den Hochgebirgen. Die nordöstlichen Populationen suchen etwas südlicher bzw. westlicher gelegene Winterquartiere auf.

Lebensraum: Das Teichhuhn ist an Seen und Flüssen sowie in Feuchtgebieten aller Art anzutreffen. Auch an Parkteichen findet sich dieser Vogel immer wieder ein.

Biologie: Das Teichhuhn baut sein Nest bevorzugt in Wassernähe in der Vegetation; ab und an nistet es auch auf Bäumen oder lässt sich in einem verlassenen Nest einer anderen Spezies nieder. Ab März werden vom Weibchen 5–9 dunkel gefleckte, gelblich braune Eier gelegt, die von beiden Altvögeln 21–22 Tage lang abwechselnd bebrütet werden. Die Jungen sind Nestflüchter und können nach 40–50 Tagen fliegen. Beim Teichhuhn gibt es zwei, manchmal sogar drei Gelege pro Jahr. Dieser Vogel lässt oft seinen Ruf, ein durchdringendes „kürrk", vernehmen. Seine Ernährung besteht vorwiegend aus Samen und Pflanzenteilen, aber auch aus Insekten und Mollusken.

Besonderheiten: Das Teichhuhn wirkt ständig aufmerksam und fluchtbereit. Es schwimmt elegant und fällt durch seinen ständig nickenden Kopf und den zuckenden Schwanz auf.

Familie	Rallidae Rallen
Gesamtlänge	32–35 cm
Flügelspann-weite	50–55 cm
Gewicht	150–490 g
Merkmale	Färbung des Gefieders, Stimme
Europäische Population	ca. 1 Million Paare
Internationaler Artenschutz	EEC 2 BERN 3
Gewässer oder Sümpfe	

Blässhuhn Fulica atra

Familie Rallidae Rallen	
Gesamtlänge 36–38 cm	
Flügelspann- weite 70–80 cm	
Gewicht 300–1200 g	
Merkmale Färbung des Gefieders, Stirnschild, markante Rufe	
Europäische Population ca. 1,2 Millionen Paare	
Internationaler Artenschutz EEC 2–3 BERN 3 AEWA	
Gewässer oder Sümpfe	

Diese großen, kräftigen Wasservögel sind an ihrem schwarzgrauen Federkleid leicht zu erkennen. Charakteristisch sind auch der weiße Schnabel, der auffallend weiße Stirnschild und die grünen Beine. Beide Geschlechter sind gleich gefärbt. Das Kleid der Jungvögel ist dunkelgraubraun mit schmutzig weißlichem Vorderhals. Schnabel und Stirnschild sind hellbraun gefärbt.

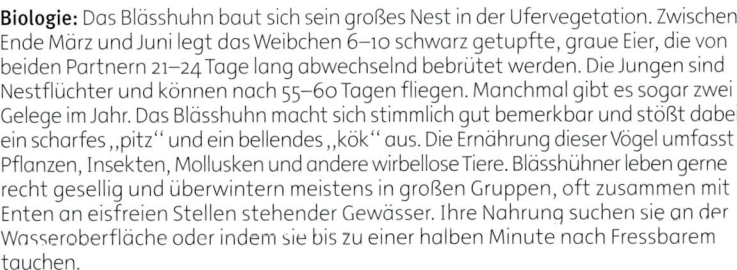

Verbreitung: Das Blässhuhn ist in vier Unterarten in Eurasien, Nordafrika und Ozeanien verbreitet. In Europa ist es nur im hohen Norden und in Island nicht anzutreffen. In Westeuropa ist das Blässhuhn als **Jahresvogel** beheimatet, im Osten lebt es meistens als **Sommervogel**.

Lebensraum: Das Blässhuhn ist an Seen, Teichen sowie in Feuchtgebieten aller Art anzutreffen – vorausgesetzt, es ist genügend Ufervegetation vorhanden. Auch an Parkteichen tritt es häufig auf.

Biologie: Das Blässhuhn baut sich sein großes Nest in der Ufervegetation. Zwischen Ende März und Juni legt das Weibchen 6–10 schwarz getupfte, graue Eier, die von beiden Partnern 21–24 Tage lang abwechselnd bebrütet werden. Die Jungen sind Nestflüchter und können nach 55–60 Tagen fliegen. Manchmal gibt es sogar zwei Gelege im Jahr. Das Blässhuhn macht sich stimmlich gut bemerkbar und stößt dabei ein scharfes „pitz" und ein bellendes „kök" aus. Die Ernährung dieser Vögel umfasst Pflanzen, Insekten, Mollusken und andere wirbellose Tiere. Blässhühner leben gerne recht gesellig und überwintern meistens in großen Gruppen, oft zusammen mit Enten an eisfreien Stellen stehender Gewässer. Ihre Nahrung suchen sie an der Wasseroberfläche oder indem sie bis zu einer halben Minute nach Fressbarem tauchen.

Ähnliche Arten: Das **Kammblässhuhn** *(Fulica cristata)* ist an seinen beiden leuchtend roten eiförmigen Höckern hinter dem Stirnschild erkennbar. Diese Art brütet in Afrika und Südspanien.

Kranich   Grus grus

Dieser große und sehr stattliche Vogel trägt ein graues Federkleid und fällt durch besonders lange Beine auf. Kopf und Hals sind schwarz mit einem bogenförmigen seitlichen weißen Streif. Der Scheitel ist rot. Beide Geschlechter tragen das gleiche Federkleid. Jungvögel sind graubraun gefärbt, auch der Kopf ist einfarbig graubraun.

Verbreitung: Der Kranich ist als **Sommervogel** in zwei Unterarten im gemäßigten und nördlichen Eurasien vertreten. Den Winter verbringen diese Vögel vorzugsweise auf der Iberischen Halbinsel, in Nordafrika, in Indien oder in Südostasien.

Lebensraum: Der Kranich bevorzugt als Lebensraum offene Auwälder, Sumpfwälder, Tümpel und Moore. Im Winter hält er sich oft auf Feldern und in Flachwassergebieten auf.

Biologie: Zwischen Ende März und Juni legt das Kranichweibchen in einem Feuchtgebiet auf eine Unterlage aus Pflanzenmaterial für gewöhnlich zwei braun gefleckte, grünliche oder bräunliche Eier. Diese werden von beiden Partnern 28–31 Tage abwechselnd bebrütet. Die Jungvögel sind Nestflüchter, die nach 65–70 Tagen fliegen. Kraniche sind scheue und überaus wachsame Vögel. Die meiste Zeit verbringen sie auf dem Boden, auf dem sie sich würdevoll und anmutig bewegen. Sie fliegen mit langsamen, kräftigen Flügelschlägen und halten im Flug Hals und Beine gestreckt. Der Kranich ist ein Allesfresser, der sich von Kleintieren verschiedenster Art, vor allem aber von Pflanzen ernährt.

Besonderheiten: Auf ihrem Zug in die Winterquartiere fliegen die Kraniche in typischer V-Formation, wobei sie immer wieder ein lautes Trompeten ausstoßen.

Ähnliche Arten: Der **Jungfernkranich** *(Anthropoides virgo)* ist deutlich kleiner als der Kranich und unterscheidet sich durch einen schwarzen Kopf, Hals und Brust mit deutlich verlängerten Brustfedern. Hinter den Augen trägt er haubenartige weiße Federbüschel. Diese Art brütet von Südosteuropa bis Mittelasien und überwintert großteils in Indien.

Familie	Gruidae Kraniche
Gesamtlänge	110–120 cm
Flügelspannweite	220–245 cm
Gewicht	3,6–7 kg
Merkmale	Körperform, Stimme
Europäische Population	ca. 25 000 Paare
Internationaler Artenschutz	SPEC 3 EEC 1 BERN 2 BONN 2 AEWA CITES 1

Gewässer oder Sümpfe

Säbelschnäbler Recurvirostra avosetta

Dieser anmutige Watvogel fällt vor allem durch seinen langen, säbelartig nach oben gebogenen Schnabel auf. Charakteristisch sind auch sein schwarz-weißes Federkleid und die langen bläulich grauen Beine. Beide Geschlechter sind gleich gefärbt. Beim Jungvogel im Adultkleid sind die schwarzen Partien graubraun gefärbt.

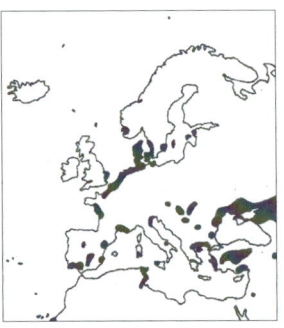

Verbreitung: Der Säbelschnäbler ist ein Teilzieher, der in Eurasien und Afrika als Brutvogel verbreitet ist. In Europa ist er im Sommer vor allem an den Küsten, aber auch an großen flachen Binnenseen anzutreffen. Er überwintert im Mittelmeerraum und in Nordafrika.

Lebensraum: Der Säbelschnäbler benötigt als Lebensraum vor allem flache, schlammige Meeresküsten, lebt darüber hinaus aber auch an flachen Brackwasser- und Salzseen im Binnenland.

Biologie: Die Säbelschnäbler nisten in Kolonien, oft zusammen mit Möwen oder Seeschwalben. Zwischen April und Juni legt das Weibchen in der Regel vier hellbraune, schwarz gesprenkelte Eier, die abwechselnd von beiden Altvögeln 23–25 Tage bebrütet werden. Die Jungvögel sind Nestflüchter und fliegen nach 35–42 Tagen. Die Säbelschnäbler stoßen einen charakteristischen Ruf aus, ein hohes flötendes „klüit".

Als Nahrung dienen ihnen vor allem Wasserinsekten und Krebstiere, die mit charakteristischen Suchbewegungen des Schnabels im flachen Wasser erbeutet werden. Der Säbelschnäbler fliegt mit langsamen Flügelschlägen, ist aber ein durchaus schneller Flieger.

Besonderheiten: Auf Nahrungssuche watet der Säbelschnäbler mit seinen hohen Beinen durch das flache Wasser und lässt dabei seinen Kopf hin und her pendeln, um dabei mit dem gebogenen Schnabel das Wasser oder den Schlamm nach Beute zu durchsuchen. Dank der Nervenenden an der Schnabelspitze kann er kleinere wirbellose Tiere wie Krebschen und Würmer ertasten. Dieser Vogel ist auch ein gewandter und eleganter Schwimmer.

Bestände: Der Säbelschnäbler wird aufgrund der Vernichtung seiner natürlichen Lebensräume in manchen Gegenden immer seltener, wogegen die Bestände in geschützten Gebieten aber zunehmen.

Flussregenpfeifer   Charadrius dubius

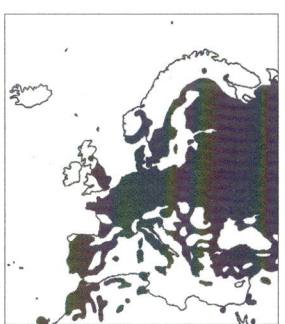

Dieser eher kleine Watvogel hat einen schwarzen Schnabel und gelblich grüne Beine. Sein Gefieder ist an der Oberseite sandbraun, an der Unterseite weiß. Im Flug sieht man keinen weißen Flügelstreif, wie dies für verwandte Arten typisch ist. Auffällig sind das schwarze Brustband sowie die schwarz-weiße Kopfzeichnung mit dem gelben Augenring. Die Geschlechter zeigen keine Unterschiede im Gefieder.

Verbreitung: Der Flussregenpfeifer ist in drei Unterarten in Europa, Asien, Nordafrika und Ozeanien verbreitet. In Europa ist er nur im äußersten Norden nicht anzutreffen. Die Vögel überwintern in Afrika sowie von Südostasien bis Neuguinea.

Lebensraum: Der Flussregenpfeifer benötigt als Habitat die mit Sand oder Kies bedeckten Ufer von Seen und Flüssen sowie Kiesgruben.

Biologie: Ihre vier sandfarbenen braun gesprenkelten Eier legen diese Vögel in einer ausgescharrten Bodenmulde zwischen April und Juni ab. Sie werden von beiden Altvögeln 24–25 Tage bebrütet. Die Jungen sind Nestflüchter und fliegen nach etwa drei Wochen. Es gibt manchmal zwei Gelege im Jahr. Flussregenpfeifer sind schnelle Flieger, die meist flach über dem Wasser oder über dem Boden dahinstreichen. Sein charakteristischer Ruf, ein kurzes, pfeifendes „tiu" ist vor allem morgens und abends zu hören. Beim Balzgesang wird daraus ein wohlklingendes Trillern. Der Flussregenpfeifer ernährt sich vorwiegend von Insekten und Mollusken (Weichtieren).

Besonderheiten: Der Flussregenpfeifer zeigt beim Laufen eine ganz eigentümliche Haltung, wobei er sich mit vorgestrecktem Kopf wie aufgezogen über den Kies bewegt, um dann wieder inne zu halten. Typisch ist auch sein Vorgehen bei der Nahrungssuche, wobei er mit einem Fuß auf eine bestimmte Stelle im Schlamm tritt und dann lauschend den Kopf neigt, um gleich darauf rasch zuzustoßen oder weiterzugehen. Wahrscheinlich bringt er mit dem Klopfen im Schlamm lebende kleine Tiere dazu, sich durch eine Schreckbewegung zu verraten.

Familie
Charadriidae
Regenpfeifer

Gesamtlänge
14–15 cm

Flügelspannweite
42–48 cm

Gewicht
30–50 g

Merkmale
Kopfzeichnung, Farbe des Schnabels und der Beine, Stimme

Europäische Population
66 000–87 000 Paare

Internationaler Artenschutz
BERN 2
BONN 2
AEWA

Gewässer oder Sümpfe

Kiebitz Vanellus vanellus

Dieser weitverbreitete mittelgroße Vertreter aus der Familie der Regenpfeifer ist durch seinen kräftigen aufgerichteten Federschopf und sein größtenteils schwarz und weiß gefärbtes Federkleid unverwechselbar. Das Rückengefieder zeigt einen metallischen Glanz. Im Winterkleid erscheint die sonst schwarze Kehle heller. Die Geschlechter zeigen keine Unterschiede.

Verbreitung: Der Kiebitz ist als **Teilzieher** in Europa und im gemäßigten Asien verbreitet. In Europa lebt er als Brutvogel hauptsächlich nördlich des 45. Breitengrades; in weiten Teilen des Mittelmeerraums fehlt dieser Vogel. Der Kiebitz überwintert vorzugsweise in den ebenen Gebieten Frankreichs, Großbritanniens und der Iberischen Halbinsel, darüber hinaus auch in China und Indien.

Lebensraum: Der Kiebitz bevorzugt als Lebensraum Feuchtgebiete verschiedener Art an Süßwasser- und Salzsümpfen, an Seeufern, er brütet aber auch auf feuchtem Ackerland sowie auf Wiesen und Weiden mit niedriger Vegetation.

Biologie: Zwischen März und Juni werden vom Weibchen in einer Bodenmulde für gewöhnlich vier hellbraune, schwarz gefleckte Eier abgelegt, die von beiden Altvögeln 21–28 Tage abwechselnd bebrütet werden. Die Jungen sind Nestflüchter und nach 35–40 Tagen flügge. Es gibt meist nur ein Gelege pro Jahr, selten zwei. Leicht erkennbar ist dieser hübsche Vogel an seinem schmetterlingsartigen Flug und auch an seinem typischen „kiewitt"-Ruf. Der Kiebitz ernährt sich vor allem von wirbellosen Tieren und Pflanzenteilen. Er ist oft in großen Scharen auf Nahrungssuche unterwegs, häufig zusammen mit Goldregenpfeifern und Staren.

Besonderheiten: Zur Balzzeit im Frühling kann man vor allem männliche Kiebitze dabei bewundern, wie sie ihre Flugkünste mit akrobatischen Einlagen wie z. B. Körperrollen und Sturzflügen vorführen.

Ähnliche Arten: Der Spornkiebitz (*Hoplopterus spinosus*) hat ein schwarz-weißes Federkleid und brütet in Afrika, im Mittleren Osten und vereinzelt auch in Griechenland.

Ein junger Kiebitz. Oben: Zeichnung eines typischen Balzflugs des Männchens.

Kampfläufer   Philomachus pugnax

Dieser mittelgroße Vertreter der Schnepfenvögel ist das Jahr über an der Unterseite bräunlich weiß gefärbt; im Winterkleid an der Oberseite sandfarben mit schwarzbraunen Flecken, während im Sommer die Oberseite kräftiger braun gefärbt und rostfarben gezeichnet ist. Der Kampfläufer hat lange gelbliche Beine. Zur Brutzeit zeigen die Männchen eine auffallend gefärbte Halskrause. Die Männchen sind deutlich größer als die Weibchen.

Verbreitung: Der Kampfläufer ist als Brutvogel im nördlichen Eurasien verbreitet. In Europa brütet diese Art von den Niederlanden über Skandinavien bis nach Russland. Einige Vertreter der Spezies bleiben den Winter über in Westeuropa, die meisten ziehen aber nach Afrika. Weitere Winterquartiere liegen in Indien und Australien.

Lebensraum: Kampfläufer bevorzugen als Habitat feuchte Wiesen, Tundralandschaften, Sümpfe sowie Uferbereiche von Gewässern.

Biologie: Kampfläufer nisten in der hohen Vegetation. Zwischen Mitte April und Juni legt das Weibchen für gewöhnlich vier braun gefleckte, olivgrüne Eier, die von ihm 20–23 Tage lang bebrütet werden. Die Jungvögel sind Nestflüchter und können nach 25–28 Tagen fliegen. Die Kampfläufer sind schnelle Flieger, denen auch jähe Richtungswechsel im Flug keine Probleme bereiten. Sie sind wenig lautfreudig und lassen nur gelegentlich ein gedämpftes „tschak-tschak" vernehmen. Diese Vögel ernähren sich vor allem von Insekten, Mollusken, Würmern und Pflanzenteilen.

Besonderheiten: Kampfläufer-Männchen treffen sich zur Balz auf „Turnierplätzen", wo sie ihre auffallenden Federkrägen aufrichten und Scheinkämpfe durchführen. Die individuellen Unterschiede in der Färbung der Halskrause sind von großer Bedeutung für die Rangordnung. Dabei zeigen dominantere Männchen eine dunkle Krause, während eine heller gefärbte Krause mit einer niedrigeren Stufe der Rangordnung einhergeht. Zwischen Männchen und Weibchen gibt es keine dauerhaften Bindungen.

Ähnliche Arten: Der Sumpfläufer *(Limicola falcinellus)* ist vor allem an seinem gestreiften Oberkopf und dem langen Schnabel zu erkennen. Er brütet im nördlichen Eurasien.

Familie	Scolopacidae Schnepfenvögel
Gesamtlänge	26–30 cm
Flügelspannweite	48–58 cm
Gewicht	75–230 g
Merkmale	Halskrause, Balzrituale
Europäische Population	105 500– 139 000 Paare
Internationaler Artenschutz	SPEC 4 EEC 1–2 BERN 3 BONN 2 AEWA
Wiesen	

Bekassine Gallinago gallinago

Familie Scolopacidae Schnepfenvögel	
Gesamtlänge 17–19 cm	
Flügelspann- weite 38–42 cm	
Gewicht 75–170 g	
Merkmale Form des Schnabels, Stimme, Flug	
Europäische Population 861 500– 990 500 Paare	
Internationaler Artenschutz BERN 3 BONN 2 AEWA	
Gewässer oder Sümpfe	

Diese Schnepfenart zeichnet sich durch ein besonders gut tarnendes braun und gelblich gestreiftes Federkleid mit hellen und dunklen Flecken aus. Die Bekassine weist einen sehr langen Schnabel auf und hat grünliche Beine. Beide Geschlechter sind gleich gefärbt.

Verbreitung: Die Bekassine bewohnt als Teilzieher in drei Unterarten Eurasien und Nordamerika. In ganz Mittel- und Nordeuropa ist dieser Vogel nördlich der Alpen als **Sommervogel** vertreten. Den Winter verbringen viele Bekassinen im Nordwesten und Südosten Europas; nicht wenige Vertreter verlassen jedoch Europa, um ihre Winterquartiere in Indien, Südostasien oder in der Sahelzone aufzusuchen. Skandinavische Populationen überwintern oft in Dänemark, Norddeutschland, Frankreich oder in Großbritannien.

Lebensraum: Die Bekassine bevorzugt als Habitat vor allem Moore, Sümpfe und Feuchtwiesen.

Biologie: Das Weibchen legt ab Ende März für gewöhnlich vier braun gefleckte, hellgrüne Eier in eine mit Gras ausgekleidete Mulde, die dann von beiden Altvögeln abwechselnd 18–20 Tage bebrütet werden. Die Jungen sind Nestflüchter und können nach 19–20 Tagen flieschnelle und gewandte Flieger, die oft in jähem Zickzackflug vom Boden auffliegen. Als Nahrung dienen ihnen vor allem Würmer und Insektenlarven, die sie mit ihrem langen Schnabel aus der Erde stochern.

Besonderheiten: Zur Balzzeit und auch noch im Frühsommer fällt die Bekassine gelegentlich auf, wie sie am Himmel schnelle Kreise zieht und zwischendurch immer wieder in jähem Sturzflug herabschießt, wobei die äußeren Schwanzfedern abgespreizt werden. Dabei erzeugen diese durch Vibrationen ein dumpfes Meckern, das dem Vogel den Namen „Himmelsziege" eingetragen hat.

Ähnliche Arten: Die Zwergschnepfe *(Lymnocryptes minimus),* die im gemäßigten und nördlichen Eurasien nistet, ist deutlich kleiner und kurzschnäbeliger als die Bekassine. Auf dem Rücken zeigt sie zwei deutliche Längsstreifen. Der Schwanz ist keilförmig und hat keinerlei weiße Partien. Die **Doppelschnepfe** *(Gallinago media),* die im nördlichen Eurasien brütet, ist etwas größer als die Bekassine und an der Unterseite kräftiger gefleckt und gebändert. Der Schwanz zeigt breite weiße Kanten.

Eine Zwergschnepfe – eine Spezies, die deutlich kleiner als die Bekassine ist.
Oben: Eine Bekassine im Winterkleid.

Waldschnepfe   Scolopax rusticola

Das Federkleid dieser großen, kräftigen Schnepfenart ist unregelmäßig braun, schwarz und in
helleren Farben gemustert, was am Waldboden
ein ausgezeichnetes Tarnkleid darstellt. Die Waldschnepfe hat einen langen Schnabel und helle
Beine. Beide Geschlechter sind gleich gefärbt.

Verbreitung: Die Waldschnepfe ist als **Teilzieher**
in Eurasien sowie auf einigen Inseln im östlichen
Atlantik beheimatet. In Europa brütet sie von
den Pyrenäen bis zum nördlichen Polarkreis. In
den westlichen Regionen bleiben die Waldschnepfen auch über den Winter in ihren Habitaten. Die
restlichen Populationen überwintern im Mittelmeerraum, in Indien, Südostasien und in China.

Familie
Scolopacidae
Schnepfenvögel
Gesamtlänge
33–35 cm
Flügelspann-
weite
56–60 cm
Gewicht
130–420 g
Merkmale
Körperform,
Färbung des
Gefieders,
Balzflug
Europäische
Population
529 000–
689 500 Paare
Internationaler
Artenschutz
SPEC 3W
EEC 2–3
BERN 3
BONN 2
Wälder

Lebensraum: Die Waldschnepfe bevorzugt als Lebensraum feuchte Wälder mit Lichtungen und Schneisen, wo sie sich besonders gerne an sumpfigen Tümpeln aufhält.

Biologie: Diese Schnepfenart nistet im niedrigen Gebüsch in einer mit trockenem
Laub ausgekleideten Mulde, wo das Weibchen ab März für gewöhnlich vier braun
gefleckte, cremefarbene Eier legt. Diese werden von ihm rund 22 Tage lang bebrütet.
Die nestflüchtenden Jungvögel können nach 15–20 Tagen fliegen. Die Waldschnepfen sind geschickte und schnelle Flieger. Sie halten im Flug den Kopf mit dem langen
Schnabel nach unten. Die Männchen vollführen im Frühling über Schneisen und
Waldlichtungen während der Dämmerung ihren gaukelnden Balzflug, bei dem sie
ein dumpfes ,,Quorren'' ausstoßen, auf das ein scharfes ,,pitz'' folgt. Sie ernähren
sich vor allem von Würmern und Insektenlarven, die sie mit ihrem langen Schnabel
aus dem Boden hervorholen. Die Waldschnepfe ist vor allem in der Dämmerung aktiv.

Besonderheiten: Das Weibchen fliegt manchmal bei Gefahr samt den Jungen, die es
zwischen Schenkel und Bauch klemmt, davon. Ab und an trägt der Altvogel die Jungen
auch auf dem Rücken.

Bestände: Aufgrund der Vernichtung ihrer natürlichen Lebensräume gehen die Bestände der Waldschnepfen in einigen europäischen Ländern seit längerem dramatisch zurück.

Uferschnepfe · Limosa limosa

Diese hochbeinige, schlanke Schnepfenart hat ein überwiegend rotbräunliches Federkleid, das an Bauch und Flanken kräftig gebändert ist. Auffällig sind der lange Schnabel, die relativ langen Beine sowie im Flug die weiße Flügelbinde. Der Schwanz ist weiß mit einer schwarzen Endbinde. Die Geschlechter zeigen keine Unterschiede im Gefieder.

Verbreitung: Die Uferschnepfe ist als **Teilzieher** im gemäßigten Eurasien verbreitet. Als Brutvogel ist sie in Island, Großbritannien und in Frankreich sowie von den Niederlanden ostwärts bis Mittelsibirien vertreten. Sie überwintert in Südeuropa oder aber in der Sahelzone Afrikas bzw. in Indien und Südostasien.

Lebensraum: Die Uferschnepfe bewohnt im Sommer mit Vorliebe feuchte Wiesen und Moore. Im Winter trifft man sie oft an Flussmündungen und an flachen Küsten an.

Biologie: Zwischen April und Juni werden vom Weibchen in eine sorgfältig ausgekleidete Bodenmulde für gewöhnlich vier dunkel gefleckte, olivbraune Eier gelegt, die von beiden Elternteilen 22–24 Tage lang bebrütet werden. Die Jungvögel sind Nestflüchter und können nach 25–34 Tagen fliegen. Die Uferschnepfen sind schnelle Flieger. Ihr lauter, heller Ruf klingt wie „grita-grita-grita". Als Nahrung dienen diesen Vögeln verschiedene Arten von wirbellosen Tieren, aber auch Amphibien, Fische und Pflanzenteile. Das Männchen zeigt einen Balzflug mit akrobatischen Flugmanövern, der von lauten kichernden „tiü-i-tiü" Rufen sowie einem nasalen „quih-it" begleitet wird.

Bestände: Durch die Vernichtung ihrer natürlichen Lebensräume und wegen der Verfolgung durch den Menschen sowohl während des Zuges als auch in ihren Winterquartieren nehmen die Bestände der Uferschnepfe in einigen europäischen Ländern ab.

Ähnliche Arten: Die **Pfuhlschnepfe** (*Limosa lapponica*) brütet von Nordskandinavien über Sibirien bis ins westliche Alaska. Sie ist kleiner als die Uferschnepfe und unterscheidet sich von dieser vor allem durch das Fehlen der auffälligen weißen Flügelbinde. Im Sommer sind Kopf, Hals und Unterseite kräftig rostrot gefärbt. Der Schwanz ist weißlich mit einer dunklen Bänderung. Als Wintergast ist dieser Vogel an den Küsten Westeuropas anzutreffen.

Großer Brachvogel   Numenius arquata

Dieser beeindruckende Schnepfenvogel zeichnet sich durch seine Größe und seinen langen, abwärts gebogenen Schnabel aus. Die Gefiederoberseite ist dunkel und hellbraun gestrichelt, die Unterseite ist an der Brust hellbraun gestrichelt, während der Bauch mit schwarzen Flecken in der Form von Pfeilspitzen versehen ist.

Verbreitung: Der Große Brachvogel ist ein **Teilzieher**, der in zwei Unterarten die nördlichen Teile Eurasiens bewohnt. In Europa ist diese seltene Art vorwiegend nördlich des 45. Breitengrades anzutreffen. Die Vögel überwintern an den Atlantikküsten, im Mittelmeerraum und weiter südwärts bis Südafrika und südöstlich in Sumatra.

Lebensraum: Dieser Schnepfenvogel bewohnt mit Vorliebe Feuchtwiesen und Moore. Im Winter ist er meist an Küsten anzutreffen.

Biologie: Der Große Brachvogel brütet auf trockenem Boden in der niedrigen Vegetation. Ab April werden vom Weibchen für gewöhnlich vier olivgrüne, dunkel gefleckte Eier gelegt, die vorwiegend von ihm 27–29 Tage lang bebrütet werden. Die Jungvögel sind Nestflüchter und nach 32–38 Tagen flügge. Obwohl die Flügelschläge dieser Vögel eher langsam wirken, sind sie doch relativ schnelle und gute Flieger. Der Große Brachvogel zeichnet sich durch seine wohlklingenden flötenden und trillernden Rufe aus. Als Nahrung dienen ihm vor allem wirbellose Tiere, darüber hinaus aber auch kleine Amphibien, kleine Fische und Beeren. Diese Vögel sind oft zu größeren Scharen vereint.

Bestände: Durch die großflächige Umwandlung von feuchten Wiesen in Äcker haben die Bestände des Großen Brachvogels in Mitteleuropa zuletzt leider stark abgenommen.

Ähnliche Arten: Der Regenbrachvogel *(Numenius phaeopus)*, der als Sommervogel im nördlichsten Skandinavien brütet, wirkt wie ein kleiner, kurzschnäbeliger Brachvogel. Charakteristisch sind zwei dunkle Streifen am Oberkopf. Außerdem zeigt er einen deutlichen Überaugenstreif.

Familie	Scolopacidae Schnepfenvögel
Gesamtlänge	50–60 cm
Flügelspannweite	80–100 cm
Gewicht	500–1360 g
Merkmale	Form des Schnabels, Stimme
Europäische Population	123 000– 147 500 Paare
Internationaler Artenschutz	SPEC 3 EEC 2 BERN 3 BONN 2 AEWA
Gewässer und Sümpfe	

Rotschenkel *Tringa totanus*

Familie	Scolopacidae Schnepfenvögel
Gesamtlänge	27–29 cm
Flügelspannweite	59–66 cm
Gewicht	85–220 g
Merkmale	Farbe des Schnabels und der Beine, Stimme
Europäische Population	317 000–386 500 Paare
Internationaler Artenschutz	SPEC 2 EEC 2 BERN 3 BONN 2 AEWA
Gewässer oder Sümpfe	

Das Gefieder dieses eleganten Schnepfenvogels von mittlerer Größe ist im Sommer an der Oberseite braun gesprenkelt und an der Unterseite gestrichelt. Der Vogel hat einen roten Schnabel mit schwarzer Spitze und lange rote Beine. Im Flug ist der breite weiße Hinterrand der dunklen Flügel gut zu erkennen. Beide Geschlechter sind gleich gefärbt.

Verbreitung: Der Rotschenkel ist ein Teilzieher, der in sechs Unterarten in Eurasien und Nordafrika (Tunesien) vertreten ist. Er ist in fast ganz Europa als Brutvogel anzutreffen und fehlt lediglich in Teilen Süditaliens und auf der Balkanhalbinsel. Den Winter verbringt er gerne an Flussmündungen. Seine bevorzugten Winterquartiere liegen von Großbritannien, Holland und Frankreich bis nach Südafrika.

Lebensraum: Im Sommer lebt der Rotschenkel bevorzugt in Süßwassersümpfen, in Mooren und feuchten Wiesen, im Winter sucht er gerne Meeresstrände und Flussmündungen auf.

Biologie: Der Rotschenkel nistet inmitten der Sumpfvegetation auf dichten Grasbüscheln. Zwischen April und Juni legt das Weibchen hier für gewöhnlich vier schwarz gefleckte, olivgrüne Eier ab, die von beiden Partnern ca. 24 Tage lang abwechselnd bebrütet werden. Die Jungvögel sind nach ca. 30 Tagen flugfähig. Rotschenkel sind geschickte und schnelle Flieger. Charakteristisch ist das melodische ,,djüdüdü", das diese Vögel von sich geben, sowie ihr jodelnder Balzgesang. Als Nahrung dienen vor allem Würmer und Krebstiere.

Bestände: Dass die Bestände des Rotschenkels immer weniger werden, liegt vor allem an der sukzessiven Veränderung der Habitate, die er als Brutgebiet bzw. Winterquartier benötigt.

Ähnliche Arten: Der **Teichwasserläufer** *(Tringa stagnatilis)* brütet von der Ukraine ostwärts bis Mittelsibirien und überwintert in den Savannen Afrikas. Dieser schlanke Vogel hat lange, dünne Beine, einen sehr dünnen Schnabel und einen weißen Bürzel. Der **Dunkle Wasserläufer** *(Tringa erythropus)* ist als Sommervogel von Nordskandinavien und Russland bis zur Beringstraße vertreten. Manchmal verbringen einige Vertreter dieser Art den Winter am Mittelmeer und weiter nördlich bis Großbritannien. Das Sommerkleid dieses Wasserläufers ist schwarz mit hellen Flecken auf der Oberseite. Auffallend ist auch der lange schwarze Schnabel mit roter Basis. Er hat keinen Flügelstreif. Im Winterkleid zeigt er einen grauen Rücken, die Flügel sind etwas dunkler und gebändert, die Brust ist leicht gestrichelt.

Waldwasserläufer *Tringa ochropus*

Diese Spezies ist dem Bruchwasserläufer sehr ähnlich und unterscheidet sich von diesem durch dunklere Unterflügel sowie breitere, weniger zahlreiche schwarze Schwanzbinden. Die Oberseite des Gefieders ist dunkel graubraun mit feinen weißen Punkten, die Unterseite ist weiß und an Brust und Hals graubraun gestrichelt. Die grünen Beine sind relativ kurz.

Verbreitung: Der Waldwasserläufer ist vor allem in der nördlichen Nadelwaldzone Eurasiens beheimatet. In Europa brütet er eher im Osten und zwar hauptsächlich nördlich des 50. Breitengrades. Seine Winterquartiere liegen in Nordwesteuropa, in den Savannen Afrikas sowie in den Ländern von der Türkei ostwärts bis nach China.

Lebensraum: Diese Wasserläuferart bewohnt vor allem Sumpfwälder und Moore. Den Winter verbringen die Vögel an Binnengewässern oder an der Meeresküste.

Biologie: Der Waldwasserläufer brütet häufig in den verlassenen Nestern anderer Vogelarten auf Bäumen. Dort werden vom Weibchen zwischen April und Juni für gewöhnlich vier rot getupfte, olivgrüne Eier abgelegt, die hauptsächlich von ihm 20–23 Tage lang bebrütet werden. Die Jungen werden nach ca. 28 Tagen flügge. Der Waldwasserläufer bringt nur ein Gelege im Jahr hervor. Charakteristisch ist sein schneller, stoßweiser Zickzackflug, mit dem er sich Gefahren entzieht. Beim Auffliegen stößt er ein flötendes „tit-lüit" hervor.

Ähnliche Arten:
Der **Bruchwasserläufer** *(Tringa glareola)* brütet im nördlichen Eurasien und überwintert in Afrika, Südasien und Australien. Er hat lange gelbliche Beine und eine braune, weiß getupfte Oberseite. Der weiße Schwanz ist relativ dicht mit schwarzen Querbändern versehen. Charakteristisch ist auch sein schrilles „giff-giff-giff", das er beim Auffliegen ausstößt.

Familie
Scolopacidae
Schnepfenvögel

Gesamtlänge
21–24 cm

Flügelspann-weite
57–61 cm

Gewicht
55–61 g

Merkmale
Färbung des Gefieders, Stimme, Nistverhalten

Europäische Population
152 500– 193 000 Paare

Internationaler Artenschutz
BERN 2
BONN 2
AEWA

Gewässer oder Sümpfe

Bruchwasserläufer im Herbst. Oben: Waldwasserläufer bei der herbstlichen Wanderung.

Flussuferläufer   Actitis hypoleucos

Das Gefieder dieses kleinen Watvogels ist an der Oberseite graubraun, an der Unterseite weißlich gefärbt. Kopf und Brust sind olivbraun mit dunklen Strichen. Im Flug ist der weiße Flügelstreif zu erkennen. Der Schnabel ist gerade. Die Geschlechter zeigen keine Unterschiede.

Verbreitung: Der Flussuferläufer ist ein Teilzieher, der in der nördlichen und gemäßigten Zone Eurasiens beheimatet ist. Er überwintert im äußersten Westen Europas, im Mittelmeerraum sowie in Afrika südlich der Sahara und in Südostasien.

Lebensraum: Der Flussuferläufer hält sich im Sommer vor allem an sandigen oder steinigen Ufern von Binnengewässern, insbesondere an Flüssen, auf. Er ist aber auch an Süßwassersümpfen anzutreffen. Außerhalb der Brutzeit hält er sich gerne an Küsten auf.

Biologie: Zwischen Ende April und Juni legt das Weibchen für gewöhnlich vier braun gefleckte, cremefarbene Eier in eine flache Schottermulde, wo sie von beiden Elternteilen 21–22 Tage bebrütet werden. Die Jungvögel sind Nestflüchter und können nach 22–28 Tagen fliegen. Im Flug streicht der Flussuferläufer mit stoßweisen Flügelschlägen, unterbrochen von kurzen Gleitstrecken, knapp über dem Wasser dahin, wobei die Enden der Schwungfedern nach unten gerichtet sind. Während er auf dem Boden flink hin und her läuft, wippt er ständig mit seinem Hinterkörper. Sein charakteristischer Ruf ist ein pfeifendes „hididih", das er vor allem im Flug hören lässt. Der Flussuferläufer ernährt sich hauptsächlich von wirbellosen Tieren wie Insekten, aber auch von Pflanzenteilen.

Besonderheiten: Der Flussuferläufer fällt am Boden vor allem durch sein ständiges Schwanzwippen auf.

*Ein junger
Flussuferläufer.*

Lachmöwe   *Larus ridibundus*

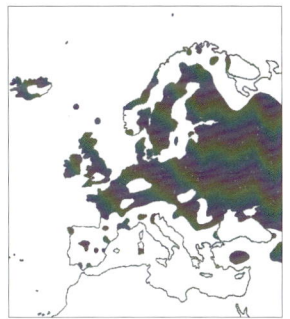

Bei dieser mittelgroßen Möwenart unterscheiden sich die Geschlechter im Gefieder kaum, der Unterschied zwischen Brut- und Ruhekleid ist jedoch groß. Das Brutkleid, welches gelegentlich schon im Winter angelegt wird, ist an der Oberseite grau, an der Unterseite weiß, charakteristisch dabei ist die schwarzbraune Kopfmaske. Beim winterlichen Ruhekleid ist der Kopf weiß mit einem dunklen Fleck hinter dem Auge. In beiden Gefiedervarianten zeigen die Flügel außen einen weißen Vorderrand. Schnabel und Beine sind rot.

Verbreitung: Lachmöwen sind **Teilzieher**, die im gemäßigten und nördlichen Eurasien verbreitet sind. In Europa fehlt diese Möwenart als Brutvogel sowohl im nördlichen Skandinavien als auch auf dem Großteil der Iberischen Halbinsel und fast im gesamten Mittelmeerraum. Die Lachmöwe überwintert u. a. in Großbritannien, Frankreich, Deutschland, Dänemark und Südschweden, darüber hinaus auch am Mittelmeer, am Schwarzen und Roten Meer und an den Küsten des Westpazifik.

Lebensraum: Die Lachmöwe brütet vorzugsweise in offenem Sumpfgelände, an Flüssen, Seen, Teichen und an Lachen (wovon sich der Name dieser Art herleitet). Darüber hinaus ist sie an Meeresküsten, aber auch auf Feldern und Grünflächen anzutreffen.

Biologie: Die Lachmöwe brütet meist in großen Kolonien, oft in Gesellschaft von anderen Möwenarten. Ihr Nest baut sie meistens aus Gras und Algen am Boden, manchmal auch auf schwimmenden Moorinseln. Ab April legen die Weibchen für gewöhnlich drei graubraune bis olivbraune Eier mit schwarzen Flecken. Für das Ausbrüten, das 23–26 Tage dauert, sind beide Elternteile zuständig. Die Jungvögel sind nach 35–42 Tagen flügge. Was ihre Ernährung betrifft, ist die Lachmöwe sehr anpassungsfähig; sie ernährt sich von wirbellosen Tieren und Samen, sucht aber, so wie die Silbermöwe, oft Müllhalden auf, um sich dort an Abfällen zu bedienen. Die Vögel sind überhaupt nicht scheu und lernen es, die Nahrung im Flug sogar aus der Hand des Menschen zu nehmen. Auf dem Meer folgt sie nicht selten Fischerbooten, im Landesinneren dem Pflug, um an leichte Beute zu gelangen. Charakteristisch ist ihr rauer, kreischender Ruf, der wie „krjääh" klingt.

Familie	Laridae Möwen
Gesamtlänge	34–37 cm
Flügelspannweite	100–110 cm
Gewicht	190–400 g
Merkmale	Farbe des Schnabels und des Kopfes
Europäische Population	ca. 2 Millionen Paare
Internationaler Artenschutz	EEC 2 BERN 3
Gewässer oder Sümpfe	

Eine Lachmöwe im Brutkleid mit einem Jungvogel, der noch sein Daunenkleid trägt.

Sturmmöwe — Larus canus

Familie Laridae Möwen	
Gesamtlänge 40–42 cm	
Flügelspann- weite 110–130 cm	
Gewicht 270–480 g	
Merkmale Farbe des Schnabels und der Beine	
Europäische Population 416 000– 558 000 Paare	
Internationaler Artenschutz SPEC 2 EEC 2 BERN 3	
Gewässer oder Sümpfe	

Diese mittelgroße Möwenart ist vom Federkleid her der etwas größeren Silbermöwe ähnlich. Die Oberseite ist hellgrau, die Unterseite weiß gefärbt. Die Flügelspitzen sind schwarz mit weißen Flecken. Der kurze Schnabel ist ebenso wie die Beine gelbgrün gefärbt. Im Winterkleid zeigen sich auf dem Kopf kurze dunkle Streifen. Beide Geschlechter sind gleich gefärbt.

Verbreitung: Die Sturmmöwe bewohnt in vier Unterarten Eurasien und den Nordwesten Nordamerikas. In Europa brütet sie in Island, Großbritannien, Irland, an den Küsten von Nord- und Ostsee und in Russland. Sie überwintert meistens in der Umgebung ihrer Brutgebiete oder südlich davon bis nach Südeuropa. Viele Vögel ziehen nach Westen, um in den westlichen Teilen der Ost- und in der Nordsee bis hin nach Großbritannien zu überwintern.

Lebensraum: Diese Möwenart brütet vorzugsweise an Meeresküsten, an Seen sowie in Sumpfgebieten.

Biologie: Die Sturmmöwe baut ihr Nest aus Pflanzen und Algen meist direkt am Boden. Zwischen März und Juni legt das Weibchen dort für gewöhnlich drei olivbraune, schwärzlich oder rötlich braun gefleckte Eier ab, die von beiden Partnern 24–27 Tage lang bebrütet werden. Die Jungvögel werden nach ca. 35 Tagen flügge. Die Sturmmöwe legt nur ein Gelege im Jahr an. Sie ist praktisch ein Allesfresser, wobei der Großteil ihrer Nahrung von Kleintieren und Insekten gebildet wird. So wie die größeren Möwen bedrängt die Sturmmöwe oft kleinere Möwenarten, um sie dazu zu bringen, ihnen ihre Nahrung zu überlassen. Ihr Flug ist relativ langsam und erinnert an den einer Silbermöwe. Charakteristisch ist ihr Ruf, ein hohes kreischendes „ki-ärr". Die Sturmmöwe ist ein recht geselliger Vogel und schließt sich bei der Nahrungssuche oft anderen Möwen an.

Bestände: Aufgrund der Konkurrenz durch die etwas größere Silbermöwe sowie durch die Beeinträchtigung seitens des Menschen gehen die Bestände der Sturmmöwe in einigen Teilen ihres europäischen Brutgebietes zurück.

Flussseeschwalbe Sterna hirundo

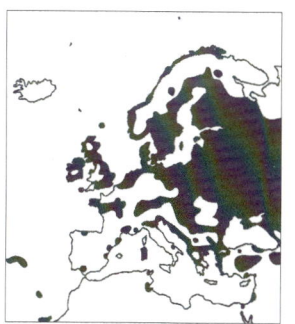

Die häufigste europäische Seeschwalbenart ist von schlanker Gestalt und hat einen langen, tief gegabelten Schwanz. Charakteristische Merkmale sind die schwarze Kappe, der lange rote Schnabel mit schwarzer Spitze, die roten Beine sowie der gegabelte Schwanz, dessen Spitzen nicht über die gefalteten Flügel hinausragen. Die Geschlechter sind gleich gefärbt. Beim Ruhekleid ist die Stirn weiß und der Rest des Kopfes ist schwarz-braun gefleckt. Die Jungvögel zeigen einen charakteristischen dunklen Fleck an der Kehle.

Verbreitung: Die Flussseeschwalbe ist in großen Teilen Eurasiens sowie in Mittel- und Nordamerika und in Afrika verbreitet. In Europa brütet sie als **Sommervogel** von Irland und Frankreich ostwärts bis zum Ural. Nur im hohen Norden, also in der Tundrazone, sowie in weiten Teilen Spaniens ist diese Art als Brutvogel nicht vertreten. Die Tiere überwintern im Süden bis nach Südafrika.

Lebensraum: Diese Seeschwalbenart brütet an Flüssen, Seen und Lagunen. Im Winter ist sie vor allem im Bereich der Meeresküsten anzutreffen.

Biologie: Die Flussseeschwalben nisten in großen Kolonien, die mehrere tausend Paare umfassen können, oft auch zusammen mit Möwen und anderen Seeschwalbenarten. Ab Ende April legt das Weibchen für gewöhnlich drei Eier von recht unterschiedlicher Farbe in eine nackte Bodenmulde ohne Vegetation. Diese werden von beiden Altvögeln 21–22 Tage bebrütet. Die Jungen fliegen nach 25–26 Tagen. Gelegentlich gibt es auch zwei Bruten im Jahr. Die Flussseeschwalben sind sehr gute, wendige Flieger, die auf der Jagd blitzschnell nach kleinen Fischen, die sich an der Wasseroberfläche zeigen, herabstoßen. Charakteristisch ist auch der Ruf dieser Vögel, ein durchdringendes „kiärr". Um zu rasten, lassen sie sich gerne auf Holzpflöcken (Piloten) oder Felsklippen nieder.

Besonderheiten: Während der Balz vollführen beide Partner akrobatische Flugmanöver, oft auch in großer Höhe, wobei sie einander mit ritualisierter Gebärde einen Fisch darbieten.

Familie
Sternidae Seeschwalben

Gesamtlänge
31–35 cm

Flügelspannweite
77–98 cm

Gewicht
80–170 g

Merkmale
Farbe des Schnabels und der Beine, Stimme

Europäische Population
195 000– 227 000 Paare

Internationaler Artenschutz
EEC 1 BERN 2 BONN 2 AEWA

Gewässer oder Sümpfe

Eine Flussseeschwalbe im Brutkleid. Oben: Zeichnung der Jagdtechnik dieses eleganten Fliegers.

Zwergseeschwalbe · Sterna albifrons

Familie	
Sternidae	
Seeschwalben	
Gesamtlänge	
27–29 cm	
Flügelspann- weite	
59–66 cm	
Gewicht	
85–220 g	
Merkmale	
Farbe des Schnabels und der Beine, Stimme	
Europäische Population	
317 000– 386 500 Paare	
Internationaler Artenschutz	
SPEC 2	
EEC 2	
BERN 3	
BONN 2	
AEWA	

Gewässer oder Sümpfe

Die kleinste unter den europäischen Seeschwalbenarten ist an ihrem zur Brutzeit schwarzen Oberkopf mit weißer Stirn erkennbar. Der gelbe Schnabel hat eine schwarze Spitze. Das Gefieder der Zwergseeschwalbe ist an der Oberseite hellgrau, an der Unterseite weiß, die Beine sind gelb. Im Flug fallen die schwarzen Handschwingen auf. Die Geschlechter zeigen keine Unterschiede. Das Federkleid des Jungvogels ist an der Oberseite dunkel gefleckt.

Verbreitung: Die Zwergseeschwalbe ist mit sechs Unterarten auf fast allen Kontinenten vertreten. In Europa brütet sie an den meisten Küsten der gemäßigten Zone sowie an großen Flüssen und an manchen Seen. Sie überwintert südlich ihrer Brutgebiete bis hin nach Südafrika. Die meisten Populationen ziehen im Herbst die Küsten entlang oder folgen auf dem Zug den großen Flüssen.

Lebensraum: Diese Seeschwalbe bevorzugt als Lebensraum flache Küsten mit Sandstränden, aber auch große Flüsse und Seen. Den Winter verbringen die Vögel in Küstengebieten.

Biologie: Die Zwergseeschwalbe nistet häufig in kleinen Kolonien, oft in Gesellschaft von Möwen, anderen Seeschwalben und Watvögeln (Limikolen). Ab Mai legt das Weibchen in einer nackten Bodenmulde drei braun gefleckte, olivgrüne Eier ab, die hauptsächlich von ihm 18–22 Tage bebrütet werden. Die Jungen können nach 19–20 Tagen fliegen. Die Zwergseeschwalbe bringt nur ein Gelege im Jahr hervor. Die Vögel sind geschickte und ausdauernde Flieger und sie bewegen sich sowohl mit langsamen Flügelschlägen als auch gleitend vorwärts. Als Nahrung dienen hauptsächlich kleine Fische, aber auch Krebstiere und Insekten.

Besonderheiten: Die Fangtechnik beim Fischen erinnert ein wenig an die des Eisvogels: Sobald sie im Flug eine mögliche Beute erspäht, bremst sie abrupt ab und stößt gestreckt ins Wasser.

Bestände: Die Bestände der Zwergseeschwalbe werden vor allem durch die Verarmung an ihren natürlichen Lebensräumen bedroht. Oft werden die Vögel auch in der Brutzeit vom Menschen gestört. In manchen Gebieten sind die Populationen bereits alarmierend zurückgegangen.

Trauerseeschwalbe Chlidonias niger

Diese Seeschwalbenart zeichnet sich durch ihr dunkles Brutkleid mit schwärzlichem Körper und weißen Unterschwanzdecken aus. Der Vogel hat einen dünnen schwarzen Schnabel und dunkelrote Beine. Die helle Flügelunterseite wird bereits im Laufe des Sommers fleckig. Das Ruhekleid ist an der Oberseite grau, an der Unterseite weiß. Der Kopf zeigt eine schwärzliche Kappe und eine weiße Stirn.

Verbreitung: Die Trauerseeschwalbe ist als Brutvogel in zwei Unterarten in Eurasien, Nordamerika und Nordafrika vertreten. In Westeuropa brütet sie nur punktuell; häufiger ist sie von Holland über Norddeutschland bis hin nach Russland anzutreffen. In Großbritannien fehlt diese Art vollständig. Trauerseeschwalben überwintern in Afrika, und zwar vorwiegend an den Atlantikküsten.

Lebensraum: Diese Seeschwalbenart nistet vor allem in Sümpfen, an Seen, in Moorgebieten und in Lagunen. Den Winter verbringt sie meistens an Küsten, manchmal aber auch an großen Flüssen.

Biologie: Die geselligen Trauerseeschwalben nisten oft zusammen mit Weißflügelseeschwalben in Kolonien. Zwischen April und Juni bauen sie ihr Nest auf schwimmenden Wasserpflanzen, wo das Weibchen 2–4 hellbräunliche, braun gefleckte Eier ablegt. Diese werden von beiden Partnern 21–22 Tage lang bebrütet. Die Jungvögel fliegen nach 19–25 Tagen. Die Trauerseeschwalbe bringt nur ein Gelege im Jahr hervor. Im Spätsommer finden sich diese Vögel zu großen Gruppen zusammen. Sie ernähren sich von Insekten, die sie in ihrem schwalbenartigen Flug aus der Luft oder von hochstängeligen Pflanzen herunterholen. Sie erbeuten auch am Boden Frösche und Regenwürmer sowie kleine Fische, Krebschen und Wasserinsekten, indem sie schräg unter die Wasseroberfläche hinabtauchen. Stimmlich machen sie sich durch ein kreischendes „krihk" bemerkbar.

Bestände: Die Bestände der Trauerseeschwalbe gehen in weiten Teilen ihres europäischen Verbreitungsgebietes zurück, was auf die Vernichtung ihrer Lebensräume, den Einsatz von Pestiziden sowie auf die Beeinträchtigung durch den Menschen zurückzuführen ist.

Ähnliche Arten: Die Weißflügelseeschwalbe *(Chlidonias leucopterus)* zeigt sich im Brutkleid mit weißen Flügeldecken; die Unterflügel sind schwärzlich. Diese Seeschwalbenart brütet in Europa und in Zentralasien, sie überwintert in Afrika südlich der Sahara, in Südchina und im Fernen Osten. Die meisten europäischen Vögel überqueren auf ihrem Zug die Sahara.

Familie
Sternidae Seeschwalben

Gesamtlänge
22–24 cm

Flügelspannweite
64–68 cm

Gewicht
50–90 g

Merkmale
Färbung des Gefieders, Flug, Stimme

Europäische Population
41 500–51 000 Paare

Internationaler Artenschutz
SPEC 3 EEC 1 BERN 2 BONN 2 AEWA

Gewässer oder Sümpfe

Trauerseeschwalbe im Brutkleid auf dem Rücken einer Entenplastik, die als Lockvogel für die Jagd dient. Oben: Kopf einer jungen Trauerseeschwalbe (links) im Unterschied zur Weißflügelseeschwalbe.

Tordalk Alca torda

Familie
Alcidae
Alken

Gesamtlänge
37–39 cm

**Flügelspann-
weite**
63–68 cm

Gewicht
530–920 g

Merkmale
Form und Farbe
des Schnabels,
Brutkolonien

**Europäische
Population**
435 000–
537 000 Paare

**Internationaler
Artenschutz**
SPEC 4
BERN 3

**Felsen und
Küsten**

Der Tordalk ähnelt der Trottellumme, hat aber einen größeren Kopf und Schnabel. Letzterer ist mit einer senkrechten weißen Linie gezeichnet. Ein weißer Streif reicht vom Auge bis etwa zu den Nasenlöchern. Kopf, Kehle und Oberseite des Körpers sind braunschwarz, die Flügel weisen je eine weiße Binde auf. Im Winterkleid sind Kehle und Wangen weiß. Die Geschlechter zeigen keine Unterschiede.

Verbreitung: Der Tordalk ist ein **Teilzieher**, der in zwei Unterarten an den Küsten Nordwesteuropas, Grönlands und Nordostamerikas brütet. In Europa befinden sich die südlichsten Brutkolonien an der Atlantikküste Nordwestfrankreichs. Außerhalb der Brutzeit halten sich diese Vögel hauptsächlich auf dem Meer auf. Die Winterquartiere liegen an der Küste Marokkos bzw. im westlichen Mittelmeer.

Lebensraum: Der Tordalk bewohnt zur Brutzeit felsige Meeresküsten und menschenleere Felsinseln im Meer.

Biologie: Tordalken brüten in Kolonien, oft in Gesellschaft von Trottellummen. Zwischen Mitte April und Juni wird vom Weibchen in eine Felshöhle ein braun geflecktes Ei gelegt, das von beiden Elternteilen abwechselnd ca. 36 Tage lang bebrütet wird. Die Jungvögel verlassen die Höhle nach ca. 19 Tagen. Der Tordalk bringt nur ein Ei im Jahr hervor. Der schnelle geradlinige Flug der Alken erfolgt mit kurzen, schnellen Flügelschlägen. Tordalken ernähren sich von Fischen, Weichtieren und Krebsen. Sie können auf der Jagd auch weite Strecken tauchend zurücklegen.

Ähnliche Arten: Der Krabbentaucher *(Alle alle)*, ein winziger Alk von der Größe eines Stares mit etwa 18 cm Größe, hat ein schwarz-weißes Federkleid und einen sehr kurzen Schnabel. Der Krabbentaucher brütet auf Felsinseln des arktischen Nordatlantiks von Grönland bis zu den Inseln Mittelsibiriens.

Papageitaucher Fratercula arctica

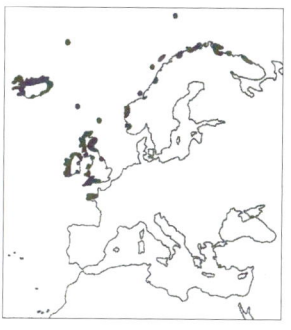

Diese mittelgroße hübsche Alkenart ist durch die Form ihres abgerundet dreieckigen, sehr schmalen Schnabels unverwechselbar; er ist darüber hinaus auffallend rot, gelb und schwarz gefärbt. Der Papageitaucher ist an der Oberseite schwarz, an der Unterseite weiß gefärbt. Der Kopf ist groß und fast kugelig. Im Winter zeigt sich der Schnabel etwas kleiner und nimmt einen graubraunen Farbton an. Beide Geschlechter sind gleich gefärbt.

Verbreitung: Papageitaucher sind **Teilzieher**, die in drei Unterarten an den nördlichen Atlantikküsten Europas sowie in Nordamerika brüten. In Europa brüten die Vögel in Island, Großbritannien, Nordwestfrankreich und an der Küste Norwegens. Sie überwintern auf der Nordsee und im Atlantik sowie südlich bis zu den Kanarischen Inseln und ins westliche Mittelmeer.

Lebensraum: Papageitaucher brüten in Kolonien auf steilen Klippen oder in Erdhöhlen an grasbewachsenen Hängen der Küstengebiete. Den Winter verbringen diese Vögel auf dem offenen Meer.

Biologie: Papageitaucher brüten in großen Kolonien, oft auch in Gesellschaft mit anderen Arten von Meeresvögeln. Zwischen April und Juni wird vom Weibchen in einer Bruthöhle ein weißes Ei abgelegt, das abwechselnd von beiden Partnern ca. 39 Tage lang bebrütet wird. Die Jungvögel werden nach 47–51 Tagen flügge. Papageitaucher bringen nur ein Ei im Jahr hervor. Dieser gesellige Vogel bewegt sich am Boden in auffallig aufrechter Haltung und hat beim Schwimmen den vorderen Teil des Körpers erhoben. Trotz der kleinen Flügel ist er ein schneller Flieger. Die Nahrung, kleine Fischchen, wird im Tauchgang erbeutet.

Besonderheiten: Der Papageitaucher ernährt sich von kleinen Fischen und trägt manchmal bis zu zehn Stück gleichzeitig im Schnabel. Er ist keineswegs scheu und wird vom Menschen immer noch mit Netzen im Anflug zur Bruthöhle gefangen und als Delikatesse verzehrt.

Bestände: Umfang und Zahl der Kolonien des Papageitauchers nehmen heute immer mehr ab, was vor allem auf das Schwinden der Beutetiere sowie auf die zunehmende Verschmutzung der Meere durch Öltankerunfälle zurückzuführen ist, wie etwa durch die Ölpest ausgelöst von der *Torrey Canyon* oder von der *Amoco Cadiz*, wobei speziell die Populationen an der französischen Küste stark dezimiert wurden.

Familie	Alcidae Alken
Gesamtlänge	26–29 cm
Flügelspannweite	47–63 cm
Gewicht	250–480 g
Merkmale	Form und Farbe des Schnabels, Brutkolonien
Europäische Population	4,9–5,9 Millionen Paare
Internationaler Artenschutz	SPEC 2 BERN 3
Felsen und Küsten	

Felsentaube Columba livia

Familie Columbidae Tauben	
Gesamtlänge 31–34 cm	
Flügelspann- weite 63–70 cm	
Gewicht 200–370 g	
Merkmale Farbe des Gefieders, Stimme (Gurren)	
Europäische Population ca. 5 Millionen Paare	
Internationaler Artenschutz BERN 3 CITES 1	
Felsen und Küsten	

Diese Taubenart ist die Stammform der allseits bekannten Straßentaube bzw. aller Haustaubenrassen. Das Gefieder ist an der Oberseite hellgrau, unten dunkler, mit einem weißen Bürzel und zwei schwarzen Binden an jedem Flügel. Während bei wild lebenden genetisch reinen Vertretern die Färbung der Vögel gleichartig ist, zeigen sich bei Felsentauben, die mit Straßentauben (verwilderte Haustauben) durchmischt sind, beträchtliche Variationen; so findet man weiße Vögel ebenso wie schwarze, rotbraune und gescheckte.

Verbreitung: Die Felsentaube ist in neun Unterarten und großteils als Jahresvogel auf allen Kontinenten verbreitet. In Europa sind die Brutgebiete recht ausgedehnt, da es hier auch viele verwilderte Populationen gibt. Genetisch reine wild lebende Felsentauben, die noch nicht mit Genen der Straßentauben durchmischt sind, dürften in Europa bereits überaus selten sein oder fehlen.

Lebensraum: Felsentauben bevorzugen felsige Landschaften, Bergschluchten und Steilwände, aber auch abgelegene Ruinen als Brutplätze. Verwilderte Nachkommen der Haustaube, ihrerseits Abkömmlinge der Felsentaube, trifft man hingegen oft in Massen in Städten an, wo sie zur Plage werden können.

Biologie: Die Felsentaube brütet in Kolonien das ganze Jahr über, an Felsen und Gebäuden am häufigsten von März bis Juli. Das Weibchen legt, entweder in einer Felsspalte oder in einem Gebäude, für gewöhnlich zwei weiße Eier ab, die von beiden Altvögeln abwechselnd 16–19 Tage lang bebrütet werden. Die Jungen sind Nesthocker und fliegen nach 35–37 Tagen. Es gibt in der Regel zwei bis drei, in manchen Gebieten auch fünf Bruten im Jahr. Felsentauben sind schnelle und gute Flieger. Sie ernähren sich überwiegend von Sämereien.

Besonderheiten: Während der Balz kann man Felsentauben bei ihren kreisenden Flügen beobachten. Am Boden umwirbt der Tauber seine Partnerin, indem er sein Gefieder sträubt und sie mit stolzierendem Gang und Gurren beeindrucken möchte.

Ringeltaube   Columba palumbus

Die größte und in vielen Gebieten Europas häufigste Wildtaube zeigt als typisches Kennzeichen je eine weiße Linie an jedem Flügelbug und je einen weißen Fleck an den beiden Halsseiten. Im Flug fällt ein weißer Flügelstreif auf. Die Ringeltaube hat relativ breite Flügel und einen langen Schwanz. Die Geschlechter zeigen keine Unterschiede. Die Jungvögel sind etwas matter gefärbt und zeigen noch keine weiße Linie am Flügelbug.

Verbreitung: Die Ringeltaube ist ein Teilzieher, der in fünf Unterarten in Europa, Mittel- und Westasien sowie in Nordafrika beheimatet ist. In Europa ist sie nur im äußersten Norden nicht vertreten. Die nordöstlichen Populationen überwintern weiter südlich bis hin zum Mittelmeerraum.

Lebensraum: Dieser Vogel nistet in Wäldern aller Art, sofern dort Felder und Wiesen angrenzen, darüber hinaus aber auch in Parks und Ortschaften. Außerhalb der Brutzeit tauchen Ringeltauben nicht selten in Schwärmen auf Feldern auf, um dort nach Samen zu suchen.

Biologie: Die Ringeltaube kann fast das ganze Jahr über Eier legen und brüten, mit Ausnahme des tiefsten Winters. Vor allem städtische Populationen nisten schon sehr früh. Auf eine Unterlage aus Zweigen werden vom Weibchen für gewöhnlich 1–2 weiße Eier gelegt, die von beiden Partnern 17 Tage lang bebrütet werden. Die Jungvögel sind Nesthocker und fliegen nach 20–35 Tagen. Die Ringeltauben können zwei bis drei Gelege im Jahr hervorbringen. Sie sind gesellige Vögel, die jedoch – abgesehen von den Stadtbewohnern unter ihnen – eher scheu und misstrauisch sind. Die Ringeltaube fliegt schnell und gerade; auffällig ist, dass sie überaus geräuschvoll mit Flügelklatschen auffliegt. Als Nahrung dienen diesen Vögeln hauptsächlich Samen und Blätter.

Besonderheiten: Die Ringeltauben zeigen einen auffallenden Balzflug, bei dem sie schräg hochsteigen und mit den Flügeln klatschen, um dann mit gespreizten Flügeln wieder nach unten zu gleiten. Markant ist auch die Stimme des Taubers, der sein „huhuuhuhu" vernehmen lässt.

Ähnliche Arten: Die Hohltaube (*Columba oenas*) weist ein einheitlich gefärbtes Gefieder auf, der weiße Bürzel fehlt ihr. Die Flügel zeigen nur zwei angedeutete Flügelstreifen. Die Hohltaube brütet im gemäßigten Europa und in den russischen Steppen. Sie ist ein Höhlenbrüter. Im Herbst wandern diese Vögel zum Überwintern in breiter Front aus dem Osten Europas nach Frankreich und auf die Iberische Halbinsel.

Familie	Columbidae Tauben
Gesamtlänge	40–42 cm
Flügelspannweite	75–80 cm
Gewicht	360–660 g
Merkmale	Farbe des Gefieders, Stimme
Europäische Population	ca. 10 Millionen Paare
Internationaler Artenschutz	SPEC 4 EEC 2–3 BERN 3

Siedlungsgebiete

Ringeltaube. Oben: Zeichnung einer Ringeltaube (rechts) und einer Hohltaube.

Türkentaube *Streptopelia decaocto*

Familie	Columbidae Tauben
Gesamtlänge	31–33 cm
Flügelspannweite	47–55 cm
Gewicht	140–240 g
Merkmale	Stimme
Europäische Population	4,3–14,4 Millionen Paare
Internationaler Artenschutz	BERN 3
Siedlungsgebiete	

Die Türkentaube ist im Gefieder der Turteltaube ähnlich, aber etwas größer. Sie unterscheidet sich von dieser außerdem durch ihren ungefleckten Rücken. Die Altvögel zeigen ein schwarzes, nach oben weiß begrenztes Nackenband. Der lange Schwanz weist oben einen weißen Rand und unten ein breites helles Band auf. Die Türkentaube ist generell graubraun gefärbt, wobei Kopf und Unterseite graurosa getönt sind. Die Augen sind tiefrot. Die Geschlechter zeigen keine Unterschiede.

Verbreitung: Die Türkentaube bewohnt überwiegend als **Jahresvogel** in vier Unterarten Eurasien und Nordafrika. Diese Spezies hat sich ab ca. 1930 vom Balkan aus im Laufe von etwa 50 Jahren über den gesamten europäischen Kontinent ausgebreitet. Heute ist die Türkentaube europaweit nur in Island sowie in einzelnen Teilen Skandinaviens und auf der Iberischen Halbinsel noch nicht vertreten. Jeden Herbst treten bei dieser Art Zerstreuungswanderungen auf, die manchmal zu Neuansiedlungen führen.

Lebensraum: Die Türkentaube hält sich gerne in unmittelbarer Nähe des Menschen auf, d. h. in Parks, Gärten und mitten in Ortschaften. Sie ist vor allem unterhalb von 500 m ü. d. M. anzutreffen.

Biologie: Diese Taubenart kann fast das ganze Jahr über brüten, mit Ausnahme des tiefsten Winters. Auf eine Unterlage aus Zweigen in einem Baum werden vom Weibchen für gewöhnlich zwei weiße Eier gelegt, die von beiden Partnern 14–18 Tage bebrütet werden. Die Jungvögel sind Nesthocker und fliegen nach 15–19 Tagen. Es können drei bis sechs Bruten im Jahr großgezogen werden. Die Türkentaube ernährt sich von Körnern und Früchten. Ihr typischer Ruf ist ein hohles „hu-huu-hu", das dem Ruf der Ringeltaube ähnlich ist. Diese Vögel gehen oft in größeren Scharen auf Nahrungssuche.

Besonderheiten: Das Besiedlungsgebiet der Türkentaube ist von 192 000 km² zu Beginn der 30er-Jahre auf ca. 6,5 Millionen km² in den 80er-Jahren angewachsen. Der jährliche Zugewinn betrug also 110 000 km².

Tureltaube Streptopelia turtur

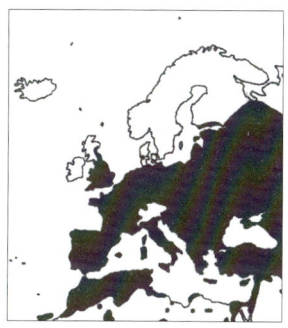

Diese kleine Taubenart zeigt seitlich am Hals eine schwarz-weiße Streifung. Der Rücken ist braun mit schwarzer Fleckung, die Brust zart rötlich getönt. Der Schwanz ist dunkel und am Ende scharf weiß abgesetzt. Die Geschlechter zeigen keine nennenswerten Unterschiede. Die Jungvögel sind etwas matter gefärbt und zeigen noch keine Streifen am Hals.

Verbreitung: Die Turteltaube ist ein **Langstreckenzieher,** der in vier Unterarten in Eurasien und Nordafrika brütet. In Europa ist sie nur in Island, Irland und Skandinavien nicht vertreten. Die Turteltauben ziehen im Herbst in breiter Front über das Mittelmeer und die Sahara, um die Winterquartiere in der Sahelzone aufzusuchen.

Lebensraum: Die Turteltaube lebt im Sommer bevorzugt in lichten Mischwäldern, Auwäldern, aber auch auf mit Hecken durchsetztem Gelände.

Biologie: Ab Ende April legt das Weibchen auf eine Unterlage aus Zweigen in einem Baum 1–2 weiße Eier, die von beiden Partnern 13–14 Tage lang bebrütet werden. Die Jungvögel sind Nesthocker und fliegen nach ca. 20 Tagen. Es werden zwei bis drei Bruten im Jahr angelegt. Die Turteltauben ernähren sich hauptsächlich von Samen und Blättern, die sie am Boden aufsammeln. Charakteristisch ist auch, dass sie sehr geräuschvoll auffliegen. Ihr Gurren ist ein schnurrendes ,,turrr-turrr''.

Bestände: Die Turteltaube wird in vielen Gebieten Europas immer seltener, was auf den Einsatz von Herbiziden, auf ungünstige Bedingungen in den afrikanischen Winterquartieren, aber auch auf die rücksichtslose Jagd auf diesen Vogel zurückzuführen ist, der diese Vögel während ihrer Wanderung in den Süden in den Mittelmeerländern leider immer noch ausgesetzt sind.

Ähnliche Arten: Das **Palmtäubchen** *(Streptopelia senegalensis)* ist kleiner als die Turteltaube. Kennzeichen sind die blaugrauen Flügeldecken und eine breite, schwärzlich gestrichelte Kropfbinde. Diese Taubenart brütet in Afrika und Asien; in Europa ist sie nur in der europäischen Türkei vertreten.

Familie
Columbidae Tauben
Gesamtlänge
26–28 cm
Flügelspannweite
47–53 cm
Gewicht
70–200 g
Merkmale
Färbung des Gefieders, Stimme
Europäische Population
ca. 2 Millionen Paare
Internationaler Artenschutz
SPEC 3 EEC 2 BERN 3 CITES 1
Bäume

Kuckuck   Cuculus canorus

Familie	Cuculidae Kuckucke
Gesamtlänge	32–34 cm
Flügelspann-weite	55–60 cm
Gewicht	70–160 g
Merkmale	Ruf, Brut-schmarotzer-tum
Europäische Population	1,3–1,9 Millio-nen Paare
Internationaler Artenschutz	BERN 3
Gewässer oder Sümpfe	

Der Kuckuck ist etwa taubengroß und fällt durch seinen relativ langen Schwanz auf. Das Gefieder ist an der Oberseite taubengrau, Kopf und Brust sind grau gefärbt. Die Unterseite ist grau gebändert (gesperbert). Weibchen können in seltenen Fällen auch in einer rostroten Gefiederfärbung auftreten. Darüber hinaus zeigen die Geschlechter keine Unterschiede im Gefieder. Jungvögel sind an der Unterseite durchgehend gesperbert.

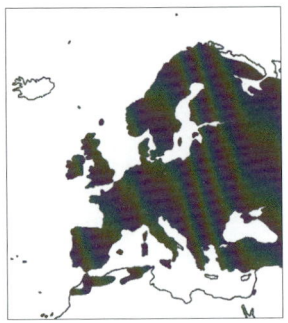

Verbreitung: Der Kuckuck ist als **Sommervogel** in vier Unterarten über ganz Eurasien verbreitet. In Europa fehlt dieser Vogel nur in Island und im Norden Norwegens. Die Winterquartiere der asiatischen Population liegen in Südostasien, die der europäischen Populationen im südlichen Afrika.

Lebensraum: Der Kuckuck ist als Brutvogel in nahezu allen Biotopen wie z. B. in Wäldern und an Waldrändern ebenso anzutreffen wie in Parks und in offenem, mit Hecken durchsetztem Gelände.

Biologie: Der Kuckuck ist ein Brutschmarotzer, d. h. die Weibchen legen ab April ihre Eier einzeln in die Nester einer bestimmten Singvogelart, welche dann von den „Adoptiveltern" 12 Tage lang bebrütet werden. Schon wenige Stunden nach dem Schlüpfen setzt beim jungen Kuckuck ein eigenartiges Verhalten ein: Er lädt sich die noch vorhandenen Eier oder seine Stiefgeschwister auf den Rücken und wirft diese sich nach oben stemmend nacheinander aus dem Nest. 17–19 Tage bleibt das nun allein gebliebene Junge im Nest und lässt sich von den Adoptiveltern füttern, ehe es flügge wird. Kuckucke ernähren sich von verschiedenen Insekten, im Spätsommer vor allem von behaarten Raupen. Charakteristisch ist der Ruf des Männchens, das hohle, monotone „ku-kuk", das im Frühling über große Entfernungen zu hören ist. Im Flug und Aussehen erinnert der Kuckuck ein wenig an einen Sperber.

Besonderheiten: Das Weibchen legt im Jahr bis zu zwei Dutzend Eier, von denen im fremden Nest normalerweise nur je eines abgelegt wird. Interessanterweise gleichen die abgelegten Eier in Farbe und Zeichnung oft den Eiern der Wirtsvögel, sie sind aber größer.

Schleiereule Tyto alba

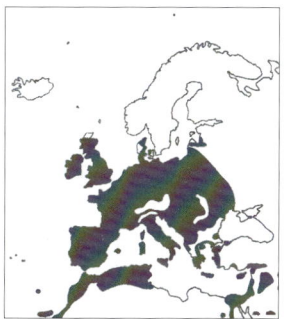

Das Gefieder der Schleiereule weist bei der südlichen Rasse eine orange-bräunliche Oberseite mit schwarz-weißen Flecken und eine weiß gefärbte Unterseite mit schwärzlichen Pünktchen auf. Besonders charakteristisch ist der herzförmige weiße Gesichtsschleier, von dem sich die schwarzen Augen abheben. Schleiereulen haben lange Beine und gerundete Flügel. Beide Geschlechter sind gleich gefärbt. Das Gefieder der mitteleuropäischen Rasse ist an der Unterseite rötlich braun statt weiß und gepunktet.

Familie	Tytonidae Schleiereulen
Gesamtlänge	33–35 cm
Flügelspann-weite	85–93 cm
Gewicht	210–380 g
Merkmale	Gesichtsschleier, Stimme
Europäische Population	120 000–172 000 Paare
Internationaler Artenschutz	SPEC 3 BERN 3 CITES 1

Siedlungsgebiete

Verbreitung: Die Schleiereule ist als Jahresvogel in ca. 35 Unterarten weltweit vertreten. In Europa fehlt sie nur in Skandinavien.

Lebensraum: Diese Eulenart ist vor allem in offenem Grasland, in felsigem Gelände, an Sumpfrändern, auf Brachen und auf Feldern mit Hecken anzutreffen. Nicht selten siedelt sie sich aber auch in Ortschaften an. Besonders gerne brütet sie in Baumhöhlen, aber auch in Scheunen und auf Kirchtürmen.

Biologie: Ab Februar legt das Weibchen 4–7 weiße Eier in die Brutnische, die von ihm 30–31 Tage bebrütet werden. Die Jungen sind Nesthocker und vorerst nackt; sie werden mit 50–55 Tagen flügge. Schleiereulen legen ein bis zwei Gelege im Jahr an. Die Vögel jagen vorwiegend nachts und gleichen sich mit ihrem Lebensrhythmus ihren bevorzugten Beutetieren an. Dabei handelt es sich vor allem um kleine Säugetiere, insbesondere Mäuse, welche diese Eulen mit ihrem ausgezeichneten Gehör orten können. Charakteristisch sind die zischenden und schnarchenden Laute, die diese Vögel ausstoßen und die wie „chrrüüh" klingen. Wenn sie, in ihrer typischen aufrechten Position sitzend, gestört werden, nehmen sie oft eine aggressive Haltung mit ausgebreiteten Flügeln und gespreizten Beinen ein.

Besonderheiten: Wie andere nächtliche Jäger würgt auch die Schleiereule die unverdaulichen Teile der Beute in Form von Speiballen („Gewölle") wieder aus. Durch die Untersuchung der Bestandteile, Haare, Knochen, Zähne, kann man Rückschlüsse auf die Ernährungsgewohnheiten dieser Tiere ziehen, aber auch auf die Zusammensetzung der Populationen von Kleinsäugern in dem Untersuchungsgebiet.

Bestände: In einigen Ländern Europas nehmen die Bestände der Schleiereule immer mehr ab. Die Ursachen dafür liegen in der Veränderung der Lebensräume sowie im Einsatz von Giften in der Landwirtschaft. Viele Vögel fallen auch dem Autoverkehr zum Opfer.

Eine Schleiereule mit ihrem typischen herzförmigen Gesichtsschleier.
Oben: Schleiereule im Flug.

Zwergohreule   Otus scops

Familie	Strigidae Eulen
Gesamtlänge	19–20 cm
Flügelspannweite	53–63 cm
Gewicht	60–120 g
Merkmale	geringe Größe, markanter Ruf
Europäische Population	77 000– 96 000 Paare
Internationaler Artenschutz	SPEC 2 BERN 2 CITES 1

Mittelmeer

Diese kleine Eulenart weist kleine Ohrbüschel („Federohren") und ein graubraunes, rindenartig gemustertes Gefieder auf. Die Augen sind gelb. Es treten zwei Gefiederformen auf, eine mit grauem und eine mit rotbraunem Gefiederton. Die Geschlechter zeigen keine Unterschiede.

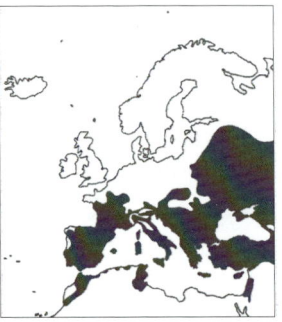

Verbreitung: Die Zwergohreule ist als **Sommervogel** in sechs Unterarten in Eurasien und Nordafrika verbreitet. In weiten Teilen Europas liegt ihr Siedlungsgebiet südlich des 48. Breitengrades. Sie überwintert südlich ihrer Brutgebiete bis ins südliche Afrika.

Lebensraum: Die Zwergohreule bevorzugt als Lebensraum vor allem offenes Waldland oder offenes Gelände mit vereinzelten Baumgruppen. Gerne hält sie sich auch in Parks und Gärten sowie bei Ruinen und in felsigem Gelände auf.

Biologie: Zwischen April und Juni nisten diese Vögel in einer Baumhöhle, manchmal auch in einem verlassenen Nest eines Rabenvogels. Das Weibchen legt für gewöhnlich 4–5 weiße Eier, die von ihm 24–25 Tage lang bebrütet werden. Die Jungvögel sind Nesthocker und fliegen nach 21–29 Tagen. Für gewöhnlich gibt es nur eine Brut im Jahr. Diese Eulen sind eher Einzelgänger und ernähren sich hauptsächlich von großen Insekten, wie z. B. von Käfern, Geradflüglern (z. B. Heuschrecken) und Nachtfaltern.

Besonderheiten: Charakteristisch ist der Ruf der Zwergohreule, ein monotones, in kurzen Abständen wiederholtes „kjuh", das man mit Einsetzen der Abenddämmerung bis weit in die Nacht vernehmen kann.

Bestände: In einigen europäischen Ländern gehen die Bestände der Schleiereulen zurück, weil sie kaum noch genügend Nahrung finden, was hauptsächlich auf den Einsatz von Pestiziden in der Landwirtschaft zurückzuführen ist.

Uhu   Bubo bubo

Der Uhu ist die größte und kräftigste europäische Eulenart mit auffallenden Federohren und großen, auffallend orangefarbenen Augen. Das gelblich braune Gefieder ist schwarz gebändert (an der Oberseite) bzw. gestrichelt (an der Unterseite). Die Beine sind vollständig befiedert. Beide Geschlechter sind bei dieser Eulenart gleich gefärbt, die Weibchen sind jedoch deutlich größer.

Verbreitung: Der Uhu ist in etwa 20 Unterarten in Eurasien und Nordafrika als Jahresvogel beheimatet. In Europa ist er nur lückenhaft verbreitet; so fehlt er beispielsweise in Großbritannien und in Irland sowie in großen Teilen des französischen, deutschen und polnischen Tieflandes.

Lebensraum: Der Uhu ist in großen Wäldern ebenso beheimatet wie in felsigem, gebirgigem Gelände, wo er speziell in Schluchten brütet.

Biologie: Das Weibchen legt ihre 2–4 Eier für gewöhnlich ab Ende Februar in einer Felsnische oder in einem alten Vogelnest ab. Dort werden sie von ihm 34–36 Tage lang bebrütet. Die Jungvögel sind Nesthocker und fliegen nach 50–60 Tagen. Es wird nur ein Gelege im Jahr angelegt. Die Gegend, in der der Uhu seinen Nistplatz bezieht, wird speziell vom Nahrungsangebot bestimmt. Der Vogel ernährt sich von verschiedensten kleinen und mittelgroßen Säugetieren sowie von Vögeln. Der Ruf des Männchens, ein tiefes ,,u-hu'', ist kilometerweit zu hören. Der entsprechende Ruf des Weibchens klingt etwas höher und rauer.

Besonderheiten: Der Uhu ist ein großer und ungemein kräftiger Jäger und kann Hasen, kleine Hunde, Jungfüchse und auch Rehkitze erbeuten. Auch Greifvögel bis zur Größe eines Bussards fallen ihm manchmal zum Opfer.

Bestände: In Mitteleuropa gehen die Bestände dieser beeindruckenden Vögel immer mehr zurück, was vor allem darauf zurückzuführen ist, dass der Uhu große, vom Menschen kaum beeinflusste Jagdreviere benötigt, die er bei der heutigen dichten Besiedlung kaum noch vorfindet.

Ähnliche Arten: Die etwa gleich große Schnee-Eule *(Nyctea scandiaca)* ist überwiegend weiß gefärbt und hat keine Federohren. Sie brütet in der nördlichen Tundra; in Europa ist sie in den Gebirgen Skandinaviens und in Nordrussland beheimatet. Den Winter verbringt sie ein Stück weiter südlich ihrer Brutgebiete.

Familie
Strigidae
Eulen

Gesamtlänge
60–75 cm

**Flügelspann-
weite**
160–188 cm

Gewicht
1,2–4,2 kg

Merkmale
Größe,
markanter Ruf

**Europäische
Population**
10 000–13 000
Paare

**Internationaler
Artenschutz**
SPEC 3
EEC 1
BERN 2
CITES 1

Felsen

Sperlingskauz — Glaucidium passerinum

Familie Strigidae Eulen	
Gesamtlänge 16–17 cm	
Flügelspann- weite 34–36 cm	
Gewicht 50–80 g	
Merkmale geringe Größe, markante Rufe	
Europäische Population 27 000–38 000 Paare	
Internationaler Artenschutz EEC 1 BERN 2 CITES 1	
Wälder	

Der Sperlingkauz, die kleinste europäische Eule, ist nur etwa so groß wie ein Haussperling. Diese Art hat keine Federohren, zeigt dafür aber einen schwachen Gesichtsschleier mit dunkler, konzentrischer Wellenzeichnung. Über den kleinen gelben Augen ist ein heller Streifen zu erkennen. Das Gefieder des Sperlingskauzes ist an der Oberseite graubraun mit weißen Flecken und an der weißlichen Unterseite braun gestreift. Der Schwanz ist mit vier weißen Querbändern versehen. Die Fußwurzeln und Zehen sind befiedert. Die Geschlechter zeigen keine Unterschiede.

Verbreitung: Der Sperlingskauz bewohnt im Norden Europas vor allem die ausgedehnten Nadelwälder, während er in Mitteleuropa bevorzugt im Gebirgswald anzutreffen ist.

Biologie: Ab April legt das Weibchen in einer Baumhöhle oder in einer verlassenen Spechthöhle 4–6 weiße Eier ab, die von ihm 28–30 Tage lang bebrütet werden. Die Jungvögel bleiben 27–34 Tage im Nest, werden aber erst nach weiteren vier Wochen von den Altvögeln unabhängig. Es wird nur ein Gelege jährlich angelegt. Tagsüber bleibt der Sperlingskauz zwar meist verborgen, geht aber dennoch nicht nur während der Dunkelheit auf die Jagd. Der Sperlingskauz sitzt gerne auf Baumwipfeln als Warte, wobei er häufig den Schwanz aufstellt und damit ruckartig wippt. Er fliegt schnell und meist ziemlich tief. Als Nahrung dienen diesen Eulen kleine Säugetiere, wie z. B. Wühlmäuse, aber auch Vögel, die sie im Fluge schlagen.

Besonderheiten: Der Ruf dieser Vögel ist ein monotones „dü", das etwas an eine Zwergohreule oder an einen Gimpel erinnert. Manchmal wiederholt er seinen Ruf als Tonfolge mit aufsteigender Tonleiter. Um für die Nahrungsknappheit im Winter gerüstet zu sein, legen diese Vögel Reserven in entsprechenden Hohlräumen an.

Steinkauz   Athene noctua

Der relativ kleine, kurzschwänzige Steinkauz ist leicht an seinem breiten, flach wirkenden Kopf zu erkennen. Er hat gelbe Augen und lange Beine. Die Oberseite des Gefieders ist braungrau mit weißen Flecken, die Unterseite weiß mit dunkler Strichelung. Beide Geschlechter sind gleich gefärbt.

Verbreitung: Der Steinkauz ist in zehn Unterarten als Jahresvogel in Eurasien und Nordafrika beheimatet. In Eurasien ist er von Portugal bis ans Japanische Meer anzutreffen, fehlt nur in Skandinavien und Nordrussland. Nach der Brutzeit kann man vielfach lokale Zerstreuungswanderungen der Tiere beobachten.

Lebensraum: Dieser kleine Kauz ist bezüglich seiner Habitate nicht besonders wählerisch. Er bewohnt offenes Gelände mit Baumgruppen ebenso wie felsiges Gelände, altes Gemäuer oder Ackerland, selbst in städtischen Parks siedelt sich dieser Vogel gelegentlich an.

Biologie: Ab März legt das Weibchen 2–5 weiße Eier in eine Baumhöhle, wo sie von ihm 27–28 Tage lang bebrütet werden. Die Jungvögel sind Nesthocker und fliegen nach 30–35 Tagen. Der Steinkauz ist teilweise auch tagsüber aktiv. Als Nahrung dienen ihm kleine Säugetiere, insbesondere Feldmäuse, aber auch kleine Vögel, Insekten und Regenwürmer. Er stößt einen charakteristischen klagenden Ruf aus, der wie ,,kju" klingt.

Bestände: In weiten Teilen Mitteleuropas sind die Bestände dieser Eulenart deutlich geschrumpft, was einerseits auf die Verwendung von Pestiziden in der Landwirtschaft, aber auch auf das Verschwinden seiner bevorzugten Lebensräume, insbesondere von Weidegebieten, zurückzuführen ist. Viele Vögel sterben auch durch Kollisionen im Straßenverkehr.

Ähnliche Arten: Die Sperbereule *(Surnia ulula)* hat als Kennzeichen einen langen Schwanz und ein Gefieder, dessen Brustbänderung an einen Sperber erinnert. Auch die Sperbereule ist teilweise tagaktiv. Sie brütet in Eurasien und Nordamerika und ist in Europa vor allem in Skandinavien und in Nordrussland beheimatet.

Familie
Strigidae
Eulen

Gesamtlänge
21–23 cm

Flügelspannweite
54–58 cm

Gewicht
100–200 g

Merkmale
markanter Ruf

Europäische Population
216 000–327 000 Paare

Internationaler Artenschutz
SPEC 3
BERN 2
CITES 1

Siedlungsgebiete

Waldkauz Strix aluco

Familie Strigidae Eulen	
Gesamtlänge 37–39 cm	
Flügelspann- weite 94–104 cm	
Gewicht 310–620 g	
Merkmale Augenfarbe, markante Rufe	
Europäische Population 416 000– 562 000 Paare	
Internationaler Artenschutz SPEC 4 BERN 2 CITES 1	
Wälder	

Der Waldkauz ist mit seinem braunen, reich ge-
musterten Gefieder, das grau bis rostrot getönt
sein kann, die häufigste Eulenart Europas. Er hat
vollständig befiederte Zehen und einen dicken
Kopf mit großen schwarzbraunen Augen, aber
keine Federohren. Was die Färbung des Gefieders
betrifft, gibt es zwei Formen dieser Spezies, eine
graue und eine rötliche. Die Flügel des Waldkauzes sind breit und abgerundet.

Verbreitung: Der Waldkauz ist in elf Unterarten
als Jahresvogel in Eurasien und Nordafrika verbreitet. In Europa ist er mit Ausnahme von Island,
Irland und Nordskandinavien überall beheimatet.

Lebensraum: Diese Eulenart besiedelt die unterschiedlichsten Biotoptypen wie z. B.
Wälder, baumbestandenes Gelände, Heiden, Felder und Obstgärten ebenso wie
Parks in Städten und Dörfern.

Biologie: Zwischen Ende Januar und Mai legt das Weibchen in eine Baumhöhle oder
in eine Gebäudenische für gewöhnlich 2–5 weiße Eier, die von ihm 28–30 Tage lang
bebrütet werden. Die Jungen sind Nesthocker und werden nach 32–37 Tagen flügge.
Die Brutpaare bleiben in dauerhafter Einehe zusammen. Als nachtaktiven Vogel
bekommt man den Waldkauz nur selten zu Gesicht. Seine Ernährung besteht hauptsächlich aus kleinen Säugetieren, wie z. B. Mäusen, Ratten oder Eichhörnchen, aber
auch aus Vögeln bis zur Größe einer Krähe, sowie aus Fröschen, Fischen und Insekten. Der Waldkauz verfügt über charakteristische Lautäußerungen, ein tiefes,
rollendes „huu hu-huuhuu". Auch ein gellend scharfes „ki-witt" ist manchmal zu
hören. Der Waldkauz fliegt langsam und nahezu lautlos mit kräftigen Flügelschlägen.

Besonderheiten: Während der Brutzeit verteidigt der Waldkauz seinen Brutplatz mit
großem Nachdruck unter Einsatz seiner Krallen gegen jeden Eindringling. Dies bekam
u. a. auch ein deutscher Tierfotograf zu spüren, der durch eine solche Attacke ein
Auge verlor.

Habichtskauz Strix uralensis

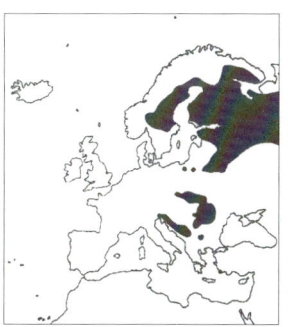

Die Gefiederfarbe des Habichtskauzes erinnert an die graue Form des Waldkauzes, wobei der Habichtskauz etwas größer ist. Auffällig ist das große Gesicht mit dem einfarbigen, ungezeichneten Schleier. Der Waldkauz hat keine Federohren; die Augen sind relativ klein und schwarzbraun. Die Unterseite des Vogels ist dunkel gestrichelt. Die Füße sind vollständig befiedert. Der Waldkauz hat einen langen keilförmigen Schwanz.

Verbreitung: Der Habichtskauz ist in circa zehn Unterarten als **Jahresvogel** in Eurasien verbreitet. In Nordeuropa reicht sein Siedlungsgebiet von Skandinavien bis Russland, während er in Mitteleuropa in den Karpaten, Südalpen, Ostalpen und im Bayrischen Wald anzutreffen ist.

Lebensraum: Der Habichtskauz lebt bevorzugt in Misch- und Laubwäldern, seltener auch in reinen Nadelwäldern, wobei er bis in Höhen von 1600 m anzutreffen ist. Er überwintert gerne in der Nähe menschlicher Siedlungsgebiete.

Biologie: Die Brutzeiten des Habichtskauzes sind eng mit den Entwicklungszyklen jener Tiere verknüpft, von denen er sich ernährt. Zwischen Februar und Mai legt das Weibchen in größeren Baumhöhlen, in Felsspalten oder in verlassenen Greifvogelnestern 2–4 weiße Eier ab, die von ihm 27–34 Tage bebrütet werden. Die Jungvögel sind Nesthocker und fliegen nach ca. 40 Tagen. Der Habichtskauz macht sich vor allem nachts auf Beutesuche; tagsüber ist er nur selten aktiv. Seine Nahrung setzt sich aus Vögeln und kleinen Säugetieren zusammen. Der charakteristische Ruf dieses Vogels ist ein tiefes „huu-hu huu-hu".

Ähnliche Arten: Von ähnlicher Größe wie der Uhu ist der **Bartkauz** *(Strix nebulosa)*, ist ungefähr so groß wie ein Uhu und hat graubraunes Gefieder, das schwarz gebändert und gestrichelt ist. Der große runde Kopf hat einen Gesichtsschleier mit konzentrischen Ringen um die Augen. Der Bartkauz brütet in den nördlichen Waldzonen Europas, Asiens und Nordamerikas.

Familie	Strigidae Eulen
Gesamtlänge	60–62 cm
Flügelspannweite	124–134 cm
Gewicht	500–1300 g
Merkmale	einfarbiges Gesicht, markanter Ruf
Europäische Population	11 000–14 000 Paare
Internationaler Artenschutz	BERN 2 CITES 1
Wälder	

Waldohreule *Asio otus*

Familie	Strigidae Eulen
Gesamtlänge	35–37 cm
Flügelspann-weite	90–100 cm
Gewicht	200–430 g
Merkmale	Kopfform, Augenfarbe, markante Rufe
Europäische Population	185 000– 238 500 Paare
Internationaler Artenschutz	BERN 2 CITES 1
Bäume	

Die Waldohreule hat etwa die Größe einer Krähe und zeichnet sich durch ihre auffallenden „Federohren" aus. Das braune Gefieder ist an der Ober- und Unterseite kräftig gestrichelt. Diese Art weist einen rötlich braunen Gesichtsschleier auf, die Augen sind auffallend orange-rot, die Füße vollständig befiedert. Das Gefieder beider Geschlechter ist gleich gefärbt.

Verbreitung: Die Waldohreule ist in sechs Unterarten in Eurasien, Nordamerika und Nordafrika beheimatet, lebt im Großteil Europas als **Jahresvogel** und ist lediglich in Nordskandinavien und Russland als Sommervogel anzutreffen. Diese nördlichen Populationen ziehen im Herbst in den Süden und Westen Europas, um ihre Winterquartiere in Frankreich, Spanien und Großbritannien aufzusuchen.

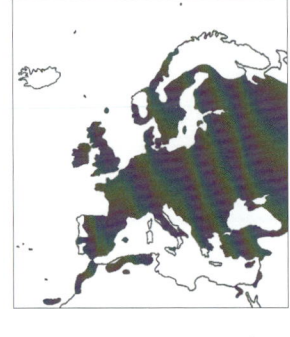

Lebensräume: Die Waldohreule bewohnt Nadel- und Laubwälder ebenso wie Wiesenlandschaften mit vereinzelten Bäumen sowie Parks und Heiden. Dabei reicht ihr Siedlungsgebiet im Gebirge bis zur oberen Baumgrenze.

Biologie: Zwischen Ende Februar und Mai legt das Weibchen 3–5 weiße Eier in ein verlassenes Nest von Krähen oder Elstern, wo sie von ihm 25–30 Tage lang bebrütet werden. Die Jungvögel sind Nesthocker und werden nach einem knappen Monat flügge. Es gibt in der Regel nur ein Gelege im Jahr, manchmal auch zwei. Die Waldohreule lässt sich tagsüber selten sehen und geht generell nachts auf die Jagd, wobei sie es vor allem auf kleine Säugetiere abgesehen hat, von deren Vorkommen es im Wesentlichen abhängt, wie lange die Waldohreule in einem bestimmten Gebiet bleibt. Der Ruf dieser Vögel ist ein tiefes, leises „huu-huu". Die hungrigen Jungvögel stoßen einen hohen Ruf aus.

Besonderheiten: Im Winter kann man Waldohreulen manchmal auch tagsüber beobachten, wenn sie in typischer aufrechter Haltung regungslos im Geäst von Bäumen sitzen.

Sumpfohreule   Asio flammeus

Die Sumpfohreule gleicht in Größe und Körperform der Waldohreule – jedoch sind ihre Flügel länger und schmaler. Die Unterseite des Gefieders ist gelblich gefärbt mit dunklen Streifen, die Oberseite ist bräunlich und gelblich gestreift. Die Sumpfohreule hat einen einfarbigen Gesichtsschleier mit gelben Augen. Ihre Federohren sind deutlich kürzer als die der Waldohreule. Beide Geschlechter sind gleich gefärbt.

Verbreitung: Die Sumpfohreule ist mit neun Unterarten in Mittel- und Nordeuropa, in Nordasien sowie in Nord- und Südamerika verbreitet. In Europa lebt sie in Skandinavien als **Sommer-vogel**, in Island, Großbritannien und einigen Tiefländern auf dem Kontinent aber auch als **Jahres-vogel**. Nördliche Populationen ziehen zum Überwintern nach Norddeutschland, Holland, Frankreich, Großbritannien und Irland.

Familie	Strigidae Eulen
Gesamtlänge	37–39 cm
Flügelspann-weite	95–110 cm
Gewicht	260–420 g
Merkmale	Kopfform, markante Rufe
Europäische Population	13 000–26 000 Paare
Internationaler Artenschutz	SPEC 3 EEC 1 BERN 2 CITES 1

Gewässer oder Sümpfe

Lebensraum: Sumpfohreulen leben bevorzugt in feuchten Tundragebieten, in Mooren, auf Sumpfwiesen, auf Heiden und in steppenartigem Gelände.

Biologie: Ab März legt das Weibchen 4–8 weiße Eier in eine Bodenmulde, wo sie von ihm 24–29 Tage lang bebrütet werden. Die Jungen sind Nesthocker und fliegen nach 24–27 Tagen. Sumpfohreulen bringen meistens nur eine Brut im Jahr hervor, in beutereichen Jahren jedoch auch zwei. Sie jagen in der Dämmerung, aber auch tagsüber und ernähren sich von Kleinsäugern, besonders von Feldmäusen. Diese Eulen halten sich häufig am Boden auf, wo sie im Vergleich zu anderen Eulenarten eine weniger aufrechte Haltung einnehmen. Sie stoßen bellende Rufe aus, im hoch kreisenden Balzflug auch ein tiefes „bu-bu-bu".

Besonderheiten: Da Sumpfohreulen besonders stark von der Populationsgröße der Feldmäuse abhängig sind, kommt es in mageren Jahren zu Massenabwanderungen dieser Vögel, wobei manchmal Flüge über große Entfernungen stattfinden.

Bestände: Auch dieser schöne Eulenvogel wird in einigen europäischen Ländern immer seltener, was vor allem auf die Zerstörung seiner Lebensräume und damit zusammenhängend auf das Verschwinden seiner bevorzugten Beutetiere zurückzuführen ist.

Eine Sumpfohreule, erkennbar an ihrem unscharf begrenzten Schleier. Oben: Sumpfohreule im Flug.

Raufußkauz *Aegolius funereus*

Der Raufußkauz ähnelt im Habitus dem Steinkauz, hat aber einen dickeren, nicht abgeflachten
Kopf, womit er eher an den Waldkauz erinnert.
Besonders auffällig dabei ist der herzförmige
Schleier mit den gelben Augen. Die Gefiederoberseite ist braun mit weißen Flecken, die weiße
Unterseite ist braun gefleckt. Beide Geschlechter sind gleich gefärbt. Die Jungvögel sind größtenteils schokoladebraun gefärbt mit vereinzelten weißen Flecken.

Verbreitung: Der Raufußkauz ist als **Jahresvogel**
in sechs Unterarten im nördlichen Eurasien sowie
in Nordamerika verbreitet; nach Süden reicht sein
Siedlungsgebiet bis in die Gebirgs- und Mittelgebirgswälder Frankreichs, Deutschlands und Belgiens. Er brütet in den Alpen, dem Dinarischen Gebirge und u. a. auch
in der Lüneburger Heide.

Lebensraum: Habitate des Raufußkauzes sind vor allem die ausgedehnten Nadelwälder in den nördlichen
Waldzonen und in Gebirgen. Der Vogel
bewohnt jedoch nicht nur höhere Regionen, sondern hält sich manchmal
– so wie z. B. in Holland – auch im Tiefland auf. Als Brutgebiete bevorzugt
der Raufußkauz Wälder mit alten Bäumen, in deren Höhlen er nisten kann.

Biologie: Die Paarungszeit des Raufußkauzes beginnt bereits im Winter,
was sich mit weithin hörbaren Balz-
rufen zur „Absteckung" des Brutter-
ritoriums ausdrückt. Im April bzw. Mai
suchen sie eine Baumhöhle, oft die
verlassene Nisthöhle eines Schwarzspechts, oder auch einen Nistkasten
auf, wo das Weibchen ihre 4–6 weißen
Eier legt. Diese werden von ihm 28–29
Tage lang bebrütet. Die Jungvögel
verlassen das Nest nach ca. einem
Monat und werden nach weiteren
5–6 Wochen von den Altvögeln unabhängig. Charakteristisch ist auch der
Ruf dieser Vögel, ein wiederholtes
„bubububu". Ihre Ernährung richtet sich teilweise nach dem Nahrungsangebot – sie haben es jedoch vor
allem auf Kleinsäuger, insbesondere
Wühlmäuse, und Vögel abgesehen.

Besonderheiten: Das Verbreitungsgebiet des Raufußkauzes stimmt weit-
gehend mit dem des Schwarzspechts
überein, dessen Nisthöhlen der Kauz
gerne als Brutplatz benutzt.

Ziegenmelker   Caprimulgus europaeus

Der Ziegenmelker fällt durch seinen schlanken Körper, den langen Schwanz, lange, spitze Flügel und durch seinen abgeflachten Kopf auf. Charakteristisch sind sein winziger Schnabel und seine breite Mundspalte. Die Schnabelwinkel sind mit breiten borstigen Federn besetzt. Das Männchen zeigt weiße Flecken auf Flügeln und Schwanz. Das rindenartig gemusterte Federkleid tarnt diesen Vogel perfekt.

Verbreitung: Ziegenmelker sind **Langstreckenzieher**, die in sechs Unterarten in Europa, West- und Mittelasien sowie in Nordwestafrika vertreten sind. In Europa ist ihr Brutgebiet nördlich mit dem 60. Breitengrad begrenzt. Den Winter verbringen die Ziegenmelker in Afrika südlich der Sahara.

Lebensraum: Ziegenmelker sind in lichten, sonnendurchfluteten Wäldern, auf Waldlichtungen und an Waldrändern ebenso beheimatet wie in Mooren und auf Heideflächen mit Einzelbäumen und Gebüsch. Vor allem in trockenen Kiefernwäldern brüten diese Vögel gerne.

Biologie: Ab Mai legen die Ziegenmelker in eine nicht gepolsterte Bodenmulde zwei weißliche, braun gefleckte Eier, die abwechselnd von beiden Partnern 17–18 Tage bebrütet werden. Die Jungvögel sind Nestflüchter und fliegen nach 16–17 Tagen. Die Ziegenmelker bringen ein bis zwei Gelege im Jahr hervor. Sie fliegen hauptsächlich in der Dämmerung oder nachts, um Fluginsekten zu jagen. Tagsüber ruhen sie auf dem Boden oder flach angelegt auf einem Ast, von dem sie sich durch ihr Tarnkleid kaum abheben.

Besonderheiten: Der Ziegenmelker zeichnet sich durch seinen Ruf, ein langes, monotones Schnurren, aus. Charakteristisch ist auch sein Balzflug, der von einem Flügelklatschen begleitet wird. Dieser Vogel ernährt sich von Insekten, insbesondere von Nachtschmetterlingen, die er im Flug mit seinem weit geöffneten breiten Rachen fängt.

Bestände: Ziegenmelker werden in weiten Teilen Europas zunehmend seltener, was zweifellos auf die Veränderung ihrer Lebensräume, aber auch auf das Schwinden ihrer Nahrungsquellen durch den Einsatz von Pestiziden in der Landwirtschaft zurückzuführen ist.

Ähnliche Arten: Der Rothals-Ziegenmelker *(Caprimulgus ruficollis)* ist etwas größer und zeichnet sich durch rostrote Marken an Kinn und Nacken sowie einen weißen Fleck an der Kehle aus. Der Rothals-Ziegenmelker brütet auf der Iberischen Halbinsel und in Nordwestafrika.

Ein Ziegenmelker, der in typischer Haltung gut getarnt auf einem Ast ruht.
Oben: Zeichnung von Männchen und Weibchen (links) im Flug, von oben betrachtet.

Familie	Caprimulgidae Nachtschwalben
Gesamtlänge	26–28 cm
Flügelspannweite	57–64 cm
Gewicht	50–100 g
Merkmale	falkenartige Körperform, kleiner Schnabel, monotones Schnurren
Europäische Population	224 000–264 500 Paare
Internationaler Artenschutz	SPEC 2 EEC 1 BERN 2
Mittelmeer	

Mauersegler *Apus apus*

Familie	Apodidae Segler
Gesamtlänge	16–17 cm
Flügelspann-weite	42–48 cm
Gewicht	30–55 g
Merkmale	Körperform, charakteristi- scher Flug, durchdringen- des „iriiih-iriiih"
Europäische Population	3,9–4,8 Millionen Paare
Internationaler Artenschutz	BERN 3
Siedlungs-gebiete	

Die Körperform des Mauerseglers erinnert ein wenig an die einer Schwalbe. Dieser Vogel ist jedoch grauschwarz gefärbt, mit weißer Kehle. Der Mauersegler zeigt lange, schmale Sichelflügel, einen gegabelten Schwanz, einen kleinen Krummschnabel und kurze Beine. Charakteristisch ist auch, dass alle vier Zehen nach vorn gerichtet sind. Mit ihren kräftigen Krallen finden diese Vögel auch auf glatten Mauersteinen Halt. Beide Geschlechter sind gleich gefärbt.

Verbreitung: Mauersegler sind **Langstrecken-zieher**, die in zwei Unterarten in Eurasien und Nordafrika verbreitet sind. Ihre Brutgebiete liegen südlich des 70. Breitengrades. Mauersegler überwintern ausschließlich in Afrika südlich des Äquators.

Lebensraum: Mauersegler brüten auf Gebäuden in Dörfern und Städten, wo sie sich in Mauernischen oder unter Dächern einnisten, nicht selten auch in felsigem Gelände, wo sie ihre Gelege in Felsspalten anlegen.

Biologie: Zwischen Ende April und Mai legen diese Vögel für gewöhnlich 2–3 weiße Eier, die von beiden Altvögeln 19–27 Tage bebrütet werden. Die Jungen, welche nackt schlüpfen, sind Nesthocker und fliegen erst nach 37–56 Tagen. Der Mauersegler ist ein unermüdlicher Flieger, der den größten Teil seines Lebens in der Luft verbringt. Er frisst, trinkt, schläft und paart sich im Flug und lässt sich nur zum Brüten bzw. zum Füttern der Jungen beim Nest nieder. Mit seinen kurzen, schwachen Beinen kann er sich auf dem Boden kaum fortbewegen und nicht mehr abfliegen. Der Mauersegler ist ein ungemein schneller Flieger, der im Sturzflug bis zu 200 km/h erreicht.

Besonderheiten: Man schätzt, dass Mauersegler-Eltern ihren Jungen täglich bis zu 20 000 Insekten bringen. Diese Vögel leben sehr gesellig und brüten auf Gebäuden oft in größeren Kolonien.

Ähnliche Arten: Der Fahlsegler *(Apus pallidus)* ist etwas heller – sein Gefieder zeigt einen graubraunen Farbton. Er ist in Nordafrika, Südeuropa und im Nahen bzw. Mittleren Osten verbreitet. Der Fahlsegler überwintert im Niltal und in der Sahelzone.

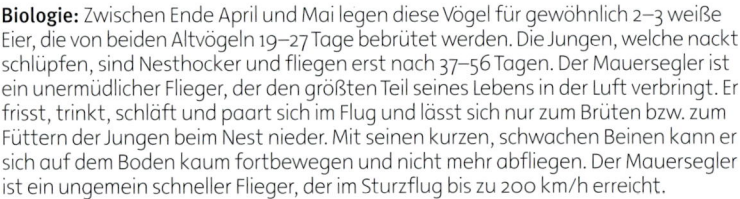

Alpensegler   *Apus melba*

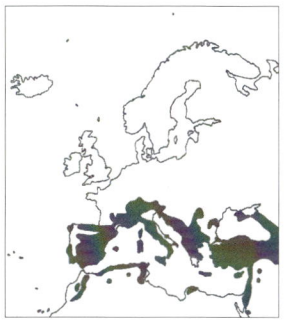

Diese Seglerart ist deutlich größer als der Mauersegler. Seine Oberseite ist bräunlich gefärbt, die Unterseite weiß mit einem graubraunen Brustband. Der Alpensegler zeigt längere Flügel als der Mauersegler und ebenso einen gegabelten Schwanz. Beide Geschlechter sind gleich gefärbt.

Verbreitung: Alpensegler sind **Langstreckenzieher**, die in circa zehn Unterarten im Mittelmeerraum (nördlich bis Süddeutschland), in Afrika sowie in Mittel- und Südasien beheimatet sind. Die Vögel überwintern in Afrika südlich der Sahara und in Indien.

Familie	Apodidae Segler
Gesamtlänge	20–22 cm
Flügelspannweite	34–60 cm
Gewicht	70–125 g
Merkmale	Körpergröße, Färbung des Gefieders, hohes Trillern
Europäische Population	44 500–62 500 Paare
Internationaler Artenschutz	BERN 2
Felsen und Küsten	

Lebensraum: Alpensegler bevorzugen vor allem felsiges Gelände mit steilen Wänden und Schluchten als Lebensraum, wo sie in Felsspalten nisten. Darüber hinaus sind sie aber auch in Städten zu finden, wo sich diese Vögel größere Gebäude zum Nisten wählen.

Biologie: Alpensegler legen ab Mitte Mai für gewöhnlich drei weiße Eier, die von beiden Partnern ca. 20 Tage bebrütet werden. Die Jungvögel sind Nesthocker und fliegen nach 45–55 Tagen. Alpensegler sind gesellige Vögel, die mit ihrem schnellen, reißenden Flug an Falken erinnern. Die Vögel sind stimmlich mit ihrem durchdringenden hohen Trillern unverwechselbar. Alpensegler ernähren sich von Insekten, die mit Hilfe des breiten Spaltschnabels im Flug erbeutet werden. Die unverdaulichen Chitinhüllen der Insekten gibt der Vogel in Form von kleinen Speiballen wieder von sich.

Besonderheiten: Die schwachen, kurzen Beine mit den vier nach vorne gerichteten Zehen machen diesem Vogel die Fortbewegung am Boden fast unmöglich. Dafür kann er sich mit seinen kräftigen Krallen auch auf glattem Gemäuer festklammern.

Eisvogel Alcedo atthis

Familie
Alcedinidae
Eisvögel

Gesamtlänge
16–18 cm

**Flügelspann-
weite**
25–30 cm

Gewicht
23–25 g

Merkmale
Färbung des
Gefieders,
Jagdverhalten,
markanter Ruf

**Europäische
Population**
47 000–66 500
Paare

**Internationaler
Artenschutz**
SPEC 3
EEC 1
BERN 2

**Gewässer oder
Sümpfe**

Der Eisvogel ist der einzige Vertreter der Familie Eisvögel in Europa. Dieser Vogel fällt durch seinen großen Kopf, seinen langen, spitzen Schnabel, seinen kurzen Schwanz und sein tropisch anmutendes buntes Federkleid auf. Beide Geschlechter sind an der Oberseite metallisch türkisblau mit helleren Schattierungen und an der Unterseite orangerot gefärbt.

Verbreitung: Eisvögel sind **Teilzieher**, die in sechs Unterarten in Eurasien, Nordwestafrika, Indonesien und in Neuseeland verbreitet sind. In Europa fehlt diese Art in Island, in weiten Teilen Skandinaviens, in Nordrussland sowie in den Hochgebirgen. Osteuropäische Populationen ziehen im Winter nach Süden und Westen, manchmal auch bis in den Mittelmeerraum.

Lebensraum: Eisvögel brüten an klaren Bächen, Flüssen und Seen, sofern diese senkrechte Uferabrisse aufweisen oder sich Erd- bzw. Sandwände in der Nähe befinden. Im Winter suchen sie häufig Flussmündungen und Küstenregionen auf. Für gewöhnlich sind diese Vögel kaum oberhalb von 600–700 m ü. d. M. anzutreffen.

Biologie: Der Eisvogel gräbt sich im April eine 50–100 cm tiefe Röhre in senkrechte Uferabrisse, an deren Ende 6–7 weiße Eier abgelegt werden. Diese werden von beiden Partnern abwechselnd 19–21 Tage bebrütet. Die Jungvögel verlassen das Nest nach 23–27 Tagen. Eisvögel ernähren sich hauptsächlich von kleinen Fischen, die sie auf überhängenden Zweigen sitzend als Stoßtaucher erbeuten.

Besonderheiten: Einzigartig ist die Art und Weise, wie der Eisvogel sein Röhrennest gräbt. Er ist ein überaus schneller, wendiger Flieger und stößt im niedrig über dem Gewässer dahingleitenden Flug seine typischen pfeifenden „tiht-tiht"-Rufe aus.

Bestände: Da Eisvögel klare, nicht zu stark verschmutzte Gewässer benötigen, lässt sein Vorkommen bzw. Fehlen Rückschlüsse auf die Qualität der Gewässer zu. In vielen Gebieten Europas nehmen die Bestände leider ab.

Ähnliche Arten: Der Eisvogel kann kaum mit anderen Vertretern dieser Familie, wie etwa mit dem **Graufischer** *(Ceryle rudis)*, verwechselt werden. Letzterer ist größer, an der Oberseite schwarz-weiß gefleckt und vor allem in Afrika und Asien verbreitet, wobei nur selten einzelne Vertreter als Irrgäste in Südosteuropa auftauchen.

Bienenfresser · Merops apiaster

Dieser Rackenvogel zeichnet sich durch sein farbenprächtiges Federkleid aus: Nacken und Vorderrücken sind rotbraun, die Kehle gelb, Flügel und Schwanz sind blaugrün gefärbt. Auffallend ist der schwarze Augenstreif. Der lange Schnabel ist leicht nach unten gekrümmt, die Beine sind kurz, der Schwanz trägt lange Steuerfedern in der Mitte. Das Weibchen ist an der Oberseite einheitlicher gefärbt.

Verbreitung: Bienenfresser sind **Langstreckenzieher**, die in Süd- und Osteuropa, Nordafrika bis Mittelasien sowie vereinzelt auch in Südafrika beheimatet sind. Westliche Populationen überwintern in Westafrika, während die östlichen im Winter nach Südafrika ziehen.

Lebensraum: Bienenfresser brüten vorwiegend in offenem Gelände mit vereinzelten Bäumen, in Parks und Obstgärten, und zwar in Höhlen an steilen Böschungen und Erdabbrüchen. Sie brüten nicht über 500 m ü. d. M.

Biologie: Zwischen April und Juni gräbt der Bienenfresser eine Röhre in eine senkrechte Sandwand, wo 6–7 weiße Eier abgelegt werden. Diese werden abwechselnd von beiden Partnern ca. 20 Tage lang bebrütet. Die Jungvögel kommen nackt zur Welt und fliegen nach 20–25 Tagen. Im Flug lassen diese Vögel ihre rollenden „prüt"-Rufe vernehmen.

Besonderheiten: Bienenfresser ernähren sich von Bienen, Wespen, Hummeln, Libellen und Käfern, die sie im Flug erbeuten.

Bestände: In einigen europäischen Ländern gehen die Bestände dieses Vogels dramatisch zurück, was u. a. auf die Verfolgung durch Bienenzüchter in Afrika zurückzuführen ist.

Familie
Meropidae
Bienenfresser

Gesamtlänge
2–29 cm

Flügelspannweite
44–49 cm

Gewicht
45–75 g

Merkmale
Färbung des Gefieders, Ernährung, markanter Ruf

Europäische Population
91 000–192 500 Paare

Internationaler Artenschutz
SPEC 3
BERN 2
BONN 2

Mittelmeer

Blauracke   Coracias garrulus

Familie Coracidae Racken	
Gesamtlänge 30–32 cm	
Flügelspannweite 66–73 cm	
Gewicht 110–160 g	
Merkmale Färbung des Gefieders, markanter Ruf	
Europäische Population 16 000–23 500 Paare	
Internationaler Artenschutz SPEC 2 EEC 1 BERN 2 BONN 2	
Mittelmeer	

Die etwa taubengroße Blauracke fällt durch einen großen Kopf und einen kräftigen schwarzen Schnabel auf. Ihr Gefieder ist am Rücken kastanienbraun und zeigt an der Unterseite verschiedene Blautöne. Beide Geschlechter sind gleich gefärbt.

Verbreitung: Blauracken sind **Langstreckenzieher**, die in zwei Unterarten von Süd- und Osteuropa bis Mittelasien sowie in Nordafrika beheimatet sind. In Europa ist ihr Verbreitungsgebiet ähnlich dem der Bienenfresser. Blauracken überwintern in Afrika südlich der Sahara.

Lebensraum: Blauracken bewohnen offenes Gelände mit Baumgruppen oder mit Einzelbäumen ebenso wie lichte Wälder oder Buschland und Obstgärten. Sie bevorzugen in Europa tiefe Lagen unter 500 m ü. d. M.

Biologie: Zwischen Mai und Juli legt das Weibchen 3–5 weiße Eier in eine Baumhöhle, wo sie hauptsächlich von ihm 17–20 Tage bebrütet werden. Die Jungvögel, welche nackt schlüpfen, fliegen erst nach 25–30 Tagen. Die Blauracke macht von einer freien Sitzwarte aus Jagd auf ihre Beutetiere, insbesondere größere Insekten, die am Boden erbeutet werden. Darüber hinaus ernähren sich diese Vögel auch von kleinen Wirbeltieren und Beeren.

Besonderheiten: Besonders imposant ist der Balzflug der Blauracke, bei dem akrobatische Luftrollen ausgeführt werden. Dabei stößt der Vogel hölzerne „rärrärrärr"-Rufe aus.

Bestände: Im nordwestlichen Europa nehmen die Bestände dieser Vögel seit längerer Zeit ab, sodass sie beispielsweise in Deutschland kaum noch brüten. Schuld daran sind wohl die Eingriffe des Menschen in ihre natürlichen Lebensräume, der Einsatz von Pestiziden in der Landwirtschaft sowie Verfolgung.

Ein Blaurackenpaar in seinem typischen Habitat im Ansitz. Oben: Eine Blauracke mit ihrem typischen bläulich getönten Brust- und Bauchgefieder.

Wiedehopf *Upupa epops*

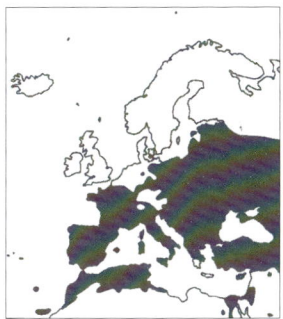

Der Wiedehopf ist durch seine Gestalt und die Färbung seines Gefieders unverwechselbar. Schwanz und Flügel sind schwarz-weiß gebändert und der Kopf ist mit einer langen, aufrichtbaren Federhaube geschmückt. Auffallend ist auch der lange, leicht gekrümmte Schnabel. Beide Geschlechter sind gleich gefärbt.

Verbreitung: Wiedehopfe sind in circa neun Unterarten größtenteils als **Sommervögel** in den gemäßigten und warmen Zonen Europas (mit Ausnahme von Großbritannien und Skandinavien) und Asiens bis zum Japanischen Meer beheimatet. Wiedehopfe brüten auch in Afrika. Die Vögel überwintern südlich der Sahara, in Arabien und in Südasien.

Lebensraum: Wie alle Arten der Ordnung Rackenvögel benötigt auch der Wiedehopf warme und eher trockene Gebiete, wo er vor allem in lichten Wäldern, in offenem Gelände mit Baumgruppen, in Parks, in Obstbaugebieten sowie in der Nähe von Ortschaften anzutreffen ist.

Biologie: Zwischen Ende März und Juni legt das Weibchen in einer Baumhöhle, in einem Mauerloch oder in einer Felsspalte 5–7 grünlich weiße Eier, die von ihm 15–19 Tage bebrütet werden. Die Jungvögel werden nach 22–28 Tagen flügge. Der Wiedehopf legt ein bis zwei Bruten im Jahr an. Sein charakteristischer Ruf, ein dumpfes „upupup", ist weithin hörbar. Die Vögel ernähren sich von Larven, Raupen, großen Insekten, Spinnen, Regenwürmern und Weichtieren. Im Flug, der wegen der unregelmäßig flatternden Schläge schmetterlingsartig wirkt, kommen die schwarz-weiß gezeichneten Flügel so richtig zur Geltung. Wiedehopfe halten sich meistens am Boden auf, wo sie nach ihrer Nahrung suchen. Sie fliegen selten und nur kurze Strecken.

Familie	Upupidae Wiedehopfe
Gesamtlänge	26–28 cm
Flügelspannweite	42–85 cm
Gewicht	45–85 g
Merkmale	Färbung des Gefieders, Form des Schnabels, markanter Ruf
Europäische Population	669 500– 923 500 Paare
Internationaler Artenschutz	BERN 2
Bäume	

Ein Wiedehopf vor seinem Nest in einer Baumhöhle. Oben: Zeichnung von einem Wiedehopf, mit aufgerichteter Federhaube, in typischer Haltung.

Wendehals *Jynx torquilla*

Familie Picidae Spechte	
Gesamtlänge 16–17 cm	
Flügelspann- weite 25–27 cm	
Gewicht 20–45 g	
Merkmale Färbung des Gefieders, Stimme, Brutverhalten, Ernährung	
Europäische Population 353 000– 422 500 Paare	
Internationaler Artenschutz SPEC 3 BERN 2	
Bäume	

Der etwa sperlingsgroße Wendehals zeichnet sich durch sein unregelmäßig graubraun geflecktes bzw. gesperbertes Federkleid aus, das in Farbe und Zeichnung einer Baumrinde ähnelt und deshalb eine ausgezeichnete Tarnung ermöglicht. Die Schäfte seiner Schwanzfedern sind weich, was ihn von den anderen Spechtarten unterscheidet. Ein weiteres Merkmal dieses Vogels sind zwei nach vorne und zwei nach hinten gerichtete Zehen.

Verbreitung: Der Wendehals ist ein **Langstreckenzieher**, der in 7–9 Unterarten in Eurasien und Nordwestafrika als Brutvogel beheimatet ist. In Europa ist diese Art nur in Island und Großbritannien nicht vertreten. Den Winter verbringen diese Vögel in Afrika südlich der Sahara sowie teilweise auch im Mittelmeerraum. Weitere Winterquartiere werden auch in Südasien bezogen.

Lebensraum: Der Wendehals bewohnt bevorzugt lichte Wälder, Waldränder, Obstgärten, Parks und Heidelandschaften.

Biologie: Ab Mitte Mai legt das Weibchen in eine Baumhöhle und häufig auch in einen Nistkasten 7–10 weiße Eier, die hauptsächlich von ihm 13–14 Tage bebrütet werden. Die Jungen verlassen das Nest nach circa drei Wochen. Der Wendehals bringt jährlich ein, manchmal auch zwei Gelege zustande. Stimmlich macht er sich durch sein nasales, oft wiederholtes ,,gäh-gäh-gäh'' bemerkbar. Im Gegensatz zu den anderen Spechtarten zimmert sich der Wendehals seine Baumhöhle nicht selbst, sondern übernimmt diese von anderen Vogelarten. Auch das sogenannte ,,Trommeln'' der Spechte, das der Revieranzeige und dem Zusammenfinden der Geschlechter dient, ist bei diesem Vogel nicht zu beobachten.

Besonderheiten: Der Wendehals ernährt sich hauptsächlich von Ameisen und anderen Insekten, die er mit seiner langen klebrigen Zunge aus Spalten der Baumrinde oder am Boden erbeutet. Wenn Gefahr droht, verdreht er den Kopf und stößt dabei ein fast schlangenartiges scharfes Zischen aus.

Bestände: In weiten Teilen Europas nehmen die Bestände des Wendehalses ab. Schuld daran sind das verminderte Nahrungsangebot, der Verlust oder die Veränderung seiner Lebensräume sowie die hohen Verluste während des Zuges und in den Winterquartieren.

Grauspecht   Picus canus

Der Grauspecht ist etwas kleiner als der Grün-specht und zeichnet sich durch einen dünnen, schwarzen Bartstreif auf den grauen Wangen aus. Beim Männchen ist am grauen Oberkopf ein roter Stirnfleck zu sehen. Beim Weibchen *(Bild unten)* ist der Oberkopf einheitlich grau gefärbt. Die Oberseite ist grünlich, der Bürzel leuchtend gelb, die Unterseite grau mit gelblichen Tönen. Die Flügel sind etwas dunkler mit zahlreichen weißlichen Flecken. Wie bei allen Spechten sind auch beim Grauspecht zwei Zehen nach vorne und zwei nach hinten gerichtet.

Familie	Picidae Spechte
Gesamtlänge	25–26 cm
Flügelspann-weite	38–40 cm
Gewicht	100–160 g
Merkmale	Färbung des Gefieders, Lautfolge, Trommeln
Europäische Population	77 000–123 000 Paare
Internationaler Artenschutz	SPEC 3 EEC 1 BERN 2

Wälder

Verbreitung: Grauspechte sind als Jahresvögel in 12–13 Unterarten in Eurasien verbreitet. In Europa liegt ihr Verbreitungsgebiet zwischen dem 40. und dem 64. Breitengrad. Er ist vom gemäßigten europäischen Festland bis nach Japan und in Südostasien beheimatet.

Lebensraum: Der Grauspecht lebt als Sandvogel in Nadel- und Laubwäldern der höheren Lagen, aber auch in Feuchtwäldern des Tieflandes. Während er im nörd-lichen Teil seines europäischen Verbreitungsgebietes in Laubwäldern der Ebenen anzutreffen ist, bevorzugt er im Alpenraum Mischwälder.

Biologie: Im April zimmern sich beide Partner ihre Höhle in einem Baumstamm, wo das Weibchen für gewöhnlich 7–9 weiße Eier ablegt, die abwechselnd von beiden Altvögeln 14–15 Tage bebrütet werden. Die Jungen verlassen nach 24–28 Tagen ihre Höhle. Der Eingang zur Bruthöhle hat im Schnitt einen Durch-messer von 5,7 cm. Der Grau-specht gibt eine typische Lautfolge von sich, ein weiches „kjü-kjü-kjü-kjü", das zum Ende hin abfällt und langsamer wird. Man kann den Grauspecht recht häufig an dürren Ästen trommeln hören, vor allem im Frühling. Seine Nahrung findet er in morschen Bäumen, wo er holzfressende Insekten und deren Larven aufspürt, aber auch am Boden, wo er vor allem Jagd auf Ameisen und deren Puppen macht.

Bestände: Aufgrund der Ein-griffe des Menschen in die Lebensräume dieser Vögel, beispielsweise durch die Ent-fernung von Totholz aus den Wäldern, nehmen die Be-stände in einigen Ländern ab.

Grünspecht · Picus viridis

Familie Picidae Spechte	
Gesamtlänge 31–33 cm	
Flügelspann- weite 40–42 cm	
Gewicht 140–200 g	
Merkmale Färbung des Gefieders, lautes Lachen	
Europäische Population 450 000– 1 360 500 Paare	
Internationaler Artenschutz SPEC 2 BERN 2	
Wälder	

Etwas größer als der Grauspecht, zeigt sich dieser Vogel in einem grünen Federkleid mit rotem Oberkopf. Der Vogel weist einen breiten schwarzen Backenstreif auf, der beim Männchen mit roten Federn durchsetzt ist *(Bild unten)*. Die Kiele und Äste der Steuerfedern sind steif, die Flanken hinten fein quergebändert.

Verbreitung: Grünspechte sind als Jahresvögel in vier Unterarten von Europa bis in den Mittleren Osten verbreitet. In Europa reicht ihr Siedlungsgebiet von Großbritannien und Portugal bis nach Skandinavien und nach Russland, wobei sie den 60. Breitengrad nach Norden kaum überschreiten. Die Vögel bleiben das ganze Jahr über in ihren Brutgebieten, sie streifen höchstens lokal ein wenig umher.

Lebensraum: Grünspechte bewohnen bevorzugt lichte Wälder, Ränder von Laub- und Mischwäldern, aber auch Heiden und Parklandschaften.

Biologie: Ab Ende April legt das Weibchen in ihre selbst gezimmerte Baumhöhle 5–7 weiße Eier, die von beiden Partnern, hauptsächlich aber vom Männchen, bebrütet werden. Nach 14–19 Tagen schlüpfen die Jungen, die nackt zur Welt kommen und das Nest nach 24–26 Tagen verlassen. Außerhalb der Brutzeit leben diese Vögel meistens alleine. Der Grünspecht gibt ein lautes, wohlklingendes Lachen von sich, das wie „kjü-kjü-kjü" klingt. Im Gegensatz zum Grauspecht trommelt er jedoch nur selten. Er zeigt den typischen wellenförmigen Flug der Spechte. Der Grünspecht ernährt

sich von Insekten und Insektenlarven, die er unter der Baumrinde hervorholt. Er sucht aber auch gerne Ameisenhaufen auf, aus denen er sich mit seiner klebrigen Zunge diese Insekten und deren Puppen holt. Wird das Nahrungsangebot knapper, greift er auch auf Beeren und andere Früchte zurück.

Besonderheiten: Die lange spitze Zunge dient nicht allein zum Aufspüren und Festhalten der Beute – durch ihre Geschmackszellen scheint sie es dem Specht auch zu ermöglichen, die Beutetiere im Holz zu orten.

Bestände: Die Eingriffe des Menschen in die bevorzugten Lebensräume dieser Vögel sowie die zunehmende Verarmung des Nahrungsangebots haben dazu geführt, dass der Grünspecht in einigen Regionen Europas immer seltener wird.

Ein Grünspecht vor seiner Baumhöhle.

Schwarzspecht Dryocopus martius

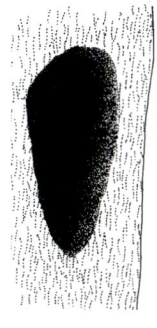

Familie
Picidae
Spechte

Gesamtlänge
45–57 cm

**Flügelspann-
weite**
64–68 cm

Gewicht
250–370 g

Merkmale
Färbung des
Gefieders,
typische Rufe,
Trommeln

**Europäische
Population**
210 000–
265 500 Paare

**Internationaler
Artenschutz**
EEC 1
BERN 2

Wälder

Der etwa krähengroße Schwarzspecht ist die größte europäische Spechtart und zeichnet sich durch sein vollständig schwarzes Gefieder aus. Beim Männchen ist der gesamte Oberkopf, beim Weibchen nur der hintere Teil des Kopfes rot gefärbt. Der Schwarzspecht hat einen langen gelblichen Schnabel und zeigt eine gewisse Ähnlichkeit mit der Rabenkrähe. Im Flug fällt dieser Vogel durch seine breiten Flügel und den langen, am Ende spitz zulaufenden Schwanz auf. Wie bei allen Spechten sind zwei Zehen nach vorne und zwei nach hinten gerichtet.

Verbreitung: Schwarzspechte sind als Jahresvögel in zwei Unterarten in fast ganz Eurasien, ausgenommen Südwestchina, verbreitet. In Europa fehlt er in weiten Teilen Spaniens und Italiens sowie in Großbritannien.

Lebensraum: Diese Spechtart bewohnt vor allem Nadel- und Mischwälder, besonders im Gebirge, ist aber darüber hinaus auch in größeren Wäldern der Ebenen anzutreffen.

Biologie: Sobald der Winter zu Ende geht, finden die Schwarzspechte zu Paaren zusammen. In dieser Zeit hört man ihr lautes Trommeln sowie die typischen Balzrufe dieser Vögel. Ab Ende März werden vom Weibchen 4–6 weiße Eier in eine selbst gezimmerte Höhle in einem Laubbaum gelegt, wo sie von beiden Partnern abwechselnd 12–14 Tage lang bebrütet werden. Die Jungvögel verlassen die Höhle nach 24–28 Tagen. Der scheue Schwarzspecht ist an seinen typischen klangvollen Rufen zu erkennen, einem hellen ,,gück-gück-gück'', einem klagenden ,,klióh'' oder im Flug an einem schrillen ,,krikrikri''. Das Trommeln dieser Vögel ist im Frühling weithin zu hören. Der Flug erscheint weniger wellenförmig als bei anderen Spechten und erinnert etwas an den Flug des Tannenhähers.

Besonderheiten: Verlassene Höhlen des Schwarzspechts, dessen Flugloch von elliptischer Form ist und ca. 12 x 9,5 cm misst, werden oft von anderen Tieren benutzt, z. B. vom Raufußkauz, von einigen Kleinsäugern und von staatenbildenden Insekten wie z. B. Hornissen oder Wespen.

*Ein männlicher Schwarzspecht neben seiner Höhle.
Oben: Zeichnung der charakteristischen Form der selbst gezimmerten Höhle, in der dieser elegante Vogel nistet.*

Buntspecht Dendrocopos major

Familie
Picidae
Spechte

Gesamtlänge
22–23 cm

**Flügelspann-
weite**
34–39 cm

Gewicht
60–90 g

Merkmale
Färbung des
Gefieders,
Stimme,
Trommeln

**Europäische
Population**
3,3–4,4
Millionen Paare

**Internationaler
Artenschutz**
BERN 2

Wälder

Dieser vorwiegend schwarz-weiß gefärbte Specht zeichnet sich durch große weiße Schulterflecken aus. Das Männchen zeigt rote Unterschwanzdecken und ein rotes Genickband. Die Jungvögel haben eine rötliche Stirn oder einen roten Oberkopf. Der Schwanz ist keilförmig. Wie bei allen Spechten sind zwei Zehen nach vorne und zwei nach hinten gerichtet.

Verbreitung: Buntspechte sind als Jahresvögel in über 20 Unterarten in Eurasien und Nordwestafrika verbreitet. In Europa fehlt diese Art nur in Island, Irland und im äußersten Norden Skandinaviens.

Lebensraum: Buntspechte bevorzugen Laub- und Nadelwälder, aber auch Wiesengelände mit Obstbäumen, Alleen und Gärten in Ortschaften als Lebensräume.

Biologie: Ab April legt das Weibchen 4–6 weiße Eier in eine selbst gezimmerte Baumhöhle, wo sie 11–13 Tage bebrütet werden. Die Jungvögel verlassen das Nest nach circa drei Wochen. Der Buntspecht bringt ein Gelege im Jahr hervor. Im Gegensatz zum Grünspecht hält sich der Buntspecht nur selten am Boden auf. Er zeigt den typischen wellenförmigen Flug der Spechte und trommelt im Frühling häufig, um damit sein Revier anzuzeigen. Der Buntspecht ernährt sich hauptsächlich von Holz fressenden Insekten, die in morschen Bäumen leben, darüber hinaus aber auch von Beeren, Nüssen und Samen, die er sogar aus Fichten- und Kiefernzapen hervorholen kann. Manchmal erbeutet er auch Eier und Nestlinge anderer Vogelarten. Während der Balz laufen beide Partner in Spiralen am Baumstamm hoch. Stimmlich macht sich der Buntspecht durch ein lautes, hohes „gick" bemerkbar.

Ähnliche Arten: Der Blutspecht *(Dendrocopos syriacus)* ist dem Buntspecht sehr ähnlich; unterscheidet sich aber von diesem durch seine weißen Kopf- und Halsseiten. Der Blutspecht brütet vom östlichen Mitteleuropa über den Balkan bis in die Türkei, den Iran und Israel.

Mittelspecht   Dendrocopos medius

Der Mittelspecht ist etwas kleiner als der Buntspecht und zeichnet sich durch seinen roten
Oberkopf und die fein gestrichelten Flanken
aus. Bauch und Unterschwanzdecken sind rosa
gefärbt. Die Geschlechter zeigen keine wesentlichen Unterschiede und auch die verschiedenen
Kleider unterscheiden sich nicht nennenswert
voneinander.

Verbreitung: Mittelspechte sind als **Jahresvögel**
in vier Unterarten im gemäßigten Europa und
in Vorderasien verbreitet. In Europa fehlt dieser
Vogel in Großbritannien, Skandinavien und Nordrussland.

Lebensraum: Diese Spechtart brütet in ausgedehnten Laub- und Mischwäldern mit
alten Eichen, aber auch in Parks sowie in Obstgärten. In Mitteleuropa ist er im Bergland nicht anzutreffen.

Biologie: Ab Ende April legt das
Weibchen in eine selbst gezimmerte Baumhöhle für gewöhnlich
5–6 weiße Eier, die von beiden
Partnern 11–13 Tage bebrütet werden. Die zunächst nackten, nesthockenden Jungen verlassen die
Höhle nach 21–23 Tagen. Der Mittelspecht bringt nur ein Gelege im
Jahr hervor. Im Gegensatz zum
Grünspecht hält er sich kaum am
Boden auf, sondern bewegt sich,
wie auch der Kleinspecht, mit Vorliebe in den höchsten Kronentei-
len der Bäume. Er zeigt den für die
Spechte typischen wellenförmigen
Flug. Trommeln hört man ihn allerdings nur selten. Der Mittelspecht
zeichnet sich durch seinen heiseren
Balzruf aus, der wie ,,gäh-gäh''
klingt.

Ähnliche Arten: Der Weißrückenspecht (*Dendrocopos leucotos*)
ist die größte und seltenste der
schwarz-weißen Spechtarten. Die
Spezies ist an den weißen Bändern
zu erkennen, die über die zusam-
mengelegten Flügel verlaufen.
Der Weißrückenspecht weist keine
weißen Schulterflecken auf. Der
Weißrückenspecht ist als Jahresvogel im gemäßigten und nördlichen Eurasien verbreitet. In Europa ist er vor allem in den großen
Gebirgsketten, den Pyrenäen und
in den Alpen, beheimatet, wo er
Laub- und Mischwälder bewohnt.

Familie
Picidae
Spechte

Gesamtlänge
20–22 cm

**Flügelspann-
weite**
33–34 cm

Gewicht
50–80 g

Merkmale
Färbung des
Gefieders,
Stimme

**Europäische
Population**
62 500–78 000
Paare

**Internationaler
Artenschutz**
SPEC 4
EEC 1
BERN 2

Wälder

*Ein Mittelspecht
bei der Fütterung
seiner Jungen.*

Kleinspecht   Dendrocopos minor

Familie
Picidae
Spechte

Gesamtlänge
14–15 cm

**Flügelspann-
weite**
25–27 cm

Gewicht
18–25 g

Merkmale
geringe Größe,
Färbung des
Gefieders,
Stimme,
Trommeln

**Europäische
Population**
193 500–
240 000 Paare

**Internationaler
Artenschutz**
BERN 2

Wälder

Der kleinste aller europäischen Spechtarten ist nur etwa so groß wie ein Sperling. Sein Gefieder zeigt eine weiß quer gebänderte schwarze Oberseite. Das Männchen weist einen roten, das Weibchen einen weißlichen Scheitel auf *(Bild unten)*. Die Jungvögel ähneln dem Weibchen, zeigen manchmal aber auch etwas Rot am Kopf. Wie bei allen Spechten sind auch beim Kleinspecht zwei Zehen nach vorne und zwei nach hinten gerichtet.

Verbreitung: Kleinspechte sind vorwiegend als Jahresvögel in ca. 12 Unterarten im gemäßigten und nördlichen Eurasien verbreitet. Kleinspechte bewohnen fast ganz Europa, mit Ausnahme großer Teile von Spanien sowie Irland und Schottland.

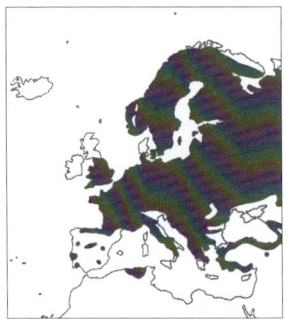

Lebensraum: Diese Spezies bevorzugt lichte Laub- und Mischwälder, Auwälder, Parks, Obstgärten und Heckenlandschaften als Habitate.

Biologie: Ab Ende April werden vom Weibchen in eine selbst gezimmerte Baumhöhle 4–6 weiße Eier gelegt, die von beiden Partnern circa zwei Wochen bebrütet werden. Die Jungvögel, die nackt schlüpfen, sind Nesthocker und werden nach 18–21 Tagen flügge. Der Kleinspecht legt nur ein Gelege im Jahr an. Im Gegensatz zum Grünspecht hält sich diese Spechtart nur selten am Boden auf. Sein Flug ist gerade und entspricht nicht den für Spechte typischen Wellenlinien. Beide Geschlechter trommeln häufig, um damit ihr Revier abzugrenzen. Als Nahrung dienen dem Kleinspecht Insekten, die in morschen Bäumen leben, deren Larven und Spinnen. Wie der Mittelspecht hält sich auch dieser Vogel gerne in den Baumwipfeln auf, wo er flink wie eine Meise die dünnen Äste nach Nahrung absucht. Dabei tritt er ab und zu in Gesellschaft von ihnen auf. Der Ruf des Kleinspechts ist ein helles ,,ki-ki-ki-ki".

Haubenlerche · Galerida cristata

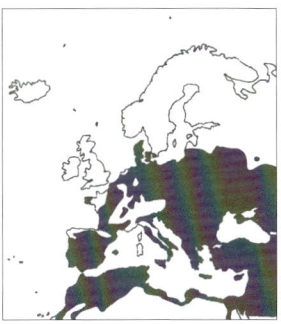

Die Haubenlerche ist an der Oberseite überwiegend sandbraun bis graubraun gefärbt mit dunkleren Streifen, während die Unterseite bräunlich weiß ist. Das Brustgefieder ist dicht gestrichelt. Charakteristisch ist ihre aufrichtbare spitze Federhaube. Im Flug erkennt man die eher breiten Flügel und den kurzen Schwanz, dessen Außenkanten hellbräunlich gefärbt sind. Beide Geschlechter zeigen keine nennenswerten Unterschiede.

Verbreitung: Haubenlerchen sind überwiegend als **Jahresvögel** in ca. 26 Unterarten im gemäßigten Eurasien sowie in Afrika verbreitet. In Europa fehlt diese Lerchenart in Großbritannien, Irland, Skandinavien sowie in weiten Teilen Russlands. Die russischen Populationen überwintern etwas weiter südlich, aber meist noch innerhalb ihres Brutareals.

Lebensraum: Diese Lerchenart brütet in offenem Gelände, auf Kultursteppen, in Halbwüsten, sandigen oder steinigen Trockenflächen sowie auf Gras- und Ackerland.

Biologie: Haubenlerchen errichten ihre Nester in Bodenmulden, die sie mit Federn auskleiden. Das Weibchen legt ab März für gewöhnlich 3–5 bräunlich gefleckte, weiße Eier, die ausschließlich von ihm 11–13 Tage bebrütet werden. Die Jungvögel sind Nesthocker und können erst nach 15–16 Tagen fliegen. Die Haubenlerche legt zwei bis drei Gelege im Jahr an. Ihr Flug ist nicht ganz so schnell wie der Flug anderer Lerchen und zeigt mitunter eine bogenförmige Flugbahn. Stimmlich ist die Haubenlerche an ihrem melancholisch wohlklingenden „didi-drieh" zu erkennen. Als Nahrung dienen ihr vor allem Sämereien und Insekten.

Bestände: Die Haubenlerche ist in den letzten Jahren in vielen europäischen Ländern seltener geworden, was auf die Veränderung oder Vernichtung ihrer Lebensräume zurückzuführen ist. Da diese Lerchenart jedoch ziemlich anpassungsfähig ist, erschließen sich diese Vögel manchmal auch neue Brutgebiete.

Ähnliche Arten: Die Theklalerche *(Galerida theklae)* brütet in Nordafrika, auf der Iberischen Halbinsel sowie in Südfrankreich. Sie ist etwas kleiner als die Haubenlerche, zeigt ein etwas dunkleres Federkleid und eine kräftiger gestrichelte Brust.

Familie	Alaudidae Lerchen
Gesamtlänge	17 cm
Flügelspannweite	29–38 cm
Gewicht	40–50 g
Merkmale	Stimme, Federhaube
Europäische Population	1,3–2,4 Millionen Paare
Internationaler Artenschutz	SPEC 3 BERN 2
Wiesen	

Heidelerche   Lullula arborea

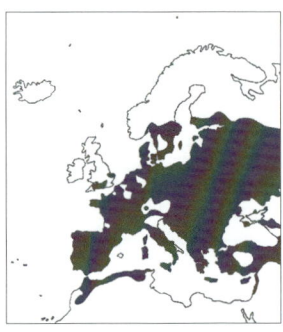

Familie
Alaudidae
Lerchen

Gesamtlänge
15 cm

**Flügelspann-
weite**
27–30 cm

Gewicht
20–30 g

Merkmale
Überaugen-
streif, schwarzer
Fleck am Flügel,
Gesang

**Europäische
Population**
1–2,2 Millionen
Paare

**Internationaler
Artenschutz**
SPEC 2
EEC 1
BERN 3

Bäume

Diese kleine Lerchenart ist an der Oberseite gelblich und braun gestreift, an der Unterseite weißlich mit dunkleren Streifen auf der Brust. Sie weist einen kurzen Schwanz und breite Flügel auf. Auffallend sind ihre kräftigen weißen Überaugenstreifen, die im Nacken zusammentreffen. Weitere Kennzeichen sind kleine schwarze Flecken an den Flügeln. Beide Geschlechter sind gleich gefärbt.

Verbreitung: Heidelerchen sind als Teilzieher in zwei Unterarten in Europa, Nordafrika, östlich bis Russland und in der Türkei verbreitet. In Europa reicht das Siedlungsgebiet nördlich bis zum 62. Breitengrad. Östliche Populationen überwintern etwas weiter südlich ihres Brutgebietes.

Lebensraum: Diese Lerchenart bevorzugt Waldränder, Heidelandschaften, Obstgärten und Hänge mit spärlicher Vegetation als Lebensraum.

Biologie: Die Heidelerche nistet gerne unter dichtem Gebüsch in einer Bodenmulde, die mit pflanzlichem Material ausgekleidet wird. In diese werden ab März 3–5 braun gefleckte, gelbliche Eier gelegt, die vom Weibchen 12–15 Tage bebrütet werden. Die Jungen sind Nesthocker und werden nach 10–13 Tagen flügge. Die Heidelerche bringt zwei bis drei Gelege im Jahr hervor. Charakteristisch ist der wohlklingende Gesang dieser Vögel, den sie am Boden, von einem Baumwipfel oder im typischen Flug ertönen lassen. Ihr Lied besteht stets aus absinkenden flötenähnlichen Doppeltönen. Die Heidelerche ernährt sich vorwiegend von Samen und Insekten.

Bestände: Aufgrund der Veränderung ihrer Lebensräume sowie der ungünstigen Bedingungen im Winter nehmen die Bestände dieser Spezies stetig ab.

*Die Heidelerche ist vor allem an ihren weißen Überaugenstreifen und den dunklen Streifen an Oberseite und Brust zu erkennen.
Oben: Die Zeichnung stellt den Balzflug dieser Lerchenart dar.*

Feldlerche   Alauda arvensis

Das Gefieder der Feldlerche ist an der Oberseite braun mit schwärzlichen Streifen, während ihre Unterseite weiß und die Brust dunkel längsgefleckt ist. Die Feldlerche weist einen schwach ausgeprägten Überaugenstreif und eine kleine kastanienbraune Federhaube am Kopf auf. Im Flug sind die auffallend weißen Außenkanten des Schwanzes gut zu erkennen. Beide Geschlechter sind gleich gefärbt.

Verbreitung: Feldlerchen sind als **Teilzieher** in 11–15 Unterarten in Eurasien und Nordafrika verbreitet. In Europa fehlt diese Art nur in Island und im äußersten Norden Skandinaviens. Sie lebt im Süden und Westen als **Jahresvogel**, während die nordöstlichen Populationen im Winter nach Westeuropa bzw. in den Mittelmeerraum ziehen.

Lebensraum: Die Feldlerche bevorzugt vor allem Acker- und Grasland, darüber hinaus auch Moore und Dünenlandschaften als Lebensraum.

Biologie: Die Feldlerche errichtet ihr Nest in einer Bodenmulde, die sie mit Halmen auskleidet. Das Weibchen legt 3–5 braun gefleckte, graue Eier, die von ihm ca. 11 Tage bebrütet werden. Die Jungvögel sind Nesthocker und können nach 18–20 Tagen fliegen. Die Feldlerche bringt bis zu vier Gelege im Jahr hervor. Ihr Flug ist geradlinig und eher niedrig. Während der Fortpflanzungszeit kann man beobachten, wie die Männchen im nahezu senkrecht aufsteigenden Flatterflug ihre variationsreichen Gesänge ertönen lassen, wobei oft andere Vogelstimmen imitiert werden. Als Nahrung dienen vor allem Samen und Insekten.

Bestände: Aufgrund der Umgestaltung ihrer Lebensräume sowie des Einsatzes von Maschinen und Pestiziden in der Landwirtschaft gehen die Bestände der Feldlerche in weiten Teilen Europas leider zurück.

Ähnliche Arten: Die Ohrenlerche *(Eremophila alpestris)* ist in Eurasien, Nordafrika und in Nordamerika beheimatet. Charakteristisch für sie sind das gelbliche Gesicht und die gelbliche Kehle sowie der schwarze Vorderhals und Backenstreif. Diese Lerche brütet in der Arktis sowie in den Gebirgen Europas und Asiens.

Familie
Alaudidae
Lerchen

Gesamtlänge
18–19 cm

Flügelspannweite
30–36 cm

Gewicht
25–55 g

Merkmale
Gesang

Europäische Population
27–35 Millionen Paare

Internationaler Artenschutz
SPEC 3
EEC 2
BERN 3

Wiesen

Uferschwalbe Riparia riparia

Familie	Hirundinidae Schwalben
Gesamtlänge	12 cm
Flügelspann- weite	26,5–29 cm
Gewicht	10–19 g
Merkmale	Färbung des Gefieders, Nestbau, Brutplätze
Europäische Population	2,1–2,6 Millionen Paare
Internationaler Artenschutz	SPEC 3 BERN 3

Gewässer oder Sümpfe

Das Gefieder dieser kleinen eleganten Schwalbenart ist an der Oberseite braun gefärbt, an der Unterseite weißlich mit einem braunen Brustband. Sie weist spitz zulaufende Flügel, einen kurzen Schnabel und einen leicht gegabelten Schwanz auf. Beide Geschlechter sind gleich gefärbt.

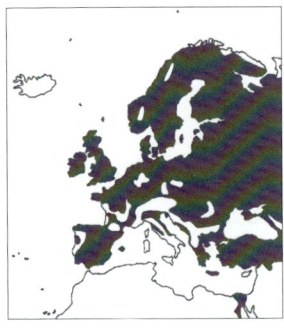

Verbreitung: Uferschwalben sind in vier Unterarten als **Sommervögel** in Eurasien, Amerika und Nordafrika vertreten. In Europa fehlt diese Schwalbenart nur in Island und in den Gebirgen. Uferschwalben überwintern in den Savannen Afrikas. Als **Jahresvogel** lebt sie nur in den Hochländern Zentralasiens.

Lebensraum: Die Uferschwalbe bevorzugt mehr oder weniger offene Flächen in Wassernähe als Lebensraum. Sie brütet vorzugsweise in sandigen Klippen oder in steilen Uferabrissen.

Biologie: Die Uferschwalbe lebt in dichten Brutkolonien und die Vögel graben zu diesem Zweck Niströhren in steile Uferbänke oder Sandwände. Den Eingang zur Nisthöhle bildet ein einfaches Loch, das über einen Gang zur Nestkammer führt. Ab Ende April werden vom Weibchen in der Nestkammer 4–6 weiße Eier gelegt, die abwechselnd von beiden Partnern 14–15 Tage bebrütet werden. Die Jungvögel sind Nesthocker und fliegen nach ca. 22 Tagen. Die Uferschwalbe legt zwei Bruten im Jahr an. Die Vögel sind überaus wendige Flieger. Stimmlich zeichnen sich diese Vögel durch ihren zwitschernden Gesang sowie ein raues „tschrr" aus. Als Nahrung dienen ihnen Fluginsekten, die im rasenden Flug mit weit geöffnetem Schnabel erbeutet werden.

Besonderheiten: Beide Partner wenden einige Wochen dafür auf, um ihre Bruthöhle zu graben. Der Gang bis zur Nestkammer kann bis zu 1 m lang sein; das Nest wird mit pflanzlichem Material wie z. B. Strohhalmen und mit Federn ausgekleidet.

Bestände: Dass auch die Bestände der Uferschwalben immer mehr abnehmen, hat verschiedene Ursachen: zum einen die Eindämmung und harte Verbauung von Flüssen, die Uferabrisse und damit mögliche Nistplätze zerstören, aber auch der Einsatz von Pestiziden sowie die immer ungünstiger werdenden Lebensbedingungen in den Winterquartieren dieser Vögel.

Uferschwalben nisten in dichten Kolonien und errichten ihre Nester am Ende einer Röhre, die in den Sand gegraben wird. Rechts: eine Uferschwalben- Kolonie. Oben: Uferschwalbe am Eingang zur Nist- röhre.

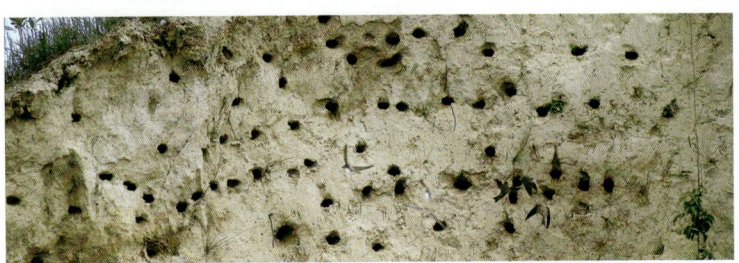

Felsenschwalbe   Ptyonoprogne rupestris

Mit ihrer eher hellen Färbung des Gefieders ist die Felsenschwalbe der Uferschwalbe ziemlich ähnlich, während sie in ihrer Gestalt und mit bestimmten Verhaltensweisen eher der Rauchschwalbe gleicht. Der Schwanz ist gekerbt und zeigt eine Reihe von weißen Flecken. Charakteristisch sind auch die weiße Brust und die dunklen Unterflügel. Beide Geschlechter zeigen die gleiche Färbung.

Verbreitung: Die Felsenschwalbe ist als Teilzieher in Eurasien verbreitet. In Europa reichen ihre Siedlungsgebiete nicht über den 48. Breitengrad hinaus – sie erstrecken sich von Spanien über die Berge Frankreichs bis an den Nordrand der Alpen und in die Balkanländer. In den Alpen ist die Felsenschwalbe nur als **Sommervogel** vertreten. Diese Populationen überwintern vorzugsweise in Südspanien oder in Nordafrika.

Lebensraum: Diese Schwalbenart ist vor allem in felsigem Gelände anzutreffen, wo sie sich zum Brüten in Steilwänden oder in Schluchten niederlässt. Ihr Siedlungsraum reicht von der Ebene bis hinauf in Gebirge von über 2000 m ü. d. M.

Biologie: Ende April wird ein tassenförmiges Nest aus Lehmkügelchen errichtet, das meistens unter einem Überhang an den Fels geklebt oder in einer Felshöhlung angelegt wird. In dieses Nest legt das Weibchen für gewöhnlich 3–5 weiße Eier, die fast ausschließlich von ihm 13–17 Tage bebrütet werden. Die Jungvögel sind Nesthocker, die nach ca. 25 Tagen fliegen. Felsenschwalben bringen jährlich ein bis zwei Bruten hervor. Die Vögel sind weniger gesellig als andere Schwalbenarten und sie streifen unermüdlich auf Nahrungssuche im Aufwind der Felswände umher, wobei ihnen als Nahrung kleine Fluginsekten dienen, die mit geöffnetem Schnabel gefangen werden. Felsenschwalben nutzen häufig aufsteigende warme Luftströmungen und zeigen nicht selten kunstvolle und geradezu atemberaubende Sturzflüge, um dann wieder abrupt nahezu senkrecht hochzusteigen.

Besonderheiten: Während der kalten Jahreszeit verhalten sich Felsenschwalben großteils inaktiv; gesteigerte Aktivitäten zeigen sie lediglich an wärmeren Tagen sowie zur Tagesmitte.

Familie	Hirundinidae Schwalben
Gesamtlänge	14–15 cm
Flügelspannweite	32–34,5 cm
Gewicht	17–30 g
Merkmale	Färbung des Gefieders, Flug, Nestbau
Europäische Population	135 500–229 000 Paare
Internationaler Artenschutz	BERN 3
Felsen	

Rauchschwalbe Hirundo rustica

Familie
Hirundinidae
Schwalben

Gesamtlänge
17–19 cm

**Flügelspann-
weite**
32–34,5 cm

Gewicht
10–24 g

Merkmale
Färbung des
Gefieders,
Schwanzform,
Stimme

**Europäische
Population**
14–19 Millionen
Paare

**Internationaler
Artenschutz**
SPEC 3
BERN 2

**Siedlungs-
gebiete**

Diese weitverbreitete Schwalbenart zeigt an ihrer Gefiederoberseite einen metallischen schwärzlich blauen Farbton, während die Unterseite weißlich gefärbt ist. Sie weist eine rostfarbene Kehle und Stirn und ein dunkles Kropfband auf. Der Schnabel ist kurz und breit, die langen Flügel sind schmal und spitz, der Schwanz ist tief gegabelt und mit besonders langen Schwanzspießen versehen.

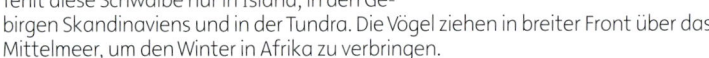

Verbreitung: Rauchschwalben sind als **Sommervögel** in sechs Unterarten in Eurasien, Nord-
afrika und in Nordamerika verbreitet. In Europa fehlt diese Schwalbe nur in Island, in den Gebirgen Skandinaviens und in der Tundra. Die Vögel ziehen in breiter Front über das Mittelmeer, um den Winter in Afrika zu verbringen.

Lebensraum: Diese Schwalbenart bevorzugt offenes Gelände bzw. Kulturland, vorzugsweise in Wassernähe, und ist auch in Dörfern und auf Bauernhöfen häufig anzutreffen.

Biologie: Rauchschwalben nisten gruppen- oder paarweise. Sie bauen sich Nester aus Lehmkügelchen, die zu einer Schale verklebt werden; diese Nester werden vorzugsweise dicht unter der Decke eines Gebäudes auf einer Unterlage angelegt. Hier werden vom Weibchen ab April 4–5 rot gefleckte, weiße Eier abgelegt, die von ihm 1–19 Tage bebrütet werden. Die Jungen sind Nesthocker und fliegen nach 18–23 Tagen. Rauchschwalben bringen zwei bis drei Gelege im Jahr hervor. Sie sind elegante Flieger und fliegen abwechselnd mit kräftigen Flügelschlägen und im Gleitflug. Stimmlich macht sie sich mit auffallenden „witt-witt"-Rufen sowie einem scharfen „biwist" bemerkbar. Darüber hinaus lässt sie einen melodisch zwitschernden Gesang hören. Als Nahrung dienen den Rauchschwalben ausschließlich Fluginsekten.

Bestände: In weiten Teilen ihres europäischen Brutareals nehmen die Bestände der Rauchschwalbe ab; schuld daran sind die Veränderungen in der modernen Landwirtschaft, der Umbau von alten Ställen, in denen diese Vögel früher gerne ihre Nester bauten, der Einsatz von Pestiziden sowie die ungünstigen Lebensbedingungen in ihren afrikanischen Winterquartieren.

Mehlschwalbe Delichon urbica

Diese kleine Schwalbenart ist an der Oberseite blauschwarz, an der Unterseite sowie am Bürzel weiß gefärbt. Sie hat einen kurzen Schnabel, befiederte Beine und einen gegabelten Schwanz. Die Flügel sind spitz zulaufend. Beide Geschlechter zeigen keine Unterschiede.

Verbreitung: Mehlschwalben sind **Langstreckenzieher**, die in fünf Unterarten in Eurasien und Nordafrika verbreitet sind. In Europa fehlt diese Spezies nur in Island und im äußersten Norden Skandinaviens. Die europäischen Populationen ziehen im Herbst über das Mittelmeer und die Sahara nach Süden, um sich in den Savannen Afrikas zu überwintern. Weitere Winterquartiere dieser Vögel liegen am Fuße des Himalaja und in Südostasien.

Lebensraum: Diese Schwalbenart ist in felsigem Gelände ebenso anzutreffen wie in Städten, Vororten und Dörfern. Das Nest wird vorzugsweise unter Felsüberhängen oder unter Dachvorsprüngen errichtet.

Biologie: Mehlschwalben brüten im Allgemeinen in Kolonien. Ab Mai werden vom Weibchen für gewöhnlich 3–5 weiße, manchmal rosa gefleckte Eier gelegt, die abwechselnd von beiden Partnern 14–16 Tage bebrütet werden. Die Jungvögel sind Nesthocker und können nach 22–23 Tagen fliegen; nicht selten kehren sie jedoch zum Nest zurück, um sich füttern zu lassen oder um hier zu übernachten. Mehlschwalben bringen zwei Gelege im Jahr hervor. Sie sind vorzugsweise im Gleitflug unterwegs; oft kann man diese Schwalben dabei beobachten, wie sie elegant dahinsegeln und ihre Flughöhe mit wenigen kurzen Flügelschlägen halten können. Charakteristisch sind auch die Lautäußerungen, die diese Vögel von sich geben und die wie „trrt" bzw. „zier" klingen. Darüber hinaus geben sie einen leisen schwatzenden bis zwitschernden Gesang von sich. Gerne lassen sie sich gesellig auf Stromleitungen nieder. Als Nahrung dienen ihnen vorwiegend Insekten, die im Flug gefangen werden. Sie jagen für gewöhnlich in mittlerer Höhe, zwischen Mauerseglern, die in größeren Höhen unterwegs sind, und Rauchschwalben, die niedriger fliegen.

Besonderheiten: Die Mehlschwalbe baut sich ein halbkugelförmiges Nest aus Schlamm mit einem Flugloch am oberen Rand. Das Innere des Nestes ist mit Federn und Heu ausgekleidet.

Familie
Hirundinidae
Schwalben

Gesamtlänge
12,5 cm

Flügelspann-weite
26–29 cm

Gewicht
12–22 g

Merkmale
Färbung des Gefieders,
Form des Nestes, Stimme

Europäische Population
10,8–15,8 Millionen Paare

Internationaler Artenschutz
BERN 2

Siedlungs-gebiete

Brachpieper   Anthus campestris

Familie
Motacillidae
Pieper und
Stelzen

Gesamtlänge
16,5 cm

**Flügelspann-
weite**
25–28 cm

Gewicht
16–30 g

Merkmale
Stimme,
charakteris-
tischer Singflug

**Europäische
Population**
500 000–
764 500 Paare

**Internationaler
Artenschutz**
SPEC 3
EEC 1
BERN 2

Mittelmeer

Das Gefieder dieses eleganten schlanken Vogels ist an der Oberseite hell graubraun, an der Unterseite weißlich gefärbt. Die Flügeldecken zeigen eine Linie von dunklen Flecken. Charakteristisch ist der deutliche cremefarbene Überaugenstreif. Mit seinem langen Schwanz und den langen gelblichen Beinen erinnert der Brachpieper an eine Stelze. Beide Geschlechter sind gleich gefärbt.

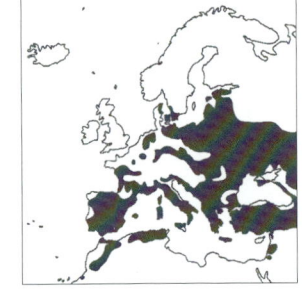

Verbreitung: Brachpieper sind als Sommervögel von Portugal bis Ostsibirien sowie in Nordafrika verbreitet. In Europa sind diese Vögel besonders häufig in Spanien sowie an den Küsten des Mittelmeers und des Schwarzen Meers anzutreffen; ihr Verbreitungsgebiet reicht im Norden nicht über den 59. Breitengrad hinaus, sodass sie in Island, Großbritannien und Teilen Skandinaviens nicht vorkommen. Sie überwintern in Afrika in der Sahelzone, im Mittleren Osten und in Indien.

Lebensraum: Brachpieper bevorzugen Trockengebiete, d. h. steiniges oder sandiges Gelände mit geringem Pflanzenbewuchs. Im Gebirge sind die Vögel bis in eine Höhe von 1500 m anzutreffen.

Biologie: Der Bachpieper errichtet sein Nest in einer Bodenmulde, meist unter Gebüsch versteckt. Dort legt das Weibchen ab Ende Mai 4–5 braun gefleckte, weiße Eier, die hauptsächlich von ihm etwa 12 Tage lang bebrütet werden. Die Jungen sind Nesthocker und werden nach 13–14 Tagen flügge. Brachpieper bringen ein bis zwei Gelege im Jahr hervor. Die Vögel fliegen abwechselnd mit schnellen Flügelschlägen sowie im rhythmischen Gleitflug. Charakteristisch ist ihr wellenförmig auf und ab führender Singflug, bei dem sie ein wiederholtes „zirluih" ausstoßen. In Habitus, Flug und Lauf erinnert der Brachpieper an eine Stelze. Die Nahrung setzt sich vor allem aus Insekten und deren Larven sowie aus anderen wirbellosen Tieren zusammen. Die Vögel leben entweder einzeln oder in kleinen Gruppen.

Bestände: Durch den Verlust ihrer bevorzugten Lebensräume sowie durch den Einsatz von Pestiziden nehmen die Bestände in einigen europäischen Ländern immer mehr ab.

Baumpieper Anthus trivialis

Der Baumpieper ähnelt dem Wiesenpieper, ist aber schlanker als dieser und weist eine deutlichere Zeichnung auf. Das Gefieder ist an der Oberseite hell olivbraun gefärbt mit braunen Streifen, an der Unterseite weiß bzw. in der Kropfgegend gelblich braun sowie an Brust und Flanken schwarz gestrichelt. Die langen Beine sind fleischfarben, die Schwanzkanten weiß. Beide Geschlechter sind gleich gefärbt.

Verbreitung: Baumpieper sind **Langstreckenzieher**, die in drei Unterarten in Eurasien vertreten sind. In Europa leben Vertreter dieser Spezies vor allem in der gemäßigten Zone. Sie fehlen im südlichen Spanien und an den Mittelmeerküsten sowie in Island und Irland. Die Vögel überwintern in Afrika südlich der Sahara und in Indien.

Lebensraum: Baumpieper leben bevorzugt in lichten Wäldern; man trifft die Vögel aber auch in lichten Kiefernheiden bzw. im offenen Gelände an, das mit Büschen und Bäumen durchsetzt ist.

Biologie: Der Baumpieper errichtet sein Nest am Boden meist unter Büschen verborgen. Dort legt das Weibchen ab Ende April 4–5 braun gefleckte Eier von unterschiedlicher Grundfarbe. Diese werden von ihm 12–14 Tage bebrütet. Die Jungen sind Nesthocker und fliegen nach circa zwei Wochen. Baumpieper bringen ein oder zwei Gelege im Jahr hervor. Die Vögel leben einzeln und finden nur zur Wanderung ins Winterquartier zu kleinen Gruppen zusammen. Als Nahrung dienen den Vögeln vor allem Insekten. Ihr Ruf ist ein heiseres, hohes „psieh".

Besonderheiten: Eine interessante Eigenheit des Baumpiepers besteht in seinem Flugverhalten während der Balz; das Männchen beginnt seinen Singflug von einem hohen Baum aus; es steigt zunächst auf, beginnt kurz vor dem höchsten Punkt zu singen und schwebt bzw. trudelt dann, Schwanz und Flügel nach oben gerichtet, unter lautem „zia-zia-zia" herab.

Familie
Motacillidae Pieper und Stelzen

Gesamtlänge
15 cm

Flügelspannweite
25–27 cm

Gewicht
12–29 g

Merkmale
Gesang, Singflug

Europäische Population
15–19 Millionen Paare

Internationaler Artenschutz
BERN 2

| Bäume |

Ein Baumpieper mit einem sperrenden Jungvogel. Oben: Zeichnung des charakteristischen Singflugs des Männchens während der Balzzeit.

Wiesenpieper Anthus pratensis

Familie	Motacillidae Pieper und Stelzen
Gesamtlänge	14,5 cm
Flügelspannweite	22–25 cm
Gewicht	15–23 g
Merkmale	Farbe der Beine, Stimme, Singflug
Europäische Population	7–11,6 Millionen Paare
Internationaler Artenschutz	SPEC 4 BERN 2
Wiesen	

Der Wiesenpieper ähnelt dem Baumpieper; sein Gefieder ist an der Oberseite grünlich braun gefärbt mit dunkleren Streifen. Die weißliche Unterseite ist an Brust und Flanken gestrichelt. Die Beine sind fleischfarben, die Schwanzkanten weiß. Beide Geschlechter sind gleich gefärbt.

Verbreitung: Wiesenpieper sind **Teilzieher**, die in zwei Unterarten in Europa und im Nordwesten Asiens vertreten sind. In Europa brüten die Vögel im Norden von Grönland über den Ural bis Nordsibirien; im Süden reicht ihr Siedlungsgebiet bis Italien und ans Schwarze Meer. Die Spezies fehlt in den meisten Mittelmeerländern, auf der Iberischen Halbinsel und in Südosteuropa. Den Winter verbringen Wiesenpieper hauptsächlich in Mittel- und Südeuropa und in Nordafrika; die nördlichsten Winterquartiere liegen in Schottland.

Lebensraum: Wiesenpieper sind vor allem auf sumpfigen Wiesen, in Mooren sowie im offenen Berg- und Hügelland bis in 1500 m ü. d. M. als Brutvögel anzutreffen. Während der Migration bzw. im Winter trifft man sie häufig entlang der Küsten sowie an Flussmündungen an.

Biologie: In eine sorgfältig ausgekleidete Nestmulde am Boden werden vom Weibchen ab April 3–5 braun gefleckte Eier von unterschiedlicher Grundfarbe gelegt. Diese werden von ihm ca. 13 Tage bebrütet. Die Jungvögel werden nach 12–13 Tagen flügge. Wiesenpieper bringen zwei Gelege im Jahr hervor; sie leben gesellig und machen sich stimmlich durch ein hohes „isst" bemerkbar. Ihr eintöniger Gesang beginnt mit einem dünnen „sisisisi…". Ihr Flug ist unregelmäßig und wellenartig. Die Nahrung, hauptsächlich Insekten und Samen, suchen sich die Vögel am Boden, vorzugsweise auf Weiden. Sie lassen sich gerne auf Bäumen und Sträuchern nieder.

Ein Rotkehlpieper im Brutkleid; charakteristisch ist seine rostrote Kehle.
Oben: Ein Wiesenpieper in der Fortpflanzungszeit.
Ganz oben: Ein Fußabdruck.

Ähnliche Arten: Der **Rotkehlpieper** *(Anthus cervinus)* ähnelt dem Wiesenpieper im Winterkleid sehr; unverwechselbar ist er jedoch im Brutkleid mit seiner rostrot getönten Kehle. Das Brutgebiet des Rotkehlpiepers reicht von Nordskandinavien über die sibirische Tundra bis zum westlichen Alaska. Die meisten europäischen Vögel überwintern in Ostafrika.

Schafstelze Motacilla flava

Diese relativ kleine Stelzenart weist einen schlanken Körper und einen langen Schwanz auf. Die Geschlechter zeigen deutliche Unterschiede: Das Männchen ist an der Unterseite gelb gefärbt, der Rücken ist olivgrün; die Färbung des Kopfes ist bei Schafstelzen recht unterschiedlich und dient als wichtiges Unterscheidungsmerkmal bei der Bestimmung der zahlreichen Unterarten. Das Gefieder des Weibchens ist an der Oberseite olivgrün bis bräunlich und an der Unterseite gelblich weiß gefärbt.

Verbreitung: Schafstelzen sind in mindestens 18 Unterarten in weiten Teilen Eurasiens, in Nordafrika und Alaska vertreten. In Europa fehlt diese Spezies in Island, Irland und einem Großteil Schottlands. Den Winter verbringen diese Vögel in Afrika südlich der Sahara, in Südasien sowie in Südspanien.

Familie	Motacillidae Pieper und Stelzen
Gesamtlänge	17 cm
Flügelspannweite	23–27 cm
Gewicht	12–18 g
Merkmale	Färbung des Gefieders, Kopffarbe
Europäische Population	4–5 Millionen Paare
Internationaler Artenschutz	BERN 2
Wiesen	

Lebensraum: Schafstelzen brüten auf feuchten Wiesen, in Sumpfgebieten, auf Feldern sowie in der Nähe von Viehtränken. Den Winter verbringen die Vögel vorzugsweise an Seen, Teichen und Flüssen.

Biologie: Schafstelzen errichten ihr Nest in einer Bodenmulde, wo das Weibchen ab Ende April für gewöhnlich 4–6 braun gefleckte, graue Eier ablegt. Diese werden von ihr 11–13 Tage lang bebrütet. Die Jungen sind Nesthocker und

werden nach ca. 16 Tagen flügge. Schafstelzen bringen ein bis zwei Gelege im Jahr hervor. Ihr Flug ist wellenförmig, ihr Ruf ist gedehnt und klingt wie „psie-ip". Darüber hinaus bringen sie einen zwitschernden Gesang hervor. Ihre Nahrung suchen sich diese Stelzen für gewöhnlich am Boden; und nicht selten bewegen sie sich in Trupps zwischen Viehherden, um dort wirbellose Tiere zu erbeuten.

Ähnliche Arten: Die Zitronenstelze *(Motacilla citreola)* brütet in Zentral- und Nordasien. Das Männchen ist an seinem gelben Kopf zu erkennen. Die Zitronenstelze weist einen grauen Rücken und zwei auffallende weiße Flügelbinden auf.

Schafstelze. Oben: Eine der vielen Unterarten der Schafstelze, die Maskenstelze (Motacilla flava feldegg).

Gebirgsstelze Motacilla cinerea

Familie Motacillidae Pieper und Stelzen	
Gesamtlänge 18–19 cm	
Flügelspann- weite 25–27 cm	
Gewicht 14–25 g	
Merkmale Färbung des Gefieders, Stimme, Lebensraum	
Europäische Population 622 000– 898 000 Paare	
Internationaler Artenschutz BERN 2	
Gewässer oder Sümpfe	

Die Gebirgsstelze fällt durch einen besonders langen Schwanz auf. Ihr Gefieder ist an der Unterseite gelblich, an der Oberseite grau gefärbt. Das Männchen zeigt im Sommer eine graue Oberseite, einen schwarzen Kehllatz, einen weißen Bart- und Überaugenstreif. Der Schwanz ist schwarz mit weißen Außenfedern. Im Winterkleid ist die Kehle weiß. Das Ruhekleid ist bei Männchen und Weibchen identisch.

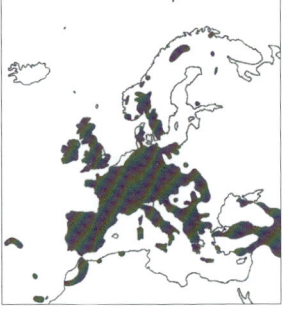

Verbreitung: Gebirgsstelzen sind **Teilzieher**, die in sechs Unterarten in Eurasien und Nordwestafrika vertreten sind. In Europa fehlt diese Art in weiten Teilen Skandinaviens, Russlands und der Ukraine. Die Vögel überwintern in Westeuropa, Ostafrika, in Arabien und im Fernen Osten.

Lebensraum: Diese Stelzenart brütet vorzugsweise an fließenden Gewässern wie etwa an Gebirgsbächen und Flüssen, gerne auch an Wasserfällen und an Mühlwehren. Manchmal ist sie aber auch an Seen und Teichen anzutreffen.

Biologie: Ab März bauen sich Gebirgsstelzen ihr Nest in Spalten und Nischen in Gewässernähe, wo das Weibchen für gewöhnlich 4–6 grau gefleckte, cremefarbene Eier ablegt. Sie werden abwechselnd von beiden Partnern 11–14 Tage bebrütet. Die Jungvögel fliegen nach 13–14 Tagen aus. Gebirgsstelzen bringen zwei Gelege im Jahr hervor. Die Vögel leben nicht gesellig und ernähren sich hauptsächlich von kleinen wirbellosen Tieren. Ihr Ruf ist ein scharfes „zississ", der Flug ist unregelmäßig wellenförmig. Auf Bäumen lassen sich Gebirgsstelzen nur selten nieder.

Besonderheiten: Am Boden wirkt diese Stelzenart stets unruhig, zumal sie fast ununterbrochen mit dem Schwanz wippt.

Bachstelze Motacilla alba

Diese elegante schlanke Stelzenart hat ein grau-schwarz-weißes Federkleid. Das Männchen weist eine weiße Unterseite und eine aschgraue Oberseite auf. Scheitel und Hinterkopf sind ebenso wie die Kehle und Vorderbrust schwarz gefärbt. Schnabel und Beine sind sehr dünn, der Schwanz ist lang und mit weißen Außenfedern versehen. Im Flug sind die schwärzlichen, hell gebänderten Flügel zu erkennen. Beim Weibchen sind die schwarzen Partien des Kopfes weniger ausgeprägt.

Familie	Motacillidae Pieper und Stelzen
Gesamtlänge	18 cm
Flügelspannweite	25–30 cm
Gewicht	16–27 g
Merkmale	Färbung des Gefieders, Stimme
Europäische Population	8–11,2 Millionen Paare
Internationaler Artenschutz	BERN 2
Siedlungsgebiete	

Verbreitung: Bachstelzen sind Teilzieher, die in elf Unterarten in Eurasien und Nordafrika (Marokko) bis nach Nordamerika vertreten sind. Die Vögel überwintern in Süd- und Westeuropa, in Afrika (südlich bis Kenia), im Mittleren Osten, in Indien und Südostasien. Die Anpassungsfähigkeit dieser Art geht so weit, dass diese Vögel in Tibet noch in über 4000 m ü. d. M. brüten.

Lebensraum: Die Bachstelze bevorzugt offene Landschaften, meistens in der Nähe von Gewässern. Darüber hinaus ist sie aber auch auf Wiesen, in Weinbergen sowie in Städten und Dörfern anzutreffen.

Biologie: Bachstelzen bauen ihr Nest in Bodennähe meist an Gewässern, aber auch in Baumhöhlen, auf Felsen oder unter Hausdächern. Ab Ende März legt das Weibchen dort ihre 4–6 gelblich gesprenkelten, grauen Eier, die von beiden Partnern 11–14 Tage bebrütet werden. Die Jungen sind Nesthocker und werden nach 13–14 Tagen flügge. Bachstelzen bringen zwei, manchmal sogar drei Gelege im Jahr hervor. Sie fliegen niedrig in Bogenlinien und lassen einen scharfen, durchdringenden Ruf ertönen, der wie ,,zilipp'' klingt. Als Nahrung dienen den Vögeln hauptsächlich Insekten und deren Larven.

Besonderheiten: Auf der Nahrungssuche folgt die Bachstelze häufig Weidetieren oder sucht Straßenränder nach Nahrung ab. Am Boden trippelt sie langsam dahin, während ihr Schwanz ständig auf und ab wippt, um dann mit tänzelnden Bewegungen hier und dort ein Insekt zu erbeuten.

Eine Bachstelze im Brutkleid. Oben: Zeichnung eines Fußabdrucks.

Wasseramsel Cinclus cinclus

Familie
Cinclidae
Wasseramseln

Gesamtlänge
18 cm

**Flügelspann-
weite**
25,5–30 cm

Gewicht
45–75 g

Merkmale
Form des
Nestes, Nah-
rungssuche,
charakteris-
tischer Flug,
Stimme

**Europäische
Population**
151 000–
231 000 Paare

**Internationaler
Artenschutz**
BERN 2

**Gewässer oder
Sümpfe**

Die Wasseramsel ist an ihrer rundlichen Gestalt, an ihrem dichten Gefieder und an den kurzen runden Flügeln zu erkennen. Auffallend ist auch der weiße Brustlatz, der rotbraun gesäumt ist, während die Flanken schiefergrau gefärbt sind. Die Geschlechter zeigen keine Unterschiede. Die Jungvögel sind an der Oberseite grau mit dunkler Wellenzeichnung, an der Unterseite weißlich mit feinen dunklen Querwellen.

Verbreitung: Wasseramseln leben großteils als Jahresvögel in circa einem Dutzend Unterarten in Eurasien und Nordwestafrika. In Europa brüten sie von Spanien und Irland ostwärts bis Russland und in die Türkei. Sie überwintern in ihren Brutgebieten oder etwas südlich davon.

Lebensraum: Die Wasseramsel brütet vorzugsweise an Gebirgsbächen und an rasch fließenden Flüssen. Im Winter lässt sie sich auch an Flüssen und Seen in den Ebenen nieder, in seltenen Fällen auch an Meeresküsten.

Biologie: Ab Ende Februar baut die Wasseramsel ihr kugelförmiges Nest in einer Felsspalte über dem Wasser, häufig unter Brücken oder Wasserfällen. Dort legt das Weibchen für gewöhnlich 4–5 weiße Eier ab, die hauptsächlich von ihm ca. 16 Tage bebrütet werden. Die Jungvögel sind Nesthocker und werden nach 20–24 Tagen flügge. Die Wasseramsel bringt ein bis zwei Gelege im Jahr hervor. Sie ist ein schneller Flieger und fliegt in

*Eine Wasseramsel bei ihrem Kugel-nest.
Oben: Eine Wasser-amsel, kurz bevor sie zur Nahrungs-suche ins Wasser abtaucht.*

einer niedrigen, geradlinigen Bahn knapp über dem Wasser dahin. Als Nahrung dienen ihr wasserlebende Insekten, kleine Fische, Weichtiere, Krebse, nach denen sie taucht, sowie Ringelwürmer und Samen. Stimmlich macht sie sich durch ein hohes „zit-zit" bemerkbar.

Besonderheiten: Die Wasseramsel ist hervorragend an ihre Lebensweise am Wasser angepasst. Sie schwimmt und taucht sehr geschickt und ist sogar imstande, am Grund der Gewässer zu laufen. Dabei setzt sie zur Fortbewegung ihre Flügel und Beine ein, während sie mit ihrem Schwanz steuert.

Zaunkönig Troglodytes troglodytes

Der Zaunkönig ist leicht an seiner geringen Größe und an seiner gedrungenen Körperform zu erkennen. Das Gefieder ist an der Oberseite dunkelbraun und schwarz gefärbt, an der Unterseite hellbraun gebändert. Der kurze Schwanz wird oft steil aufgerichtet. Beide Geschlechter sind gleich gefärbt.

Verbreitung: Zaunkönige sind in ca. 40 Unterarten in Eurasien, Nordafrika und Nordamerika verbreitet. In Europa sind diese Vögel beinahe überall heimisch – nur in Nordskandinavien fehlen sie. Nördliche Populationen überwintern südlich ihrer Brutgebiete. Zaunkönige leben in Europa als **Standvögel**, als **Teilzieher** und auch als echte **Zugvögel**.

Lebensraum: Der Zaunkönig ist in Wäldern aller Art ebenso beheimatet wie in Parkanlagen, in Gärten, auf Heiden und auf Ackerland. Sogar in Hochmooren und auf Küstenfelsen bzw. Felsinseln ist dieser Vogel anzutreffen.

Biologie: Ab April bauen Zaunkönige ihr kugelförmiges Nest mit einer seitlichen Eingangsöffnung. Dort legt das Weibchen für gewöhnlich 5–8 rot getupfte, weiße Eier ab, die von ihm ca. 16 Tage bebrütet werden. Die Jungvögel sind Nesthocker und werden nach 14–19 Tagen flügge. Zaunkönige bringen zwei Gelege im Jahr hervor. Der Vogel bewegt sich äußerst geschickt in Bodennähe durch das Gebüsch. Manchmal stößt er ein schnarrendes ,,zerr" sowie ein hartes Gicken aus. Darüber hinaus lässt er seinen lauten, schmetternden Gesang vernehmen, der in einem Triller endet. Als Nahrung dienen ihm hauptsächlich Insekten und deren Larven.

Besonderheiten: Das Männchen zeigt eine starke Verbundenheit mit seinem Brutterritorium, dessen Besitz er mit einem charakteristischen Gesang anzeigt. Um die Aufmerksamkeit eines Weibchens auf sich zu ziehen, baut das Männchen mehrere Kugelnester, die jedoch nicht vollendet werden und nur als Schlafstätten Verwendung finden. Eines dieser Nester wird später vom Weibchen zum Brutnest ausgebaut. Es kommt vor, dass ein Männchen sich mit zwei oder mehr Weibchen paart.

Familie
Troglodytidae
Zaunkönige

Gesamtlänge
9–10 cm

Flügelspann-weite
13–17 cm

Gewicht
7–12 g

Merkmale
geringe Größe, Färbung des Gefieders, Form des Nests, Stimme

Europäische Population
20–26 Millionen Paare

Internationaler Artenschutz
BERN 3

Wälder

Heckenbraunelle · *Prunella modularis*

Vom Gefieder her ähnelt diese Heckenbraunelle einem Sperling. Er weist einen dünnen Schnabel auf, der Körper ist an der Oberseite schwarz und braun gestreift, an der Unterseite und im Gesicht schiefergrau gefärbt. Die Flanken sind braun gestreift. Beide Geschlechter sind gleich gefärbt.

Verbreitung: Heckenbraunellen sind **Teilzieher** und in acht Unterarten in Eurasien verbreitet. In Europa reicht ihr Siedlungsraum von den gemäßigten Zonen bis nach Nordskandinavien und in die russische Tundra. Diese Spezies fehlt jedoch im Mittelmeerraum, in Island, Südrussland sowie in weiten Teilen der Ukraine. Von Deutschland westwärts ist die Heckenbraunelle als **Jahresvogel** das ganze Jahr über anzutreffen. Die skandinavischen und russischen Populationen überwintern im Mittelmeerraum bzw. in Nordafrika.

Lebensraum: Die Heckenbraunelle brütet vorzugsweise in lichten Wäldern mit dichtem Unterholz, in Hecken, Parkanlagen und in Gärten, aber auch in offenem, mit Sträuchern bewachsenem Hügelland.

Biologie: Die Heckenbraunelle errichtet ihr napfförmiges Nest aus Moos und Gras meistens in einem Busch knapp über dem Boden. Dort legt das Weibchen ab März für gewöhnlich 4–6 auffallend schön blaugrün gefärbte Eier ab, die von ihm 12–13 Tage bebrütet werden. Die Jungvögel sind Nesthocker und werden nach 11–12 Tagen flügge. Heckenbraunellen bringen zwei Gelege im Jahr hervor. Die Vögel sind sehr scheu und flüchten, sobald sie einen Menschen wahrnehmen, sofort ins dichte Gebüsch. Stimmlich macht sie sich durch ein pfeifendes „ziet" und ein blechernes „dididit" bemerkbar. Darüber hinaus zeichnet sie sich durch einen leisen auf- und absteigenden Gesang aus, der ein wenig an den Zaunkönig erinnert. Heckenbraunellen ernähren sich hauptsächlich von Insekten und Spinnen sowie von den Samen der Gräser und Kräuter.

Ähnliche Arten: Die **Alpenbraunelle** *(Prunella collaris)* ist etwas größer als die Heckenbraunelle. Ihre graubraune Oberseite ist schwarz gestreift, die Kehle ist weiß mit schwarzen Flecken. Ihre Flanken sind auffallend rotbraun gestreift. Die Alpenbraunelle lebt zur Brutzeit in größeren Höhen, kommt aber im Winter in die Täler herunter.

Rotkehlchen Erithacus rubecula

Das auffälligste Merkmal des Rotkehlchens ist wohl seine rostrote Färbung von Gesicht und Brust. Beim Altvogel ist die Oberseite khakibraun, die Unterseite hellbraun gefärbt. Die Jungvögel hingegen sind sowohl an ihrer Ober- als auch Unterseite kräftig hell und dunkel gefleckt. Beide Geschlechter sind gleich gefärbt.

Verbreitung: Rotkehlchen sind in acht Unterarten in Eurasien und Nordafrika verbreitet. In Europa reicht der Siedlungsraum dieser Spezies im Norden bis zum 63. Breitengrad. In Island und Nordskandinavien fehlt dieser Vogel ebenso wie an der spanischen Mittelmeerküste. Rotkehlchen überwintern meistens südlich ihrer Brutgebiete bis hin nach Nordafrika. Weitere Winterquartiere liegen im Mittleren Osten.

Lebensraum: Das Rotkehlchen bewohnt Wälder aller Art, vor allem solche mit reichlich Unterholz, darüber hinaus aber auch Hecken, Parks und Gärten. Vor allem im Winter ist dieser Vogel oft auch in städtischen Gartenanlagen anzutreffen.

Biologie: Sein napfförmiges Nest errichtet das Rotkehlchen immer gut versteckt am Boden, in einer Baumhöhle oder in einem Mauerloch. Dort legt das Weibchen ab Ende März 4–6 rötlich gesprenkelte, cremefarbene Eier, die von ihm ca. 14 Tage bebrütet werden. Die Jungvögel sind Nesthocker und werden nach 10–18 Tagen flügge. Rotkehlchen bringen zwei Gelege im Jahr hervor. Mit seinen relativ hohen Beinen bewegt es sich überaus geschickt am Boden. Sein typischer Ruf ist ein hart klingendes „tsik". Auffallend ist sein wohltönender Gesang, der aus hohen, flötenden Tönen und perlenden Strophen besteht. Rotkehlchen verhalten sich bei der Verteidigung ihrer Reviere recht aggressiv. Wenngleich es dabei selten zu Körperkontakt kommt, kommt es im Zuge von Auseinandersetzungen gelegentlich vor, dass ein Vogel den anderen zu Tode pickt. Die rostrote Brust, die besonders bei der Balz auffällig gezeigt wird, löst beim Nebenbuhler sofort feindseliges Verhalten aus und wirkt gleichzeitig auch einschüchternd. Als Nahrung dienen dem Rotkehlchen vor allem Insekten.

Ähnliche Arten: Der Blauschwanz *(Tarsiger cyanurus)* ist an seiner blauen Oberseite, an den orangefarbenen Flanken und an der weißen Unterseite zu erkennen. Diese Art brütet im Nordosten Europas und in Asien.

Familie	Turdidae Drosselvögel
Gesamtlänge	14 cm
Flügelspannweite	20–22 cm
Gewicht	11–23 g
Merkmale	Färbung des Gefieders, aggressives Verhalten, Stimme
Europäische Population	32–43 Millionen Paare
Internationaler Artenschutz	SPEC 4 BERN 2 BONN 2
Wälder	

Nachtigall   Luscinia megarhynchos

Familie	
Turdidae	
Drosselvögel	

Gesamtlänge
16,5 cm

**Flügelspann-
weite**
23–26 cm

Gewicht
14–36 g

Merkmale
Gesang

**Europäische
Population**
3–4,6 Millionen
Paare

**Internationaler
Artenschutz**
SPEC 4
BERN 2
BONN 2

Bäume

Mit ihren robusten Beinen und ihren kurzen Flügeln, welche beide die Fortbewegung im dichten Gestrüpp erleichtern, ist die Nachtigall ein typischer Bewohner des Strauchdickichts. Ihr Federkleid ist an der Oberseite rötlich braun mit leuchtend rotbraunem Schwanz, an der Unterseite hellbräunlich bis cremefarben gefärbt. Der Schnabel ist relativ lang und dünn. Beide Geschlechter sind gleich gefärbt.

Verbreitung: Nachtigallen sind **Langstreckenzieher**, die in drei Unterarten in Eurasien und Nordafrika vertreten sind. In Europa reicht ihr Siedlungsgebiet im Norden bis zum 54. Breitengrad. Ihre Winterquartiere liegen in der Sahelzone Afrikas.

Lebensraum: Die Nachtigall bewohnt bevorzugt Wälder mit dichtem Unterholz und Gestrüpp, dichte Hecken, Buschland, Auwälder, Parks mit reichlich Büschen sowie Dickichte an Gewässern.

Biologie: Ihr Nest errichtet die Nachtigall entweder direkt am Boden oder knapp darüber im Dickicht. Ab April werden hier vom Weibchen für gewöhnlich 4–5 olivgrüne, manchmal auch rötlich gefleckte Eier abgelegt. Sie werden von ihm ca. 13 Tage bebrütet. Die Jungvögel sind Nesthocker und nach 11 Tagen flügge. Nachtigallen bringen ein bis zwei Gelege im Jahr hervor. Die Vögel halten sich vorwiegend im Dickicht auf, in dem sie sich geschickt bewegen und nach Nahrung stöbern. Nachtigallen singen bei Tag und bei Nacht. Ihr lauter, schmetternder Gesang ist überaus melodiös und besteht aus vielen Strophen; besonders bemerkenswert ist das Crescendo mit hohen Pfeiflauten. Nachtigallen ernähren sich hauptsächlich von Insekten und deren Larven, aber auch von anderen wirbellosen Tieren sowie von Beeren.

Ähnliche Arten: Der Sprosser *(Luscinia luscinia)* ist im Vergleich zur Nachtigall weniger rötlich, sondern eher olivbraun gefärbt. Außerdem weist diese Art graue Flecken auf der Brust auf. Der Sprosser ist als Sommervogel von Südskandinavien ostwärts über Polen, Russland und die Ukraine bis in den Süden Mittelsibiriens beheimatet. Den Winter verbringen Sprosser in Ostafrika.

Blaukehlchen Luscinia svecica

Das Blaukehlchen ist vor allem an seiner leuchtend blauen Kehle und an der roten Schwanzbasis zu erkennen. Die Geschlechter zeigen deutliche Unterschiede im Gefieder: Das Männchen zeigt im Sommer eine blaue Kehle, die unten von einem schwarzen und roten Band gesäumt ist und die nach oben bis zum Schnabel reicht. Man unterscheidet die mitteleuropäische Unterart dieses Vogels, die sich durch einen weißen Kropffleck auszeichnet, und die nordeuropäische Unterart *(Bild unten)*, bei der dieser sogenannte „Stern" rostfarben ist. Das Weibchen hat keine blaue Brust, sondern eine weiße Kehle mit dunklem Bartstreif. Im Winter wird die blaue Kehle von den weißen Federn verdeckt.

Verbreitung: Blaukehlchen sind in circa neun Unterarten in Eurasien verbreitet. In Europa brütet die weißsternige Unterart von Frankreich bis Mitteleuropa, während die rotsternige Unterart von Skandinavien ostwärts brütet. Die westlichen Populationen überqueren im Herbst in einer breiten Front das Mittelmeer und die Sahara, während die östlichen Populationen den Winter in Indien und Pakistan verbringen.

Lebensraum: Das Blaukehlchen brütet in buschbestandenen Feuchtgebieten und in sumpfigem Gelände ebenso wie in der Tundra, auf Bergwiesen, in feuchten Steppenlandschaften und an trockenen, steinigen Hängen.

Biologie: Das Weibchen errichtet das Nest gut versteckt am Boden oder dicht darüber und legt dort ab Ende April für gewöhnlich 5–6 rot gefleckte, blaugrüne Eier ab, die es 13–14 Tage lang bebrütet. Die Jungvögel sind Nesthocker und verlassen das Nest nach circa zwei Wochen. Das Blaukehlchen bringt ein bis zwei Gelege im Jahr hervor. Sein Ruf ist ein hartes „tik-tik", daneben lässt es aber auch ein weiches „uit" vernehmen. Die Nahrung dieser Vögel wird hauptsächlich von Insekten gebildet.

Besonderheiten: Während der Balz lässt das Männchen seinen lauten, perlenden Gesang vernehmen, der oft auch Imitationen anderer Vogelstimmen und Grillengezirpe enthält. Oft trägt er sein Lied während des Balzflugs vor. Darüber hinaus wirbt das Männchen um seine eventuelle Partnerin, indem es den Schwanz anhebt und ihn fächerartig öffnet. Dabei senkt es die Flügel und stellt seine blaue Kehle auffallend zur Schau.

Familie	Turdidae Drosselvögel
Gesamtlänge	14 cm
Flügelspannweite	20–22,5 cm
Gewicht	15–25 cm
Merkmale	Färbung des Gefieders, blaue Kehle, Gesang
Europäische Population	ca. 800 000 Paare
Internationaler Artenschutz	EEC 1 BERN 2 BONN 2
Wiesen	

Hausrotschwanz Phoenicurus ochruros

Familie Turdidae Drosselvögel	
Gesamtlänge 14,5 cm	
Flügelspannweite 23–26 cm	
Gewicht 12–22 g	
Merkmale Färbung des Gefieders, Stimme	
Europäische Population 3,5–6 Millionen Paare	
Internationaler Artenschutz BERN 2 BONN 2	
Felsen	

Dieser Vogel ist an seinem aschgrauen Federkleid und an dem leuchtend ziegelroten Schwanz zu erkennen. Die Geschlechter zeigen deutliche Unterschiede: Das Männchen ist überwiegend schwarzgrau mit dunklerer Kehle und Vorderbrust sowie einer weißen Flügelmarkierung. Im Winter nimmt das Gefieder einen grauen Farbton an. Das Weibchen ist überwiegend graubraun gefärbt.

Verbreitung: Der Hausrotschwanz ist in sieben Unterarten in Eurasien und Nordwestafrika (Marokko) verbreitet. In Europa reicht sein Brutgebiet von Südengland und Portugal ostwärts bis zur Ostsee und in die Ukraine. Nördlich des 55. Breitengrades ist der Hausrotschwanz nicht mehr anzutreffen. Dank ihrer Anpassungsfähigkeit, die sie sogar in die Städte geführt hat, konnte sich diese Spezies zunehmend neue Brutgebiete erschließen, sodass diese Vögel mittlerweile auch in England und Norwegen heimisch sind. Sie überwintern in Süd- und Westeuropa sowie in Nord- und Ostafrika.

Lebensraum: Der Hausrotschwanz ist in felsigem Gelände bis ins Hochgebirge und in Weinbergen ebenso anzutreffen wie in Gärten von Dörfern und Städten, wo er sich gerne in alten Gebäuden niederlässt. Den Winter verbringt er u. a. auch an Seeufern und Meeresküsten.

Biologie: Ab April legt das Weibchen in einem Nest in einer Erdhöhle oder in einem Felsspalt 4–6 weiße Eier ab, die von ihm 13–17 Tage bebrütet werden. Die Jungvögel sind Nesthocker und werden nach 12–20 Tagen flügge. Der Hausrotschwanz bringt zwei Gelege im Jahr hervor. Er ernährt sich vorwiegend von Insekten, die er am Boden oder im Flug fängt. Im Herbst wird seine Ernährung durch Beeren bereichert.

Besonderheiten: Das Männchen lässt von einer erhöhten Warte aus seinen kurzen Gesang vernehmen, der aus einem rauen Triller sowie einem zischend hervorgepressten Kratzen besteht.

Ein Hausrotschwanz im Nest mit den Jungen. Oben: Ein Jungvogel.

Gartenrotschwanz   Phoenicurus phoenicurus

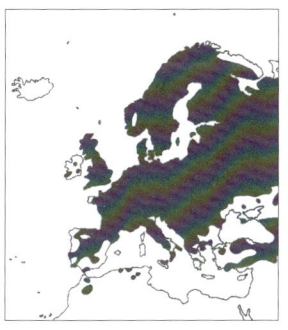

Der kleine Gartenrotschwanz ist vor allem an seinen leuchtend rostroten Schwanzfedern zu erkennen. Beim Männchen *(Bild unten)* sind Kropfgegend und Vorderbrust ziegelrot, Rücken, Flügel und Hinterkopf hingegen grau gefärbt. Charakteristisch ist die schwarze Gesichtsmaske, die bis zur Kehle reicht; die Stirn ist weiß. Das Weibchen ist an der Oberseite graubraun, an der Unterseite rötlich grau gefärbt. Das Ruhekleid ist weniger kontrastreich.

Verbreitung: Gartenrotschwänze sind **Langstreckenzieher**, die in zwei Unterarten in Eurasien und Nordafrika heimisch sind. In Europa ist diese Spezies von Großbritannien und Spanien ostwärts bis über den Ural verbreitet. Die Vögel ziehen im Nonstopflug in breiter Front über das Mittelmeer und die Sahara, um den Winter in der Sahelzone zu verbringen.

Lebensraum: Der Gartenrotschwanz lebt vorzugsweise in lichten Wäldern, an Waldrändern, in Heiden und Heckenlandschaften, aber auch in Obstgärten und in Parks.

Biologie: In einer Baumhöhle, einem Mauerloch oder auch in einem Nistkasten errichtet der Gartenrotschwanz sein Nest, in das ab Ende April 5–7 hellblaue Eier gelegt werden. Diese werden vom Weibchen 12–14 Tage bebrütet. Die Jungen werden nach 14–15 Tagen flugfähig. Der Gartenrotschwanz bringt zwei Bruten im Jahr hervor. Eine seiner Eigenheiten ist es, dass er ständig mit dem Schwanz auf und ab wippt. Der Ruf dieses Vogels klingt wie „hüid"; sein vielseitiger Gesang beginnt mit kurzen Flötentönen, gefolgt von kurzen Trillern. Die Nahrung des Gartenrotschwanzes besteht hauptsächlich aus Insekten.

Bestände: Wegen der Eingriffe in seine Lebensräume sowie der ungünstigen Bedingungen in den afrikanischen Winterquartieren (Trockenheit, Einsatz von Pestiziden) nehmen die Bestände in weiten Teilen der europäischen Brutgebiete in besorgniserregendem Ausmaß ab.

Familie
Turdidae
Drosselvögel

Gesamtlänge
14 cm

Flügelspannweite
20,5–24 cm

Gewicht
10–20 g

Merkmale
Färbung des Gefieders, Stimme

Europäische Population
1,9–3,3 Millionen Paare

Internationaler Artenschutz
SPEC 2
BERN 2
BONN 2

Wälder

Braunkehlchen   Saxicola rubetra

Familie Turdidae Drosselvögel	
Gesamtlänge 12,5 cm	
Flügelspann- weite 21–24 cm	
Gewicht 10–27 g	
Merkmale Färbung des Gefieders, Stimme, Brutgebiete	
Europäische Population 2,4–3 Millionen Paare	
Internationaler Artenschutz SPEC 4 BERN 2 BONN 2	
Wiesen	

Vom Schwarzkehlchen unterscheidet sich das Braunkehlchen unter anderem durch seinen weißen Überaugenstreif und die weiße Basis an den äußeren Schwanzfedern. Die Geschlechter sind unterschiedlich gefärbt. Das Männchen ist an der Oberseite schwarz und braun gemustert und an der Unterseite rötlich braun getönt. Das Weibchen ist heller und hat einen schwächer ausgeprägten Überaugenstreif. Die Jungvögel ähneln dem Weibchen, allerdings sind sie stärker gefleckt.

Verbreitung: Braunkehlchen sind **Langstrecken-zieher**, die in weiten Teilen Eurasiens als Brutvögel verbreitet sind. Sie sind im gemäßigten Europa heimisch, fehlen jedoch in weiten Teilen des Mittelmeerraumes. Braunkehlchen überqueren im Herbst in breiter Front das Mittelmeer und die Sahara, um in den Savannen Afrikas zu überwintern.

Lebensraum: Braunkehlchen bewohnen bevorzugt offenes Heideland, Wiesen und Weiden, aber auch Moorlandschaften mit einzelnen Büschen oder hohen Stauden.

Biologie: Zwischen Mitte April und Juni legt das Weibchen in ein Nest am Boden, welches im Gras oder Gebüsch angelegt wird, 4–7 blaugrüne, rotbraun gesprenkelte Eier, die von ihm 12–13 Tage bebrütet werden. Die Jungvögel sind Nesthocker und fliegen nach 12–13 Tagen aus. Das Braunkehlchen bringt ein bis zwei Gelege im Jahr hervor. Es sucht mit Vorliebe erhöhte Sitzwarten auf Büschen und Stauden auf, um von dort Ausschau nach Beute zu halten, die hauptsächlich aus Insekten besteht. Sein Ruf ist ein hartes „tik-tik"; außerdem bringt es ein kurzes Lied aus kratzenden und pfeifenden Lauten hervor.

Besonderheiten: Nachdem das Braunkehlchen ein Insekt am Boden, in der Luft oder auf einer Blüte erbeutet hat, kehrt es wieder auf seine Sitzwarte zurück oder sucht eine andere Warte auf, von der es aufs Neue Ausschau hält.

Schwarzkehlchen *Saxicola torquata*

Das Schwarzkehlchen ist in Eurasien weit verbreitet. Beim Männchen sind Kopf und Kehle schwarz; die Oberseite ist schwarzbraun, die Unterseite lebhaft rostbraun gefärbt. Auffallend sind die weißen Halsseiten sowie ein weißer Streifen an den Flügeln. Das Weibchen ist unscheinbarer gefärbt; es zeigt keinen weißen Hals, aber einen braun gefleckten Kopf. Im Winterkleid sind die Unterschiede schwächer ausgeprägt.

Verbreitung: Schwarzkehlchen sind in ca. 24 Unterarten in Eurasien und Afrika verbreitet. Die Spezies ist im gemäßigten Europa Brutvogel und nur in Skandinavien und in weiten Teilen Russlands nicht anzutreffen. Von Deutschland ostwärts ist das Schwarzkehlchen nur als **Sommervogel** vertreten. Seine Winterquartiere liegen in Westeuropa und im Mittelmeerraum.

Lebensraum: Das Schwarzkehlchen bewohnt bevorzugt offenes steiniges Gelände mit vereinzelten Büschen und Bäumen, Heideland, Brachland, Weinberge und Wiesen.

Biologie: Diese Spezies nistet in einer Bodenvertiefung oder in einem Busch, wo im Nest ab März für gewöhnlich 4–6 bläuliche, rotbraun gefleckte Eier abgelegt werden, die das Weibchen 13–14 Tage bebrütet. Die Jungvögel sind Nesthocker und werden nach 12–16 Tagen flügge. Das Schwarzkehlchen bringt zwei, gelegentlich auch drei Bruten im Jahr hervor. Seinen melodischen Gesang, der sich aus unregelmäßigen, schnell wiederholten Tönen zusammensetzt, lässt dieser Vogel im Singflug oder von einer erhöhten Warte aus ertönen. Darüber hinaus stößt er zuweilen einen scharfen, wie „tschak-tschak" klingenden Ruf aus. Das Schwarzkehlchen lässt sich mit Vorliebe auf einem 1–1,5 m hohen Ansitz nieder, von wo es die Umgebung beobachtet und nach Beute Ausschau hält. Auf Störung reagiert es mit rhythmischen Bewegungen des Schwanzes. Es ernährt sich hauptsächlich von Insekten, darüber hinaus aber auch von kleinen Wirbeltieren, wie z. B. Eidechsen, Samen und Beeren.

Bestände: In einigen europäischen Ländern gehen die Bestände des Schwarzkehlchens zurück, was auf Eingriffe in die natürlichen Lebensräume sowie ungünstige Bedingungen in den Winterquartieren zurückzuführen ist.

Familie	Turdidae, Drosselvögel
Gesamtlänge	12,5 cm
Flügelspannweite	18–21 cm
Gewicht	11–17 g
Merkmale	Färbung des Gefieders, Gesang
Europäische Population	1,1–2,1 Millionen Paare
Internationaler Artenschutz	SPEC 3, BERN 2, BONN 2
Wiesen	

Steinschmätzer Oenanthe oenanthe

Familie
Turdidae
Drosselvögel

Gesamtlänge
14,5–15,5 cm

**Flügelspann-
weite**
26–32 cm

Gewicht
15–34 g

Merkmale
Schwanz-
muster, Stimme

**Europäische
Population**
2,5–3,7
Millionen
Paare

**Internationaler
Artenschutz**
BERN 2
BONN 2

Wiesen

Der Steinschmätzer ist u. a. an seinem weiß gefärbten Schwanz zu erkennen, der ein verkehr-
tes schwarzes „T" zeigt. Die Geschlechter sind
recht unterschiedlich gefärbt: Das Männchen
(Bild unten) ist an der Oberseite taubengrau
mit schwarzen Flügeln und einer schwarzen
Gesichtsmaske. Die Unterseite ist cremefarben.
Das Ruhekleid des Männchens ist eher bräunlich
und ähnelt damit dem Gefieder des Weibchens,
das zu allen Jahreszeiten bräunlich getönt ist.
Das Gefieder des Jungvogels gleicht dem Weibchen, ist aber an der Oberseite und an der Brust
dunkel „geschuppt".

Verbreitung: Steinschmätzer sind **Langstreckenzieher**, die in vier Unterarten in
Eurasien, Nordamerika und in Nordwestafrika als Brutvögel heimisch sind. Die
Spezies ist in weiten Teilen Europas und von Russland über den Mittleren Osten bis
zur Beringstraße und nach Alaska anzutreffen. Auf ihrer herbstlichen Wanderung
in die Winterquartiere überqueren die Vögel in breiter Front das Mittelmeer und die
Sahara, um in der Sahelzone bzw. in Ostafrika zu überwintern.

Lebensraum: Der Steinschmätzer brütet vor allem in offenem steinigem Gelände
mit geringer Vegetation, aber auch in Heiden, Mooren, Halbwüsten und an Kies-
stränden. Sein Siedlungsgebiet reicht von der Ebene bis ins Hügel- und Bergland
hinauf.

Biologie: Der Steinschmätzer errichtet sein Nest in einem Mauerloch, einer Felsspalte
oder in einer Erdhöhle zwischen den Felsen. Dort legt das Weibchen ab April 4–7
hellblaue Eier, die von ihm ca. 13 Tage lang bebrütet werden. Die Jungvögel verlassen
das Nest nach 10–16 Tagen. Der Steinschmätzer bringt ein, manchmal auch zwei
Gelege im Jahr hervor. Sein Ruf ist ein hohes „jiw" sowie ein schnalzendes „täck-
täck". Seinen kurzen kratzenden Gesang lässt er meistens im Flug ertönen. Er ernährt sich überwiegend von Insekten.

Besonderheiten: Während der Balz hüpft das Männchen aufgeregt um das Weibchen
herum und spreizt dabei seinen Schwanz, um dabei das schwarz-weiße Muster zur
Schau zu stellen.

Ähnliche Arten: Der Isabellsteinschmätzer *(Oenanthe isabellina)* weist eine sand-
farbene Oberseite und eine cremefarbene Unterseite auf. Er ist etwas größer als
der Steinschmätzer, zeigt eine auffallend aufrechte Körperhaltung und fällt durch
lange Beine auf. Der Isabellsteinschmätzer ist als Sommervogel von Griechenland
über die Türkei und die Ukraine bis nach Ostsibirien anzutreffen.

Steinrötel Monticola saxatilis

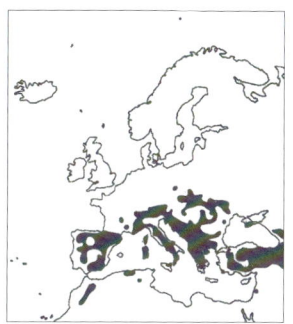

Dieser seltene Drosselvogel von der Größe eines Stars ist an seinem rotbraunem Schwanz zu erkennen. Die Geschlechter zeigen deutliche Unterschiede: beim Männchen *(Bild unten)* sind Kopf, Vorderrücken und Hals hell blaugrau gefärbt. Die Unterseite ist ziegelrot, der hufeisenförmige Bürzel weiß. Das Weibchen ähnelt dem Männchen im Ruhekleid; es ist hellbraun gefärbt und mit halbmondförmigen dunklen Flecken gezeichnet.

Verbreitung: Steinrötel sind **Langstreckenzieher**, die in Eurasien und Nordwestafrika verbreitet sind. In Europa ist die Spezies vor allem in Spanien, Italien und Südosteuropa, u. a. auch in den Alpen und Karpaten als Brutvogel anzutreffen. Die europäischen Populationen überqueren im Herbst in breiter Front die Sahara, um in der Sahelzone zu überwintern.

Lebensraum: Steinrötel bevorzugen vor allem felsige Berghänge und Steilwände mit vereinzelten Bäumen als Lebensraum; darüber hinaus sind sie auch in Weinbergen und in der Nähe von Ruinen anzutreffen.

Biologie: Als Nistplätze dienen dem Steinrötel Felsspalten und Mauerlöcher. Dort legt das Weibchen ab Mai 4–5 bläuliche Eier ab, die von ihm 14–15 Tage bebrütet werden. Die Jungvögel verlassen das Nest nach etwa zwei Wochen. Steinrötel bringen nur ein Gelege im Jahr hervor. Sie sind scheue Vögel, die man am ehesten während der Balz zu Gesicht bekommt, wenn sie ihren laut flötenden, wohlklingenden Gesang erschallen lassen. Die Nahrung finden Steinrötel am Boden, wo sie ihre Beute, verschiedene wirbellose Tiere, entweder erjagen oder unter Steinen aufstöbern, sie verschmähen aber auch Beeren nicht.

Besonderheiten: Während der Balz beginnt das Männchen auf seiner Sitzwarte mit dem Gesang und steigt dann mit kräftigen Flügelschlägen steil empor. Wenn der Gesang den Höhepunkt erreicht, gleitet er ein Stück, imitiert noch rasch andere Vogelstimmen, und gleitet dann mit ausgebreiteten Flügeln stumm herab.

Bestände: In weiten Teilen der europäischen Brutgebiete nehmen die Bestände des Steinrötels ab, was vor allem auf die Eingriffe in ihre natürlichen Lebensräume hauptsächlich in den afrikanischen Winterquartieren dieser Vögel zurückzuführen ist.

Familie	Turdidae Drosselvögel
Gesamtlänge	18,5 cm
Flügelspannweite	33–37 cm
Gewicht	40–70 g
Merkmale	Färbung des Gefieders, Gesang
Europäische Population	32 000–45 000 Paare
Internationaler Artenschutz	SPEC 3 BERN 2 BONN 2
Felsen	

Ringdrossel Turdus torquatus

Die Ringdrossel ist vor allem an dem halbmondförmigen weißen Fleck auf ihrer Brust zu erkennen. Die Geschlechter zeigen gewisse
Unterschiede: Das Männchen *(Bild unten)* ist
schwärzlich mit breitem weißem Brustfleck. Die
Flügel zeigen eine leichte silbrige Tönung. Das
Weibchen ist etwas bräunlicher gefärbt und
zeigt einen schwächer ausgeprägten Brustfleck. Die Unterseite ist leicht schuppenartig
gezeichnet, die Kehle dunkel gestrichelt.

Verbreitung: Ringdrosseln sind in drei Unterarten
als Sommervögel in den Hoch- und Mittelgebirgen
Europas bis in den Mittleren Osten beheimatet.
In Europa brütet die Spezies in Nordspanien, Großbritannien, Irland, Skandinavien,
in den Alpen, dem Apennin, den Karpaten und im Balkan. Die westeuropäischen
Populationen ziehen nach Spanien und Nordafrika, wo sie ebenfalls Gebirgsregionen
aufsuchen.

Lebensraum: Die Ringdrossel bewohnt vorzugsweise Nadelwälder und felsige Hänge
im Gebirge, oft in der Nähe der Baumgrenze, sowie felsiges, von Büschen durch-
setztes Gelände. In Großbritannien und Norwegen bewohnt sie Moore.

Biologie: Zwischen April und Juni legt die Ringdrossel in ein Nest nahe am Boden in
den Büschen oder in einer Felsspalte versteckt 4–5 braun gefleckte, blaue Eier, die
vom Weibchen 12–14 Tage bebrütet werden. Die Jungvögel verlassen das Nest nach
14–16 Tagen. Die Ringdrossel bringt ein bis zwei Gelege im Jahr hervor. Sie ist ein
überaus vorsichtiger Vogel, der bei der geringsten Störung seinen hölzernen Ruf
ausstößt und in raschem Flug das Weite sucht. Ihr rauer Gesang stellt eine Wieder-
holung von klagenden Lauten dar, die wie ,,trü-trü-trü'' klingen. Sie bewegt sich
sehr geschickt am Boden, wo sie nach Insekten und Würmern sucht. Im Spätsommer und Herbst ernährt sie sich aber auch von Beeren und anderen Früchten.

Amsel *Turdus merula*

Die Amsel ist eine in Europa besonders weitverbreitete und häufige Art. Das Männchen ist schwarz gefärbt und weist einen leuchtend orangegelben Schnabel sowie einen Augenring auf. Das Weibchen ist bräunlicher und zeigt einen hornfarbenen Schnabel. Die Jungvögel sind an der braunen Oberseite hell gestrichelt, an der Unterseite hell und dunkel geschuppt.

Verbreitung: Amseln sind mit ca. 15 Unterarten in Eurasien und Nordafrika heimisch. Auch in Australien und Neuseeland wurde diese Art eingeführt. In Europa reicht ihr Siedlungsgebiet nach Norden bis zum 65. Breitengrad. Skandinavische Populationen ziehen zum Überwintern nach Großbritannien, Irland und Westfrankreich, während Vögel im Herbst aus Deutschland und weiter östlichen Gebieten nach Frankreich, auf die Iberische Halbinsel und nach Italien abwandern.

Lebensraum: Die Amsel ist in Wäldern aller Art, in Hecken und Mooren ebenso anzutreffen wie in den Gärten und Parks von Städten und Dörfern.

Biologie: Die Amsel baut ihr napfförmiges Nest aus Gras und feuchter Erde in einem Baum, einem Busch, einer Mauernische oder direkt am Boden. Ab März legt das Weibchen dort für gewöhnlich 3–5 braun gesprenkelte, bläuliche Eier ab, die von ihm 12–14 Tage bebrütet werden. Die Jungvögel werden nach ca. 13 Tagen flügge. Amseln bringen zwei bis drei Gelege im Jahr hervor. Sie sind wendige Flieger und fliegen im Allgemeinen niedrig und geradlinig mit kräftigen,

unregelmäßigen Flügelschlägen. Die Amsel verfügt über ein breites stimmliches Repertoire, das für die Verständigung innerhalb der Art von großer Bedeutung ist; so wird etwa bei Gefahr ein harter Alarmruf ausgestoßen. Der melodische Gesang besteht aus flötenden Strophen, in die immer wieder kurze schrille Laute eingebaut werden. Als Nahrung dienen der Amsel vor allem Regenwürmer, Insekten und andere wirbellose Tiere, darüber hinaus auch Samen und Beeren. Sie isst aber auch Essensreste des Menschen.

Familie	Turdidae Drosselvögel
Gesamtlänge	24–25 cm
Flügelspannweite	34–38,5 cm
Gewicht	60–150 g
Merkmale	Färbung des Gefieders, Gesang
Europäische Population	37–54 Millionen Paare
Internationaler Artenschutz	SPEC 4 EEC 2 BERN 3 BONN 2

Siedlungsgebiete

Ein Jungvogel. Oben: Eine männliche Amsel in ihrem typischen schwarzen Federkleid.

Wacholderdrossel   Turdus pilaris

Familie Turdidae Drosselvögel	
Gesamtlänge 25,5 cm	
Flügelspann- weite 39–42 cm	
Gewicht 75–140 g	
Merkmale Färbung des Gefieders, Stimme, geselliges Verhalten	
Europäische Population 5,1–7,4 Millionen Paare	
Internationaler Artenschutz SPEC 4 EEC 2 BERN 3 BONN 2	
Bäume	

Die relativ große Wacholderdrossel weist einen grauen Kopf, einen grauen Bürzel und einen kastanienbraunen Rücken auf. Der Bauch ist weiß gefärbt, die Brust ockerfarben mit schwärzlicher Längsstreifung. Beide Geschlechter sind gleich gefärbt.

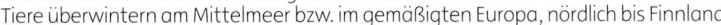

Verbreitung: Wacholderdrosseln sind **Teilzieher**, die in großen Teilen Eurasiens als Brutvögel heimisch sind. In Europa sind diese Vögel vor allem im Norden und Osten bis zum Nordkap vertreten. In der jüngsten Vergangenheit hat sich diese Spezies zunehmend auch in Westeuropa und auf den Britischen Inseln angesiedelt. Die Tiere überwintern am Mittelmeer bzw. im gemäßigten Europa, nördlich bis Finnland.

Lebensraum: Die Wacholderdrossel bewohnt bevorzugt Randgebiete und Lichtungen von Nadel- und Birkenwäldern, meistens in der Nähe von Flüssen. Sie ist aber auch in Parks und Gärten von Ortschaften anzutreffen. Den Winter überdauert sie gerne im offenen Gelände auf Feldern, die von Hecken umsäumt sind.

Biologie: Diese Drosselart brütet häufig in kleinen Kolonien. Ihr napfförmiges Nest aus Gras und Wurzeln, das innen mit Lehm verstärkt wird, errichtet sie meistens in einer großen Astgabel. Ab April werden dort vom Weibchen für gewöhnlich 5–6 grünlich blaue, rötlich gefleckte Eier abgelegt, die es ca. 12 Tage bebrütet. Die Jungvögel verlassen das Nest nach 12–15 Tagen. Es werden ein bis zwei Gelege im Jahr angelegt. Vor allem im Winter leben Wacholderdrosseln überaus gesellig und bilden individuenreiche Scharen, die kaum zu überhören sind, wenn sie auf Nahrungssuche die Gegend durchstreifen. Die Wacholderdrossel zeigt einen geradlinigen, wenn auch nicht allzu schnellen Flug, bei dem sich rasche Flügelschläge mit kurzen Gleitphasen abwechseln. Ihr Ruf ist ein raues ,,tschak'', ihr Gesang ein gepresstes Zwitschern, das oft im Flug ausgestoßen wird. Sie ernährt sich im Sommer von Insekten und Würmern, im Herbst und Winter von Früchten.

Besonderheiten: Die Wacholderdrosseln breiteten sich vor vielen Jahren von Sibirien nach Westen aus und siedelten sich nach und nach in weiten Teilen Europas an. Im Jahr 1937 erreichten sie sogar Grönland, als eine Gruppe von norwegischen Vögeln auf ihrer Wanderung nach England von starken Winden zu der Insel verdriftet wurde.

Singdrossel Turdus philomelos

Diese eher zierliche Drosselart ist an der Oberseite olivbraun gefärbt, an der Unterseite weißlich mit kräftigen schwarzen Flecken an Brust und Flanken. Das Brustgefieder ist außerdem leicht ockerfarben getönt, die Unterflügel sind ebenfalls ockerfarben. Beide Geschlechter sind gleich gefärbt.

Verbreitung: Singdrosseln sind **Teilzieher**, die in vier Unterarten in Eurasien heimisch sind. Sie brüten von Nordspanien bis nach Skandinavien und ostwärts bis Sibirien. Die Spezies fehlt als Brutvogel in Island, an den Mittelmeerküsten und in weiten Teilen der Iberischen Halbinsel sowie Griechenlands. Die Populationen aus dem Norden und Osten ziehen im Herbst auf die Iberische Halbinsel und in den Mittelmeerraum, aber auch nach Großbritannien, Irland, Frankreich und Nordafrika, um dort zu überwintern.

Lebensraum: Die Singdrossel bevorzugt als Lebensraum Wälder aller Art und zwar von der Ebene bis in die Bergregionen. In Mittel- und Westeuropa brütet sie auch in Gärten und Parks. In ihren Winterquartieren sucht sie häufig Olivenhaine und Weinberge auf.

Biologie: Schon im März lässt die Singdrossel ihren melodischen Gesang ertönen, mit dem die Männchen um eine Partnerin werben. Ihr mit Lehm ausgekleidetes Nest, in dem für gewöhnlich 3–5 blaugrüne, rotbraun gesprenkelte Eier gelegt werden, errichten diese Vögel in einem Baum. Sie werden vom Weibchen ca. 13 Tage bebrütet. Die Jungvögel verlassen das Nest nach 11–17 Tagen. Die Singdrossel bringt zwei, manchmal auch drei Bruten im Jahr hervor. Die Vögel ernähren sich von Würmern, Insekten, Schnecken und Beeren. In ihrem lauten, melodischen Gesang wiederholen sich Flötenpfiffe und zwitschernde Laute.

Besonderheiten: Das Nest der Singdrossel ist ein robuster Napf, dessen Wände durch Speichel, Holzstücke und mit Erde verstärkt sind. Interessant ist auch die Gewohnheit dieser Vögel, zum Aufschlagen von Schneckengehäusen einen Stein – die sogenannte „Drosselschmiede" – als Amboss zu verwenden.

Familie	Turdidae Drosselvögel
Gesamtlänge	23 cm
Flügelspannweite	33–36 cm
Gewicht	42–100 g
Merkmale	Färbung des Gefieders, Gesang, „Drosselschmiede"
Europäische Population	14–18 Millionen Paare
Internationaler Artenschutz	SPEC 4 EEC 2 BERN 3 BONN 2
Wälder	

Misteldrossel *Turdus viscivorus*

Familie Turdidae Drosselvögel
Gesamtlänge 27 cm
Flügelspann-weite 42–47,5 cm
Gewicht 95–165 g
Merkmale Färbung des Gefieders, Stimme
Europäische Population 2,2–3,1 Millionen Paare
Internationaler Artenschutz SPEC 4 EEC 2 BERN 3 BONN 2
Bäume

Diese größte aller europäischen Drosselarten ähnelt der Singdrossel, unterscheidet sich aber von dieser durch ihren etwas längeren Schwanz, die weißen Unterflügel sowie den generell etwas helleren bzw. graueren Farbton. Die Oberseite ist graubraun, die weißliche Unterseite zeigt eine grobe schwarze Fleckung. Charakteristisch sind die weißen Spitzen der äußeren Schwanzfedern. Beide Geschlechter sind gleich gefärbt.

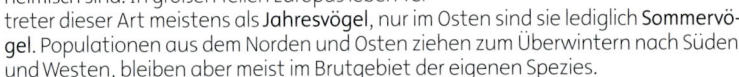

Verbreitung: Misteldrosseln sind **Teilzieher**, die in drei Unterarten in Eurasien und Nordwestafrika heimisch sind. In großen Teilen Europas leben Vertreter dieser Art meistens als **Jahresvögel**, nur im Osten sind sie lediglich **Sommervögel**. Populationen aus dem Norden und Osten ziehen zum Überwintern nach Süden und Westen, bleiben aber meist im Brutgebiet der eigenen Spezies.

Lebensraum: Habitate der Misteldrossel sind Laub- und Nadelwälder aller Art, besonders in gebirgigen Regionen; mittlerweile ist sie aber auch in Hainen, Obstgärten und in Parkanlagen anzutreffen.

Biologie: Die Misteldrossel baut ihr Nest aus Lehm, Wurzeln und Moos, meistens in einer Astgabel hoch in einem Baum. Dort legt das Weibchen 3–5 rötlich gefleckte, olivbraune Eier, die von ihm 12–15 Tage bebrütet werden. Die Jungvögel verlassen ihr Nest nach 12–16 Tagen. Es werden zwei Gelege im Jahr angelegt. Die Misteldrossel ist ein überaus scheuer Vogel und fliegt, sobald sie sich gestört fühlt, sofort auf, wobei sie einen schnarrenden Alarmruf ausstößt. In ihrem geradlinigen Flug wechseln sich schnelle Flügelschläge und Gleitphasen mit geschlossenen Flügeln ab. Ihr kurzer lauter Gesang setzt sich aus melodischen Flötentönen zusammen. Als Nahrung dienen diesen Vögeln Beeren, Würmer und Insekten.

Besonderheiten: Im Winter stellen in manchen Gebieten die klebrigen Mistelbeeren einen wichtigen Beitrag zur Ernährung der Misteldrossel dar, die über ihren Verdauungstrakt zur Ausbreitung dieses Halbschmarotzers beiträgt.

Rohrschwirl Locustella luscinioides

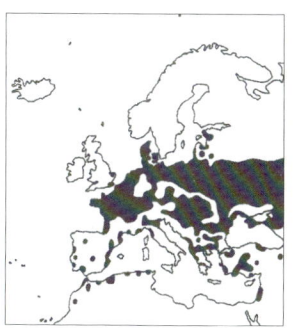

Das Gefieder des Rohrschwirls ist an der Oberseite rötlich braun gefärbt, an der Unterseite bräunlich weiß mit etwas dunkleren Flanken. Der Vogel zeigt einen kurzen gelben Überaugenstreif. Der gestufte Schwanz ist leicht keilförmig, der Schnabel relativ schlank. Beide Geschlechter sind gleich gefärbt.

Verbreitung: Der Rohrschwirl ist ein **Langstreckenzieher**, der in drei Unterarten in Eurasien und Nordafrika heimisch ist. In Europa ist er als lokaler **Sommervogel** von Spanien, Frankreich, Südengland über Deutschland, Polen, Ungarn, Russland und die Ukraine bis nach Westsibirien vertreten. Die Winterquartiere dieser Vögel liegen in Afrika südlich der Sahara.

Lebensraum: Diese Spezies ist vor allem in Sumpfgebieten mit Röhricht sowie in den Schilfbeständen verschiedener Gewässer anzutreffen.

Biologie: Der Rohrschwirl brütet stets in der Nähe von Gewässern. Er baut sein Nest gut versteckt über dem Sumpfboden oft auf liegendem Schilfrohr. Ab Mitte April legt das Weibchen für gewöhnlich 4–6 braun gefleckte, weiße Eier, die von ihm 10–12 Tage bebrütet werden. Die Jungvögel werden im Allgemeinen nach 11–15 Tagen flügge. Der Rohrschwirl bringt ein oder zwei Bruten jährlich hervor. Die Vögel ernähren sich hauptsächlich von Insekten und deren Larven sowie von Schnecken.

Besonderheiten: Der Gesang des Rohrschwirls, der meist von einer erhöhten Warte aus vorgetragen wird, ist ein anhaltendes Schwirren oder Schnurren, das wie „örrörrörr" klingt. Häufig wird die Melodie von einigen tickenden Lauten eingeleitet, die wie „tek-tek" klingen.

Ähnliche Arten: Der **Schlagschwirl** *(Locustella fluviatilis)* ist an seiner olivbraunen Oberseite sowie der dunklen Längsstrichelung an Kehle und Kropfgegend zu erkennen. Der wetzende Gesang dieses Vogels klingt aus einiger Entfernung fast wie die Geräusche einer Maschine. Der Schlagschwirl ist als Sommervogel vom Osten Deutschlands über Polen und Russland bis nach Westsibirien beheimatet. Im Süden reicht sein Siedlungsraum bis Slowenien.

Familie	Sylviidae Grasmücken
Gesamtlänge	14 cm
Flügelspannweite	18–21 cm
Gewicht	11–21 g
Merkmale	Schwanzform, Stimme
Europäische Population	152 000– 221 000 Paare
Internationaler Artenschutz	SPEC 4 BERN 2 BONN 2
Gewässer oder Sümpfe	

Schilfrohrsänger · Acrocephalus schoenobaenus

Familie
Sylviidae
Grasmücken

Gesamtlänge
13 cm

**Flügelspann-
weite**
17–21 cm

Gewicht
8–19 g

Merkmale
Kopffärbung,
Stimme

**Europäische
Population**
2–2,6 Millionen
Paare

**Internationaler
Artenschutz**
SPEC 4
BERN 2
BONN 2

**Gewässer oder
Sümpfe**

Der Schilfrohrsänger zeigt eine schwarz gestreifte, braune Oberseite und eine weiße Unterseite mit gelbbraunem Anflug an den Flanken. Der Kopf weist eine dunkle Kappe mit einem rahmfarbenen Überaugenstreif und einem dunklen Augenstrich auf. Schwanz und Federn sind kurz und abgerundet. Beide Geschlechter sind von gleicher Färbung.

Verbreitung: Schilfrohrsänger sind **Langstreckenzieher**, die in Eurasien als Brutvögel heimisch sind. In Europa fehlt diese Spezies in Spanien, Portugal sowie in einigen Mittelmeerländern. Ostwärts ist sie bis nach Mittelsibirien und südöstlich bis in den Iran verbreitet. Im Herbst ziehen die Vögel in breiter Front über das Mittelmeer und die Sahara, um im tropischen Afrika zu überwintern.

Lebensraum: Schilfrohrsänger halten sich mit Vorliebe in Schilfbeständen, im Weidengestrüpp sowie ganz allgemein in dichter Röhrichtvegetation auf. Auch auf feuchten Wiesen mit Gräben und Buschwerk sowie in Kiesgruben und Getreidefeldern sind diese Vögel manchmal anzutreffen.

Biologie: Der Schilfrohrsänger baut sein Nest am oder knapp über dem Boden zwischen Rohrhalmen und in dichtem Gestrüpp. Ab Anfang Mai legt das Weibchen für gewöhnlich 5–6 Eier, die fast ausschließlich von ihm 13–15 Tage lang bebrütet werden. Die Jungen werden nach 13–14 Tagen flügge. Es gibt ein bis zwei Bruten im Jahr. Schilfrohrsänger sind schnelle Flieger, die mit raschen Flügelschlägen meist nur kurze Strecken zurücklegen. Sie bewegen sich äußerst geschickt im dichten Schilf. Der Gesang, den die Vögel von der erhöhten Warte eines Schilfstängels aus oder im Flug von sich geben, besteht aus rauem Gezwitscher und melodischem Flöten und Trillern. Ihre Nahrung, hauptsächlich Insekten, suchen sich die Vögel in der Wasservegetation, aber auch auf Getreidefeldern und im Buschwerk.

Ähnliche Arten: Der Seggenrohrsänger (*Acrocephalus paludicola*) weist einen schwärzlich braunen Scheitel mit bräunlich weißem Mittelstreif auf. Diese Rohrsängerart brütet lokal in Ostdeutschland und Polen und weiter östlich bis zum Ural. Den Winter verbringen die Vögel in der Sahelzone Afrikas.

Sumpfrohrsänger

Acrocephalus palustris

Diese Rohrsängerart trägt ein eher schlichtes Federkleid; es ist an der Oberseite olivbraun, an der Unterseite weißlich mit gelbbraun getönten Flanken. Außerdem weist der Vogel einen weißlichen Überaugenstreif auf. Der Schnabel ist relativ kurz, die langen, dünnen Beine sind fleischfarben. Beide Geschlechter sind von gleicher Färbung.

Verbreitung: Sumpfrohrsänger sind **Langstreckenzieher**, die in großen Teilen Eurasiens als Brutvögel heimisch sind. In Europa tritt die Spezies als **Sommervogel** von England über Ostfrankreich, den Balkan und von Südskandinavien bis über den Ural auf. Den Winter verbringen diese Vögel in Südwestafrika.

Lebensraum: Sumpfrohrsänger sind in jeder Art von dichter Vegetation an Gewässern anzutreffen, sind jedoch nicht so sehr an feuchtes Gelände gebunden und bewohnen genauso gerne Hecken und sogar Getreidefelder.

Biologie: Diese Rohrsängerart errichtet ihr gut verstecktes Nest knapp über dem trockenen Boden zwischen Halmen und Stängeln. Dort legt das Weibchen ab Ende Mai für gewöhnlich 3–5 bläulich weiße Eier, die von beiden Partnern ca. 12–14 Tage lang bebrütet werden. Die Jungvögel schlüpfen nackt, sind Nesthocker und werden nach 10–11 Tagen flügge. Es wird nur ein Gelege im Jahr angelegt. Die Vögel fliegen mit schnellen Flügelschlägen, jedoch immer nur über kurze Strecken. Sumpfrohrsänger sind außerordentlich vielseitige Sänger, die es sehr gut verstehen, die Stimmen anderer Vogelarten nachzuahmen. Sie bewegen sich geschickt im Dickicht, wo die Tiere entweder am Boden oder noch häufiger zwischen den Halmen ihre bevorzugte Nahrung (Insekten, Spinnen und Schnecken) erbeuten.

Besonderheiten: Eine Spezialität des Sumpfrohrsängers ist es, die Stimmen anderer Vogelarten nachzuahmen; zu den besonders häufig imitierten Arten zählen Stieglitz, Rauchschwalbe, Kohlmeise, Feldsperling und Rebhuhn.

Familie
Sylviidae
Grasmücken

Gesamtlänge
13 cm

Flügelspannweite
18–21 cm

Gewicht
8–20 g

Merkmale
Stimme,
Lebensraum

Europäische Population
1,4–1,9
Millionen Paare

Internationaler Artenschutz
SPEC 4
BERN 2
BONN 2

Gewässer oder Sümpfe

Teichrohrsänger Acrocephalus scirpaceus

Das Gefieder dieser schlanken Rohrsängerart zeigt eine rötlich braune Oberseite, einen rostbraunen Bürzel und eine cremefarbene Unterseite; Brust und Flanken sind leicht rötlich braun getönt. Der Vogel weist einen dolchförmigen spitzen Schnabel und dünne graubraune Beine auf. Schwanz und Flügel sind abgerundet. Beide Geschlechter sind von gleicher Färbung.

Verbreitung: Teichrohrsänger sind **Langstreckenzieher**, die in zwei Unterarten in Eurasien und Nordafrika als Brutvögel heimisch sind. In Europa ist die Spezies als **Sommervogel** weit verbreitet und fehlt lediglich in Schottland, Nordskandinavien und Nordrussland. Die Winterquartiere liegen in Afrika südlich der Sahara.

Lebensraum: Teichrohrsänger bewohnen dicht bewachsene Sumpfgebiete und Moore, Schilfwälder und von Röhricht überwachsene Ufer von Seen, Flüssen und Teichen.

Biologie: Das Nest dieser Rohrsängerart ist eine kunstvolle, aus Gräsern und Schilfhalmen geflochtene tiefe Tasse, die an den Halmen über dem Wasser befestigt wird *(Bild unten)*. Hier werden ab Mai 3–5 grünlich weiße, graubraun gesprenkelte Eier abgelegt, die von beiden Partnern 9–12 Tage lang bebrütet werden. Die Jungvögel schlüpfen nackt und werden nach 10–12 Tagen flügge. Es werden ein bis zwei Bruten im Jahr angelegt. Teichrohrsänger bleiben gerne im Schutze des dichten Gestrüpps und fliegen immer nur über kurze Strecken, wobei sie stets den kürzesten, geradlinigen Weg wählen. Ihr harter, rhythmischer Gesang, den sie von der Spitze eines Schilfhalms aus ertönen lassen, klingt wie „tek-tek-tschirrug-tschirrug". Teichrohrsänger ernähren sich vor allem von Insekten, Spinnen und Weichtieren, die sie in der Wasservegetation aufstöbern.

Ähnliche Arten: Der Buschrohrsänger *(Acrocephalus dumetorum)* ist nur schwer vom Teichrohrsänger zu unterscheiden und ist vor allem an seinem längeren Schwanz und den kürzeren Armschwingen zu erkennen. Der Buschrohrsänger ist von Finnland über die baltischen Länder und Nordrussland bis nach Mittelsibirien verbreitet. In Europa hat er sich mittlerweile auch in Südschweden angesiedelt. Den Winter verbringen diese Vögel in Indien.

Drosselrohrsänger Acrocephalus arundinaceus

Das Gefieder dieses auffallend großen, kräftigen Rohrsängers ist an der Oberseite braun, an der Unterseite cremefarben mit leichter gelblich brauner Tönung an den Flanken. Der Vogel weist einen dünnen cremefarbenen Überaugenstreif, einen langen, kräftigen Schnabel und kräftige bräunlich graue Beine auf. Der große Schwanz ist gerundet. Beide Geschlechter sind gleich gefärbt.

Verbreitung: Drosselrohrsänger sind **Langstreckenzieher**, die in vier Unterarten in Eurasien und Nordafrika brüten. In Europa fehlt diese Spezies in Island, Großbritannien, Irland sowie in weiten Teilen Skandinaviens und Nordrusslands. Die Winterquartiere liegen in Afrika südlich der Sahara.

Lebensraum: Der Drosselrohrsänger bewohnt vorzugsweise Schilfwälder bzw. mit Röhricht bewachsene Ufer von Flüssen, Seen und Teichen.

Biologie: Der Drosselrohrsänger errichtet sein tiefes, napfförmiges Nest aus Pflanzen und Wurzeln, indem er es an Halmen des Röhrichts über dem Wasser hängend befestigt *(Bild unten)*. Ab Anfang Mai werden hier für gewöhnlich 3–6 rotbraun gefleckte, grünlich blaue Eier abgelegt, die vom Weibchen ca. 14 Tage bebrütet werden. Die Jungvögel schlüpfen nackt und werden nach 12–14 Tagen flügge. Drosselrohrsänger bringen eine, manchmal auch zwei Bruten im Jahr hervor. Die Tiere fliegen nur kurze Strecken und bleiben dabei in geringer Höhe. Obwohl sich diese Vögel überaus geschickt im dichten Röhricht bewegen, können sie sich aufgrund ihrer Größe nicht so leicht verbergen. Ihr charakteristischer Gesang, den sie meistens von der Spitze eines Schilfhalms ertönen lassen, ist laut und durchdringend; dabei wechseln einander tief knarrende und schrille Laute ab, die wie „karre-karre-kiet-kiet-kiet" klingen. Drosselrohrsänger ernähren sich hauptsächlich von Insekten, außerdem von Spinnen und Schnecken, im Herbst auch von verschiedenen Früchten.

Familie	Sylviidae Grasmücken
Gesamtlänge	19–20 cm
Flügelspannweite	25–29 cm
Gewicht	10–44 g
Merkmale	Stimme, Nestform
Europäische Population	769 000– 1 187 000 Paare
Internationaler Artenschutz	BERN 2 BONN 2

Gewässer oder Sümpfe

Klappergrasmücke   *Sylvia curruca*

Familie Sylviidae Grasmücken	
Gesamtlänge 12,5–13,5 cm	
Flügelspann- weite 16,5–20,5 cm	
Gewicht 7–18 g	
Merkmale Färbung des Gefieders, Stimme, Lebensraum	
Europäische Population 1,9–2,6 Millionen Paare	
Internationaler Artenschutz BERN 2 BONN 2	
Wiesen	

Das Gefieder dieser kleinen Grasmückenart ist an der Oberseite grau, an der Unterseite weiß gefärbt. Die dunkelgrauen Ohrdecken bilden eine Art Maske. Die Kehle ist leuchtend weiß, der Schwanz weist weiße Außenfedern auf. Beide Geschlechter sind einander sehr ähnlich und auch die jahreszeitlichen Unterschiede in der Gefiederfärbung sind gering.

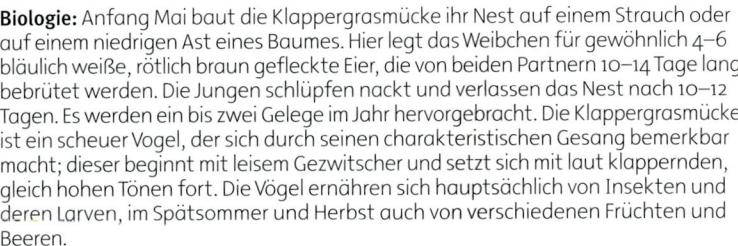

Verbreitung: Klappergrasmücken sind **Langstre-ckenzieher**, die in fünf Unterarten in Eurasien als Brutvögel heimisch sind. Die Spezies ist von Großbritannien südlich bis Griechenland und östlich bis Ostasien verbreitet. Nur im äußersten Norden und im Westen unseres Kontinents ist sie nicht vertreten. Ihre Winterquartiere liegen in der Sahelzone, aber auch von Arabien bis nach Indien.

Lebensraum: Die Klappergrasmücke bewohnt vorzugsweise lichte Wälder, aber auch dichtes Gebüsch, offenes Gelände mit Sträuchern und Hecken sowie Gartenanlagen und Parks.

Biologie: Anfang Mai baut die Klappergrasmücke ihr Nest auf einem Strauch oder auf einem niedrigen Ast eines Baumes. Hier legt das Weibchen für gewöhnlich 4–6 bläulich weiße, rötlich braun gefleckte Eier, die von beiden Partnern 10–14 Tage lang bebrütet werden. Die Jungen schlüpfen nackt und verlassen das Nest nach 10–12 Tagen. Es werden ein bis zwei Gelege im Jahr hervorgebracht. Die Klappergrasmücke ist ein scheuer Vogel, der sich durch seinen charakteristischen Gesang bemerkbar macht; dieser beginnt mit leisem Gezwitscher und setzt sich mit laut klappernden, gleich hohen Tönen fort. Die Vögel ernähren sich hauptsächlich von Insekten und deren Larven, im Spätsommer und Herbst auch von verschiedenen Früchten und Beeren.

Besonderheiten: Während der Balz versucht das Männchen seine Auserwählte zu beeindrucken, indem es sich ihm mit gespreiztem Gefieder und aufgestelltem, zuckendem Schwanz präsentiert.

Dorngrasmücke   Sylvia communis

Das Gefieder dieser kleinen Grasmückenart ist an der Oberseite kastanienbraun, an der Unterseite leicht rosa getönt. Der Kopf ist grau, die Kehle leuchtend weiß. Die Flügel sind von kräftig rötlich brauner Färbung, die Schwanzränder sind weiß. Das Weibchen ist etwas weniger kontrastreich gefärbt und weist einen braunen Oberkopf auf.

Verbreitung: Dorngrasmücken sind **Langstreckenzieher**, die in drei Unterarten in Eurasien und Nordafrika verbreitet sind. In Europa ist die Spezies nördlich des 65. Breitengrades nur noch vereinzelt anzutreffen. Die Vögel überqueren im Herbst die Sahara in breiter Front, um die Winterquartiere in den Savannen Afrikas aufzusuchen.

Lebensraum: Dorngrasmücken bewohnen bevorzugt Waldränder und Lichtungen, Randgebiete von Sümpfen, aber auch offenes Gelände mit Dornhecken und Büschen. Manchmal sind sie auch in Gärten und Parks anzutreffen.

Biologie: Die Dorngrasmücke errichtet ihr Nest meistens im hohen Gras oder in einer Hecke knapp über dem Boden. Es besteht aus trockenem Pflanzenmaterial und wird innen mit zarten Wurzeln oder Rosshaar ausgelegt. Außen wird es mit Spinnweben, Federn und Flechten verziert. Ab Mitte April legt das Weibchen hier 4–5 grünliche, braun gesprenkelte Eier ab, die von beiden Partnern 11–12 Tage lang bebrütet werden. Die Jungvögel sind Nesthocker und werden nach 10–12 Tagen flügge. Es werden ein bis zwei Gelege im Jahr angelegt. Die Dorngrasmücke findet sich in der dichten Vegetation außerordentlich gut zurecht. Sobald sie sich gestört fühlt, nimmt sie eine starre Haltung an, richtet die Kopffedern auf und wippt dabei mit dem Schwanz auf und ab. Sie fliegt im Allgemeinen nur kurze Strecken in geringer Höhe. Ihren Gesang lässt sie von einer erhöhten Warte aus oder im Flug ertönen. Es handelt sich dabei um schnell vorgetragene, rau kratzende Töne. Dorngrasmücken ernähren sich vor allem von Insekten und Beeren.

Familie	Sylviidae Grasmücken
Gesamtlänge	14 cm
Flügelspannweite	18,5–23 cm
Gewicht	8–23 g
Merkmale	Färbung des Gefieders, kratzender Gesang
Europäische Population	6,6–8,8 Millionen Paare
Internationaler Artenschutz	SPEC 4 BERN 2 BONN 2
Mittelmeer	

Eine Dorngrasmücke am Nest mit ihren sperrenden Jungen. Oben: Darstellung des Balzfluges.

Gartengrasmücke   Sylvia borin

Familie	Sylviidae Grasmücken
Gesamtlänge	14 cm
Flügelspann- weite	20–24,5 cm
Gewicht	10–37 g
Merkmale	Gesang, Brutgebiete
Europäische Population	10–13 Millionen Paare
Internationaler Artenschutz	SPEC 4 BERN 2 BONN 2

Wälder

Die Gartengrasmücke weist eine olivbraune Oberseite und eine hellbräunliche Unterseite auf, die Beine sind bleigrau. Beide Geschlechter sind gleich gefärbt und auch die jahreszeitlichen Unterschiede im Federkleid sind gering.

Verbreitung: Gartengrasmücken sind **Lang-streckenzieher**, die in zwei Unterarten in Eurasien heimisch sind. Die Spezies fehlt in weiten Teilen des Mittelmeerraumes sowie in den höchsten Gebirgen Skandinaviens. Den Winter verbringen die Vögel im tropischen Afrika.

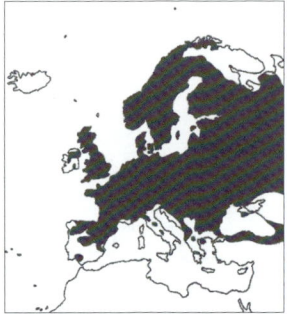

Lebensraum: Gartengrasmücken bewohnen lichte Wälder mit reichlich Unterholz, im Süden vor allem die Bergwälder sowie verwilderte Hecken und buschreiches Gelände. Auch in Parks und Gärten sind die Vögel manchmal anzutreffen.

Biologie: Die Grasmückenmännchen beginnen je nach Höhenlage im Mai oder Juni die Weibchen zu umwerben, sobald sie an ihre Brutplätze zurückgekehrt sind. Ihre Nester errichten diese Vögel aus Halmen in einem Busch, und zwar ca. 50–70 cm über dem Boden. Hier legt das Weibchen 4–5 braun gefleckte, weiße Eier ab, die von beiden Altvögeln 11–12 Tage bebrütet werden. Die Jungvögel sind Nesthocker und verlassen das Nest nach ca. zehn Tagen. Grasmücken bringen ein, manchmal auch zwei Gelege im Jahr hervor. Sie leben scheu und zurückgezogen im Dickicht und machen sich nur durch ihren melodischen, wohlklingenden Gesang bemerkbar, der sich aus orgeln-den Tönen zusammensetzt. Sie singen für gewöhnlich, während sie durchs Gestrüpp huschen und manchmal auch von einer erhöhten Warte aus. Fühlt sich der Vogel gestört, so stößt er trockene schnalzende Rufe aus, die wie „zeck" klingen.

Besonderheiten: Im Frühling und Sommer ernähren sich die Gartengrasmücken von Insekten und deren Larven, im Spätsommer und Herbst von Beeren und verschiedenen Früchten.

Mönchsgrasmücke Sylvia atricapilla

Das Gefieder dieser kleinen, schlanken Grasmückenart ist von grauer Grundfärbung, wobei die Oberseite leicht bräunlich, die Unterseite fast weißlich ist. Charakteristisch ist die dunkle Kappe am Kopf, die beim Männchen *(Bild unten)* schwarz, beim Weibchen rötlich braun und beim männlichen Jungvogel schwarzbraun gefärbt ist.

Verbreitung: Mönchsgrasmücken sind als **Teilzieher** in fünf Unterarten in Eurasien und Nordafrika heimisch. In den meisten Ländern Europas ist diese Spezies als **Sommervogel** vertreten, im Westen auch als Jahresvogel. Sie fehlt in Island, in weiten Teilen Schottlands, in Nordskandinavien und im Norden Russlands. Den Winter verbringen die Vögel in Süd- und Westeuropa sowie in Nord-, West- und Ostafrika.

Lebensraum: Mönchsgrasmücken sind vor allem in Laub-, Misch- und Auwäldern mit reichlich Unterholz anzutreffen. Darüber hinaus bewohnen sie auch Gärten, Parkanlagen, Hecken und buschbestandenes Gelände.

Biologie: Die Mönchsgrasmücke errichtet ihr dünnwandiges schüsselförmiges Nest aus trockenen Halmen, Wurzeln, Moos, Spinnweben und Federn knapp über dem Boden meistens im Gebüsch. Hier werden vom Weibchen ab April 4–6 Eier von recht unterschiedlicher Färbung abgelegt, die von beiden Partnern 11–12 Tage bebrütet werden. Die Jungvögel schlüpfen nackt und fliegen nach 10–14 Tagen aus. Mönchsgrasmücken bringen ein, in manchen Gebieten auch zwei Gelege im Jahr hervor. Ihr Flug ist geradlinig und relativ schnell. Ihr Gesang wird von einem rauen Vorgesang eingeleitet, in den immer wieder auch Imitationen anderer Vogelstimmen eingebaut werden und auf den schließlich ein lauter flötender „Überschlag" folgt. Der Gesang der Mönchsgrasmücke zeigt eine erstaunliche Vielfalt und manchmal deutliche regionale Unterschiede. In der Fortpflanzungszeit ernähren sich diese Vögel hauptsächlich von Insekten, im Winter vor allem von Früchten. Ihre kleinen Beutetiere holen sie sich von den Zweigen der Bäume, im Winter auch am Boden oder von Futterhäuschen.

Familie	Sylviidae Grasmücken
Gesamtlänge	13 cm
Flügelspannweite	20–23 cm
Gewicht	9–30 g
Merkmale	Farbe des Kopfes, Gesang
Europäische Population	19–25,5 Millionen Paare
Internationaler Artenschutz	SPEC 4 BERN 2 BONN 2
Siedlungsgebiete	

Waldlaubsänger *Phylloscopus sibilatrix*

Familie	
Sylviidae	
Grasmücken	

Gesamtlänge
12 cm

Flügelspann-weite
19,5–24 cm

Gewicht
6–15 g

Merkmale
Färbung des Gefieders, Stimme, Nestform

Europäische Population
6,1–7 Millionen Paare

Internationaler Artenschutz
SPEC 4
BERN 2
BONN 2

Wälder

Dieser elegante kleine Laubsänger ist an der Oberseite gelbgrün gefärbt. Der Bauch ist weiß, Kehle und Brust sind schwefelgelb. Er weist einen kräftigen gelben Überaugenstreif auf. Weitere Merkmale sind die dünnen rosa Beine und die relativ langen Flügel.

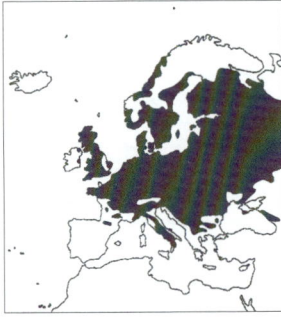

Verbreitung: Waldlaubsänger sind **Langstrecken-zieher**, die in Eurasien und Nordafrika verbreitet sind. Sie brüten im gemäßigten Europa von Großbritannien und Frankreich bis über den Ural hinaus. Die Spezies fehlt auf der Iberischen Halbinsel, an den Mittelmeerküsten, in Nordskandinavien und in Nordrussland. Den Winter verbringen die Vögel in den Wäldern Westafrikas.

Lebensraum: Waldlaubsänger bewohnen bevorzugt Laub- und Mischwälder; vor allem in Buchenwäldern sind sie häufig anzutreffen, sie brüten jedoch auch in alten Kiefernheiden und in Auwäldern.

Biologie: Der Waldlaubsänger errichtet sein Kugelnest am Boden im Gestrüpp, unter einer Wurzel oder unter einem herabgefallenen Ast aus Halmen, Blättern, Wurzeln, Moos und Flechten. Ab Mai legt das Weibchen hier für gewöhnlich 5–7 rot gesprenkelte, weiße Eier, die von ihm 12–14 Tage lang bebrütet werden. Die Jungvögel sind Nesthocker und werden nach 12–15 Tagen flügge. Die Waldlaubsänger bringen jährlich ein, manchmal auch zwei Gelege hervor. Sie sind schnelle und sichere Flieger. Zur Wanderung in das Winterquartier schließen sich die Vögel oft zu kleinen Gruppen zusammen. Ihren Gesang lassen die Waldlaubsänger meist aus dem schützenden Dickicht heraus erschallen, oft von einem niedrigen Ast aus, der als Singwarte dient. Der Gesang besteht aus immer schneller aufeinanderfolgenden harten Lauten, die wie ,,ipsipsipsirrrr'' klingen. Oft schließt sich daran ein wehmütig klingendes ,,dü-dü-dü'' an. Ihre Nahrung suchen sich die Vögel im Gezweig, am Boden oder sie fangen ihre Beute im Flug. Als Nahrung dienen Insekten, wie z. B. Schmetterlinge, Blattläuse und Käfer sowie Spinnen und im Herbst auch Früchte bzw. Beeren.

Zilpzalp Phylloscopus collybita

Dieser besonders kleine und zierliche Vertreter der Grasmücken ist an der Oberseite grünbraun gefärbt. Brust, Kehle und Flanken sind verwaschen gelb getönt, der Bauch ist weißlich. Der Zilpzalp weist einen spitzen, dünnen Schnabel und schwärzliche Beine auf. Der cremefarbene Überaugenstreif ist nicht sehr stark ausgeprägt. Beide Geschlechter sind von gleicher Färbung.

Verbreitung: Der Zilpzalp ist als **Teilzieher** in sechs Unterarten in Eurasien und Nordafrika heimisch. Die Spezies ist als **Sommervogel** in weiten Teilen Europas vertreten, in West- und Südeuropa teils sogar als **Jahresvogel**. Sie fehlt nur in Teilen der Iberischen Halbinsel, der Balkanhalbinsel und Skandinaviens. Den Winter verbringt der Zilpzalp in Westeuropa, im Mittelmeerraum, in Afrika bzw. in Arabien und im Himalaja.

Lebensraum: Der Zilpzalp hält sich hauptsächlich in lichten Laubwäldern mit reichlich Unterholz auf, ist aber auch in Nadel- und Mischwäldern anzutreffen. Darüber hinaus bevorzgt er auch Auwälder, Feldgehölze, Gärten und Parks als Lebensräume.

Biologie: Sein Kugelnest errichtet der Zilpzalp in Bodennähe im Gestrüpp oder im niedrigen Gezweig. Es hat einen seitlichen Eingang und besteht aus Halmen, Blättern, kleinen Wurzeln und Federn. Hier werden vom Weibchen ab April 4–7 weiße, braun gefleckte Eier abgelegt, die von ihm 13–15 Tage lang bebrütet werden. Die Jungvögel sind Nesthocker und fliegen nach 14–16 Tagen aus. Der Zilpzalp bringt ein bis zwei Bruten im Jahr hervor. Die Vögel sind sehr gesellig und den ganzen Tag über unterwegs, um ihre Umgebung nach Insekten, der bevorzugten Nahrung, abzusuchen. Es kommt ab und an auch vor, dass sie im Rüttelflug Mücken von Wasserflächen aufsammeln. Der Vogel wirkt im Flug manchmal etwas zögerlich, kann aber relativ schnell fliegen. Sein Ruf ist ein weich klingendes „wied". Besonders charakteristisch ist aber der Gesang des Zilpzalps, eine monotone Folge von klimpernden Lauten, die wie „zilp-zalp-zilp-zalp" klingen.

Familie	Sylviidae Grasmücken
Gesamtlänge	10–11 cm
Flügelspannweite	15–21 cm
Gewicht	5–11 g
Merkmale	Gesang, Farbe der Beine, Nestform
Europäische Population	14–20 Millionen Paare
Internationaler Artenschutz	BERN 2 BONN 2
Bäume	

Fitis *Phylloscopus trochilus*

Familie Sylviidae Grasmücken	
Gesamtlänge 10,5–11,5 cm	
Flügelspann- weite 16,5–22 cm	
Gewicht 6–12 g	
Merkmale Gesang, Nestform, Farbe der Beine	
Europäische Population 34–45 Millionen Paare	
Internationaler Artenschutz BERN 2 BONN 2	
Bäume	

Das Gefieder dieses häufigsten europäischen Laubsängers ist an der Oberseite olivgrün, an der Unterseite gelblich weiß, an Kehle und Brust kräftiger gelb getönt. Der Vogel weist einen deutlichen gelben Überaugenstreif und einen dunklen Augenstreif auf. Die Flügel sind etwas länger und weniger gerundet als die des Zilpzalps. Von diesem unterscheidet er sich außerdem im Gesang, aber auch durch sein etwas kräftiger gefärbtes Federkleid und die helleren Beine.

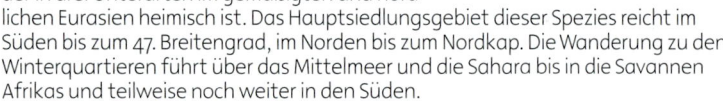

Verbreitung: Der Fitis ist ein **Langstreckenzieher**, der in drei Unterarten im gemäßigten und nördlichen Eurasien heimisch ist. Das Hauptsiedlungsgebiet dieser Spezies reicht im Süden bis zum 47. Breitengrad, im Norden bis zum Nordkap. Die Wanderung zu den Winterquartieren führt über das Mittelmeer und die Sahara bis in die Savannen Afrikas und teilweise noch weiter in den Süden.

Lebensraum: Lebensräume des Fitis sind lichte Laub- und Mischwälder, Auwälder, Parks mit hohem Gebüsch, Hecken, buschiges Moorland und Gärten.

Biologie: Sein Nest errichtet der Fitis am Boden oder in Bodennähe im Gebüsch. Es handelt sich um ein kuppelförmiges Nest mit seitlichem Eingang, das aus Blättern, Halmen, Moos und Federn besteht. Hier werden vom Weibchen ab Ende April 4–8 weiße, rötlich gesprenkelte Eier abgelegt, die von ihm 12–14 Tage lang bebrütet werden. Die Jungen sind nach 11–15 Tagen flügge. Der Fitis bringt ein, manchmal auch zwei Gelege im Jahr hervor. Sein Flug ist schnell und geradlinig. Der Ruf des Fitis ist ein weiches „hüid". Sein charakteristischer Gesang besteht aus einer melodisch abfallenden Folge von weichen Tönen und erinnert ein wenig an den des Buchfinken. Die Vögel ernähren sich hauptsächlich von Insekten und sind ständig im Gezweig unterwegs, um die Blätter nach Blattläusen und anderen kleinen Baumbewohnern, wie z. B. Spinnen, abzusuchen. Zu ihrer Nahrung zählen aber auch verschiedene Früchte bzw. Beeren.

Ähnliche Arten: Der **Grünlaubsänger** *(Phylloscopus trochiloides)* ist von ähnlicher Größe wie der Zilpzalp und weist einen breiten weißen Überaugenstreif auf. Die Brutgebiete dieser Spezies liegen in Nordosteuropa und Asien. Der **Wanderlaubsänger** *(Phylloscopus borealis)* ist durch eine dünne helle Flügelbinde gekennzeichnet. Diese Art ist im nördlichen Eurasien verbreitet.

Wintergoldhähnchen *Regulus regulus*

Wintergoldhähnchen und Sommergoldhähnchen sind die kleinsten Vogelarten Europas. Das Gefieder des Wintergoldhähnchens ist an der Oberseite olivgrün, an der Unterseite weißlich mit gelbbraun getönten Flanken. Auffallend ist der Scheitelstreif, der beim Männchen orangefarben, beim Weibchen goldgelb gefärbt ist. Beim Jungvogel fehlt diese Kopfzeichnung.

Familie	Regulidae Goldhähnchen
Gesamtlänge	9 cm
Flügelspannweite	13,5–15,5 cm
Gewicht	4–8 g
Merkmale	geringe Größe, Scheitelstreif, Stimme, Nestform
Europäische Population	9–12 Millionen Paare
Internationaler Artenschutz	SPEC 4 BERN 2 BONN 2
Wälder	

Verbreitung: Wintergoldhähnchen sind als **Teilzieher** in 13 Unterarten in Eurasien verbreitet. Diese Vögel brüten im gemäßigten und nördlichen Europa, im Süden bis in die Gebirge Spaniens. Den Winter verbringen sie innerhalb bzw. etwas südlich ihrer Brutgebiete. Europäische Vögel ziehen im Herbst häufig in den Mittelmeerraum.

Lebensraum: Wintergoldhähnchen bewohnen vorzugsweise lichte Nadelwälder bis in 4500 m Höhe und manchmal auch Laub- und Mischwälder. In manchen Gebieten brüten die Vögel auch in nadelholzreichen Parks.

Biologie: Von Mai bis Juni legt das Weibchen für gewöhnlich 9–11 braun gefleckte, weiße Eier, die von ihm ca. 16 Tage lang bebrütet werden. Die Jungen verlassen ihr Nest nach 17–22 Tagen. Es werden zwei Bruten im Jahr angelegt. Wintergoldhähnchen halten sich nur selten am Boden auf; meistens turnen die Vögel geschickt in den Zweigen – ständig auf der Suche nach kleinen Spinnen und Insekten bzw. deren Eiern und Larven. Ihr charakteristischer Ruf ist ein hohes „zi-zi-zi". Der Gesang ist ein Auf und Ab von hohen, wispernden Tönen.

Besonderheiten: Das kugelförmige Nest des Wintergoldhähnchens wird kunstvoll aus Moos und Halmen geflochten und mit Flaum ausgelegt. Es wird am äußeren Ende eines Nadelbaumastes angelegt. Lange Kälteperioden mit entsprechender Nahrungsknappheit wirken sich manchmal verheerend auf die Bestände dieser Vögel aus.

Die Bilder zeigen ein Wintergoldhähnchen-Weibchen (oben), deutlich erkennbar am gelben Scheitelstreif, und einen Jungvogel (links). Ganz oben ist die Kopfzeichnung dieser Spezies dargestellt.

Sommergoldhähnchen Regulus ignicapillus

Familie	Regulidae Goldhähnchen
Gesamtlänge	9 cm
Flügelspann-weite	13–16 cm
Gewicht	4–7 g
Merkmale	geringe Größe, Kopfzeichnung, Stimme, Nestform
Europäische Population	3,2–4,5 Millionen Paare
Internationaler Artenschutz	SPEC 4 BERN 2 BONN 2
Mittelmeer	

Das Gefieder des Sommergoldhähn-chens ist an der Oberseite gelb-grün, an der Un-terseite weißlich. Der Kopf dieses sehr kleinen Vogels wirkt im Verhältnis zum Körper ziemlich groß. Charakteristisch ist der schwarz gesäumte Scheitelstreif auf dem Oberkopf, der beim Männ-chen orangerot, beim Weibchen gelb gefärbt ist. Auffallend sind auch der weiße Überaugenstreif und der schwärzliche Augenstreif.

Verbreitung: Sommergoldhähnchen sind als Teilzieher in drei Unterarten in Europa, Westasien und Nordafrika vertreten. Die Spezies brütet im gemäßigten und süd-lichen Europa, ihr Siedlungsraum reicht im Norden etwa bis zum 55. Breitengrad. Die Populationen von Deutschland ostwärts sind Sommervögel, die in West- und Süd-europa, teilweise auch in Nordafrika überwintern.

Lebensraum: Sommergoldhähnchen bewohnen vorzugsweise Nadel- und Misch-wälder mit viel Unterholz. In den Mittelmeerländern brüten sie vor allem in immer-grünen Eichenwäldern, ab und an auch in Parks.

Biologie: Sommergoldhähnchen nisten vorzugsweise in hohen Nadelbäumen und errichten ihr Nest gut verborgen auf einem hohen Zweig. Es ist kugelförmig, mit oben liegender Eingangsöffnung und besteht aus Moos, Flechten und Nadeln. Innen ist es mit Federn und Flaum ausgekleidet. Ab Ende April werden hier vom Weibchen für gewöhnlich 7–12 braun gefleckte, weiße bis gelbliche Eier abgelegt, die von ihm ca. 14–16 Tage bebrütet werden. Die Jungvögel sind Nesthocker und werden nach 18–24 Tagen flügge. Sommergoldhähnchen bringen zwei Bruten im Jahr hervor. Die Vögel sind überaus aktiv und turnen ständig auf den Zweigen herum. Sie halten sich aber auch gerne in Büschen und Sträuchern auf. Im Flug legen sie stets nur kurze Strecken zurück. Ihr Ruf ist ein hohes „zi-zi-zi"; der Gesang eine anschwellende Folge von hohen Lauten, die mit einem betonten „sía" ausklingen. Das Sommergoldhähnchen ernährt sich von Insekten und Spinnen, die es im Gezweig erbeutet.

Ein männliches Sommergold-hähnchen, erkennbar am orangeroten Scheitelstreif und dem weißen Überaugenstreif. Oben: Darstel-lung der Kopf-zeichnung.

Grauschnäpper   Muscicapa striata

Das Gefieder dieses relativ kleinen, schlanken Vogels ist an der Oberseite graubraun gefärbt, an der Unterseite weißlich mit dunkler Strichelung auf der Brust. Stirn und Oberkopf zeigen eine feine dunkle Streifung. Die Armdecken sind mit gelblichen Federrändern versehen, was eine helle Flügelbinde ergibt. Beide Geschlechter sind von gleicher Färbung.

Verbreitung: Grauschnäpper sind **Langstreckenzieher**, die in sechs Unterarten in Eurasien und Nordafrika heimisch sind. Die Spezies lebt als **Sommervogel** von Irland und der Iberischen Halbinsel bis hin nach Sibirien und fehlt in Europa nur in Island, in Teilen der Iberischen Halbinsel, in den Gebirgen Skandinaviens und in Nordrussland. Grauschnäpper ziehen im Herbst meist nachts in breiter Front über das Mittelmeer und die Sahara, um ihre Winterquartiere aufzusuchen.

Lebensraum: Grauschnäpper bewohnen aufgelockerte Laub- und Mischwälder, Auwälder, Parks und Gärten.

Biologie: Der Grauschnäpper errichtet sein Nest auf einer Astgabel, in einem Mauerloch, auf dem Sims eines Gebäudes oder in einem Nistkasten und manchmal sogar in dem verlassenen Nest einer anderen Vogelart. Ab Mai legt das Weibchen in sein Nest aus Halmen, Moos und Flechten 4–6 blassblaue, rot oder braun gefleckte Eier, die von ihm 12–14 Tage bebrütet werden. Die Jungvögel sind nach 12–16 Tagen flügge. Grauschnäpper bringen zwei Bruten im Jahr hervor. Charakteristisch ist ihre Angewohnheit, im Sitzen mit Schwanz und Flügeln zu zucken. Sie fliegen mit kräftigen Flügelschlägen und vollführen dabei viele Drehungen und Wendungen. Stimmlich machen sie sich durch ein heiseres ,,zieh" bemerkbar. Die Vögel jagen gerne von einem Zweig oder einer anderen Sitzwarte aus und fangen ihre Beute im Flug, um dann sofort wieder an ihren Ansitz zurückzukehren und erneut auf vorbeifliegende Insekten zu warten.

| **Familie** |
| Muscicapidae Fliegenschnäpper |
| **Gesamtlänge** |
| 14,5 cm |
| **Flügelspannweite** |
| 23–23,5 cm |
| **Gewicht** |
| 10–21 g |
| **Merkmale** |
| Jagdmethode, Stimme, Nistplätze |
| **Europäische Population** |
| 7–8,8 Millionen Paare |
| **Internationaler Artenschutz** |
| SPEC 3 BERN 2 BONN 2 |
| **Bäume** |

Bestände: In einigen europäischen Ländern nehmen die Bestände des Grauschnäppers ab, was wahrscheinlich auf die ungünstigen klimatischen Bedingungen in den Brutgebieten bzw. in den Winterquartieren zurückzuführen ist.

Ähnliche Arten: Der Zwergschnäpper *(Ficedula parva)* brütet von Mittel- und Südosteuropa ostwärts bis zur Beringstraße. In Europa ist er u. a. auch in Deutschland und Österreich Brutvogel. Zu erkennen ist diese Spezies an ihrer orangeroten Kehle und an den weißen Schwanzkanten.

Trauerschnäpper · Ficedula hypoleuca

Familie	

Familie
Muscicapidae
Fliegen-
schnäpper

Gesamtlänge
13 cm

**Flügelspann-
weite**
21,5–24 cm

Gewicht
6–19 g

Merkmale
Gefieder,
Stimme,
Nistplätze

**Europäische
Population**
4,6–6,1
Millionen Paare

**Internationaler
Artenschutz**
SPEC 4
BERN 2
BONN 2

Wälder

Das Gefieder dieser kleinen eleganten Vogelart ist bei den beiden Geschlechtern recht unterschiedlich: Das Männchen ist an der Oberseite schwarz, an der Unterseite weiß gefärbt und weist einen weißen Stirnfleck sowie ein auffallendes weißes Flügelfeld auf. Das Weibchen ist an der Oberseite graubraun, an der Unterseite weißlich und zeigt ein cremefarbenes Flügelfeld.

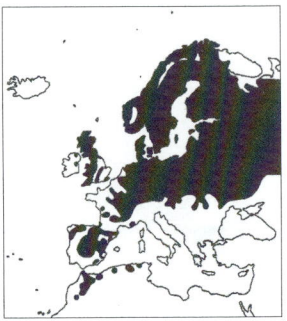

Verbreitung: Trauerschnäpper sind **Langstreckenzieher**, die in vier Unterarten in Eurasien und Nordafrika verbreitet sind. Die Spezies fehlt in Island, Irland und in weiten Teilen Spaniens, Frankreichs und Italiens. Den Winter verbringen diese Vögel im tropischen Afrika.

Lebensraum: Trauerschnäpper bewohnen bevorzugt lichte Misch- und Laubwälder; darüber hinaus auch Auwälder, Obstgärten und Parks.

Biologie: Trauerschnäpper nisten meist in Baum- und Mauerhöhlen, nehmen aber auch Nistkästen gerne an. Ab Ende April legt das Weibchen für gewöhnlich 6–7 grünlich blaue Eier, die von ihm 13–15 Tage bebrütet werden. Die Jungvögel sind nach 14–17 Tagen flügge. Trauerschnäpper bringen meistens ein, in seltenen Fällen auch zwei Gelege im Jahr hervor. Die Vögel lassen sich gerne auf waagrechten Ästen nahe dem Stamm nieder. Die Vögel wirken oft unruhig, zucken mit den Flügeln und wippen mit dem Schwanz, so als wollten sie jeden Augenblick losfliegen. Dabei ertönt immer wieder ein harter Ruf, der wie „bitt" klingt. Der Gesang besteht aus einer etwas wehmütigen Lautfolge, die wie „züli-züli-züli-wüdjewüdje" klingt. Seine Ernährung besteht hauptsächlich aus Insekten, die von einer Warte aus im Flug gefangen werden. Eine weitere Nahrungsquelle stellen Regenwürmer und Beeren dar.

Halbringschnäpper beim Nest. Oben: Ein männlicher Trauerschnäpper. Das Männchen unterscheidet sich in der Fortpflanzungszeit durch seine schwarze Oberseite vom Weibchen.

Ähnliche Arten: Der **Halsbandschnäpper** *(Ficedula albicollis)* unterscheidet sich vom Trauerschnäpper durch sein weißes Halsband, seine weiße Stirn und den grauweißen Bürzel. Diese Spezies brütet in Mittel- und Osteuropa sowie in Zentral- und Westasien. Der **Halbringschnäpper** *(Ficedula semitorquata)* weist einen nur im Ansatz vorhandenen weißen Halsring auf. Er brütet in Südosteuropa und im Mittleren Osten.

Schwanzmeise Aegithalos caudatus

Die relativ kleine, elegante Schwanzmeise weist eine schwarze Oberseite mit weißem Scheitelstreif und rosa Schultern auf; an der Unterseite zeigt sie weißliche, etwas rosa getönte Flanken. Flügel und Schwanz sind schwarz; Letzterer weist weiße Ränder auf und ist sehr lang. Der Kopf kann, je nach Rasse, recht unterschiedlich gefärbt sein; so weist etwa die nördliche Form einen weißen Kopf auf, während die spanische Form einen hellgrauen Kopf und Rücken hat. Die Schwanzmeise hat einen kurzen Schnabel und einen auffallend langen Schwanz. Beide Geschlechter sind gleich gefärbt.

Verbreitung: Schwanzmeisen sind in ca. 20 Unterarten in Eurasien und Nordafrika verbreitet. Die Spezies ist in weiten Teilen Europas und Asiens als Standvogel heimisch; in Europa fehlt sie nur in Island, im Norden Skandinaviens und auf einigen Mittelmeerinseln. Im Winter erfolgen lokale Wanderungen von höheren Lagen ins Tiefland.

Lebensraum: Die Schwanzmeise lebt in Misch- und Laubwäldern mit reichlich Unterholz ebenso wie in Heiden, Hecken, Gärten und Parkanlagen.

Biologie: Die Schwanzmeise errichtet ihr kuppelförmiges Nest auf einem Zweig oder im Gebüsch. Es wird aus Flechten, Moos, Spinnweben, Wollfäden und Federn gewoben. Hier werden vom Weibchen ab März für gewöhnlich 8–12 weiße Eier abgelegt, die von beiden Partnern 13–15 Tage bebrütet werden. Die Jungen sind nach 14–18 Tagen flügge. Es wird nur ein Gelege im Jahr angelegt. Die Schwanzmeise lebt sehr gesellig und tritt häufig in Trupps auf, besonders im Winter. Sie fliegt mit schnellen Flügelschlägen und legt immer wieder Gleitphasen ein. Stimmlich macht sie sich mit einem lauten, harten „tzerr" sowie einem feinen „si-si-si" bemerkbar; ihre Lautäußerungen dienen u. a. wohl dazu, die Verbindung zwischen den einzelnen Vögeln des Trupps aufrechtzuerhalten. Schwanzmeisen ernähren sich hauptsächlich von Insekten sowie deren Eiern und Larven.

Familie
Aegithalidae
Schwanzmeisen

Gesamtlänge
14 cm

Flügelspann- weite
16–19 cm

Gewicht
6–10 g

Merkmale
Schwanzform, Stimme, Nestform

Europäische Population
2,6–4,3 Millionen Paare

Internationaler Artenschutz
BERN 3

Bäume

Eine Schwanzmeise beim Nest, das aus verschiedenen Materialien kunstvoll gewoben wird.

Sumpfmeise Parus palustris

Familie	Paridae Meisen
Gesamtlänge	11,5 cm
Flügelspann- weite	18–19,5 cm
Gewicht	10–15 g
Merkmale	Kopfkappe, Stimme, Nistplätze
Europäische Population	2,8–4,3 Millionen Paare
Internationaler Artenschutz	BERN 2

Wälder

Diese kleine gedrungene Meisenart trägt ein schlichtes, wenig auffälliges Federkleid. Die Oberseite ist graubraun, die Unterseite weiß mit hellbraun angehauchten Flanken. Die Sumpfmeise weist eine glänzend schwarze Kappe, weiße Wangen und einen schwarzen Kinnfleck auf. Beide Geschlechter sind von gleicher Färbung.

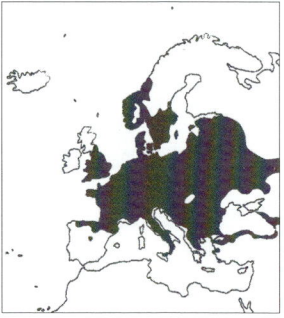

Verbreitung: Sumpfmeisen sind in ca. 13 Unterarten in großen Teilen Eurasiens verbreitet. Die Spezies ist als **Jahresvogel** von Nordspanien ostwärts bis zum Ural heimisch. Sie fehlt an den Mittelmeerküsten sowie in weiten Teilen Skandinaviens und Russlands.

Lebensraum: Diese Meisenart bewohnt vor allem lichte Laub- und Mischwälder, außerdem Auwälder, baumbestandene Heiden und Hecken sowie Obstgärten und Parks.

Biologie: Die Sumpfmeise nistet vorzugsweise in ausgehöhltem, morschem Holz, ab und an aber auch zwischen Baumwurzeln oder in Mauerlöchern. Ab April legt das Weibchen für gewöhnlich 7–10 braun gefleckte, weiße Eier, die fast ausschließlich von ihm 13–17 Tage lang bebrütet werden. Die Jungvögel fliegen nach 17–20 Tagen aus. Sumpfmeisen bringen eine, manchmal auch zwei Bruten im Jahr hervor. Die Meisenart ist nicht so gesellig wie andere Meisen, sie leben entweder einzeln oder in kleinen Gruppen. Der Vogel fliegt mit raschen kräftigen Flügelschlägen. Die Sumpfmeise ist an ihrem Ruf, einem scharfen ,,fietje'', zu erkennen. Ihr monotoner Gesang besteht aus einer klappernden Tonreihe, die wie ,,tjip-tjip-tjip …'' klingt. Je nach Jahreszeit ernährt sie sich von Insekten und anderen Wirbellosen sowie von Sämereien und Beeren.

Ähnliche Arten: Neben der sehr ähnlichen **Weidenmeise** *(Parus montanus)*, die mit der Sumpfmeise eine Zwillingsart bildet, ist die **Trauermeise** *(Parus lugubris)* zu nennen; diese ist etwas größer als die Sumpfmeise und zeichnet sich durch ihre braunschwarze Kappe und einen großen schwarzen Latz aus. Die Trauermeise brütet von Südosteuropa über die Türkei bis in den Mittleren Osten.

Weidenmeise   Parus montanus

Das Gefieder dieser Meisenart ist dem der Sumpfmeise überaus ähnlich. Zu unterscheiden sind die beiden Arten am leichtesten an ihren stimmlichen Äußerungen sowie an folgenden Details: Die Weidenmeise hat keine glänzende, sondern eine mattschwarze Kopfkappe, die außerdem über den Nacken ausgedehnt ist. Sie weist außerdem einen großen schwarzen Latz und im Flügel eine hellere Zone auf. Beide Geschlechter sind von gleicher Färbung.

Verbreitung: Weidenmeisen sind in 10–11 Unterarten in großen Teilen Eurasiens heimisch. In Europa ist die Spezies als **Jahresvogel** von Mittelfrankreich und Nordskandinavien an ostwärts verbreitet. Sie fehlt auf der Iberischen Halbinsel und im Großteil Italiens. Die nördlichen Populationen überwintern südlich ihrer Brutgebiete.

Lebensraum: Die Weidenmeise bevorzugt feuchte Nadel- und Mischwälder, Weidendickichte sowie Sumpf- und Auwälder als Lebensräume, wo sie entsprechend weiches morsches Holz zum Nisten vorfindet; sie hackt ihre Nisthöhle wie Spechte in faulendes Stammholz oder in einen morschen Baumstumpf.

Biologie: Ab Mitte April legt die Weidenmeise für gewöhnlich 6–9 weiße, dunkelrot gefleckte Eier in die Bruthöhle, die vom Weibchen 13–15 Tage bebrütet werden. Die Jungvögel verlassen das Nest nach 16–20 Tagen. Weidenmeisen bringen nur ein Gelege im Jahr hervor. Ihr charakteristischer Ruf ist ein raues, gedehntes „däh-däh"; ihr Gesang ist ein flötendes „züih-züih-züih". Die Brutvögel der Alpen geben weiche flötende Tonfolgen von sich, die etwas an die Nachtigall erinnern. Weidenmeisen ernähren sich hauptsächlich von Insekten und Sämereien.

Ähnliche Arten: Neben der sehr ähnlichen **Sumpfmeise** *(Parus palustris)* ist vor allem die **Lapplandmeise** *(Parus cinctus)* zu nennen, die im nördlichen Eurasien bis ins westliche Alaska brütet. Sie ist größer als die Weidenmeise und zeichnet sich durch ihre dunkelbraune Kopfkappe, den großen schwarzbraunen Brustlatz und die rötlich braun getönten Flanken aus.

Familie	Paridae Meisen
Gesamtlänge	11,5 cm
Flügelspannweite	17–20,5 cm
Gewicht	9–13 g
Merkmale	Kopfkappe, Stimme, Nistplätze
Europäische Population	4,3–6,1 Millionen Paare
Internationaler Artenschutz	BERN 2
Wälder	

Haubenmeise Parus cristatus

Die Haubenmeise ist vor allem an ihrer schwarz-weißen Federhaube unschwer zu erkennen. Das schwarz-weiß gezeichnete Gesicht ist von einer schwarzen Linie umrahmt. Das Gefieder ist an der Oberseite braun, an der Unterseite weißlich mit etwas dunkleren Flanken. Beide Geschlechter sind gleich gefärbt.

Verbreitung: Haubenmeisen sind in sieben Unterarten in Eurasien verbreitet. Die Spezies ist als **Jahresvogel** von Südspanien über Mitteleuropa bis Skandinavien und ostwärts zum Ural beheimatet. Sie fehlt in Großbritannien (außer dem schottischen Hochland), im Großteil Italiens und im Norden Skandinaviens und Russlands. Haubenmeisen zeigen nur eine sehr geringe Neigung, im Winter ihre Brutgebiete zu verlassen.

Lebensraum: Diese Meisenart bewohnt vor allem Nadelwälder, weiter südlich auch Mischwälder.

Biologie: Ab April legt die Haubenmeise in ihr Nest in einer Baumhöhle oder zwischen Baumwurzeln für gewöhnlich 6–7 weiße, rötlich gesprenkelte Eier, die vom Weibchen 13–16 Tage bebrütet werden. Die Jungvögel sind nach ca. 23 Tagen flügge. Haubenmeisen bringen ein oder zwei Gelege jährlich hervor. Sie leben einzeln oder paarweise, werden aber im Winter geselliger. Stimmlich machen sie sich durch ein trillerndes „tschirr-tschirr" bemerkbar. Ihr Gesang ist ein halblautes Zwitschern und Trillern. Im Frühling und Sommer ernähren sich Haubenmeisen fast ausschließlich von Insekten sowie deren Eiern und Larven, die sie aus der Baumrinde picken; danach wird die Ernährung durch Samen, insbesondere Kiefernsamen, ergänzt.

Besonderheiten: Während der Balz präsentiert sich das Männchen dem Weibchen mit aufgerichteter Haube und zuckenden Flügeln. Zum Nisten wird meistens eine Höhlung in einem morschen Baumstumpf aufgesucht, die hauptsächlich vom Weibchen angelegt bzw. erweitert wird. Manchmal dienen auch künstliche Nisthöhlen oder verlassene Nester anderer Vogelarten als Brutplatz.

Tannenmeise   Parus ater

Diese kleine Meisenart ist leicht an ihrer Kopfzeichnung zu erkennen, die an die Kohlmeise
erinnert. Sie zeigt eine schwarze Kappe und einen weißen Nacken; die Wangen sind weiß und
werden von dem schwarzen Brustlatz begrenzt.
Das Gefieder der Tannenmeise ist an der Oberseite grau, an der Unterseite graubraun mit zwei
deutlichen weißen Binden an den Flügeln. Beide
Geschlechter sind einander überaus ähnlich wie
auch das Brut- und Ruhekleid.

Verbreitung: Tannenmeisen bewohnen überwiegend als **Jahresvögel** in ungefähr 20 Unterarten
Eurasien und Nordwestafrika. In Europa fehlt die
Spezies nur in Island und im äußersten Norden Skandinaviens. Den Winter verbringen
die Vögel innerhalb oder etwas südlich ihrer Brutgebiete.

Lebensraum: Die Tannenmeise bewohnt vor allem Nadelwälder; in manchen Gebieten, wie z. B. in Großbritannien, ist sie aber in Mischwäldern anzutreffen, während
sie in Südeuropa in Buchenwäldern brütet. Darüber hinaus findet man sie auch in
Parks mit Nadelbäumen.

Biologie: Im Laufe des Februars zeigen die Paare eine gewisse Unruhe und verlassen
nach und nach die Gruppen, in denen sie gemeinsam überwintern. Ab Mitte April
errichten sie dann ihr Nest aus Moos in einer Baumhöhle, einer Felsspalte oder in
einem Mauerloch. Häufig nehmen sie auch das verlassene Nest eines Spechts in
Besitz und nisten darin. Dort legt das Weibchen 6–9 rötlich gefleckte, weiße Eier
ab, die von ihm 14–16 Tage bebrütet werden. Die Jungen verlassen das Nest nach
2–3 Wochen. Tannenmeisen bringen ein bis zwei Bruten im Jahr hervor. Stimmlich
machen sie sich durch ein rhythmisches „wietze-wietze-wietze" bemerkbar. Die
Vögel ernähren sich vorwiegend von Insekten und deren Larven, daneben aber auch
von verschiedenen Samen.

Besonderheiten: Während der Balz folgt das Männchen dem Weibchen im Flug und
präsentiert sich ihm balzend auf einem Zweig, indem es mit den Flügeln zittert und
die Federn von Kopf und Brust spreizt. Tannenmeisen sind sehr gesellige Vögel und
schließen sich im Winter oft auch mit verwandten Arten zu kleinen Gruppen zusammen, mit denen sie gemeinsam auf Futtersuche gehen.

Familie	Paridae Meisen
Gesamtlänge	11,5 cm
Flügelspann- weite	17–21 cm
Gewicht	8–11 g
Merkmale	Kopfzeich- nung, Stimme, gesellige Lebensweise
Europäische Population	12–16 Millionen Paare
Internationaler Artenschutz	BERN 2
Wälder	

Blaumeise *Parus caeruleus*

Familie Paridae Meisen
Gesamtlänge 11,5 cm
Flügelspannweite 17,5–20 cm
Gewicht 9–13 g
Merkmale Färbung des Gefieders, Stimme
Europäische Population 16–21 Millionen Paare
Internationaler Artenschutz SPEC 4 BERN 2
Wälder

Das Gefieder dieser zierlichen Meisenart weist eine grünblaue Oberseite und eine gelb gefärbte Unterseite auf. Charakteristisch sind auch die schwarz-weiße Kopfzeichnung sowie die auffallende hellblaue Kopfplatte. Flügel und Schwanz sind ebenfalls blau gefärbt. Die Geschlechter zeigen im Federkleid kaum Unterschiede.

Verbreitung: Blaumeisen sind in ca. 15 Unterarten in Eurasien und Nordafrika beheimatet. Die Spezies ist vom Mittelmeer bis nach Skandinavien verbreitet, sie fehlt nur im Norden und Nordosten Russlands. Die nördlichen Populationen überwintern südlich ihrer Brutgebiete, alle anderen sind **Jahresvögel**.

Lebensraum: Blaumeisen sind Bewohner von Wäldern aller Art, darüber hinaus besiedeln sie aber auch buschiges Gelände, Obstgärten, Parks und Gärten. Sie sind auch in und in der Nähe von Siedlungen häufig anzutreffen.

Biologie: Die Blaumeise errichtet ihr Moosnest in einer Baumhöhle oder in einem Mauerloch; manchmal nimmt sie auch das verlassene Nest einer anderen Spezies in Besitz oder sie brütet in einem Nistkasten. Hier legt das Weibchen ab April 10–12 rötlich gefleckte, weiße Eier, die von ihm ca. 14 Tage lang bebrütet werden. Die Jungen fliegen nach 16–22 Tagen aus. Blaumeisen bringen ein bis zwei Gelege im Jahr hervor. Der Ruf ist zeternd und klingt wie „zörrettetet". Der Gesang beginnt mit einem hohen „zizi", gefolgt von einem hellen Triller, der wie „tirr" klingt. Ihre Nahrung besteht hauptsächlich aus Insekten, im Winter ergänzt durch Samen, Beeren und verschiedene andere Früchte.

Ähnliche Arten: Die **Lasurmeise** *(Parus cyanus)* weist eine hellblaue Oberseite und ein weißes Gesicht mit blauschwarzem Augenstrich auf. Schwanz und Flügel sind leuchtend blau; Letztere tragen eine breite weiße Binde. Die äußeren Schwanzfedern sind weiß gesäumt. Die Lasurmeise ist von Zentralrussland ostwärts bis zum Japanischen Meer verbreitet. Westlich ihres Brutgebietes taucht diese Art allerdings nur selten auf.

Kohlmeise Parus major

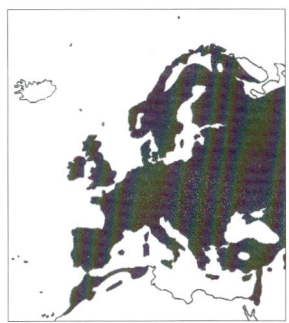

Die Kohlmeise ist die häufigste und bekannteste unter allen heimischen Meisenarten. Das Gefieder weist einen gelblich grünen Rücken, blaue Flügel und eine gelbe Unterseite mit schwarzem Brustlatz auf, der sich als Band über den ganzen Bauch zieht. Der Kopf der Kohlmeise ist schwarz, die Wangen sind weiß. Die Geschlechter sind im Wesentlichen gleich gefärbt, das Weibchen zeigt jedoch ein schwächeres Längsband auf seiner Unterseite.

Verbreitung: Kohlmeisen sind größtenteils als Jahresvögel in ca. 30 Unterarten in Eurasien, Nordafrika und in Indonesien beheimatet. Nördliche Populationen ziehen zum Überwintern oft etwas nach Süden. In Europa fehlt diese Meisenart nur in Island, in den Gebirgen Skandinaviens und in Nordrussland.

Lebensraum: Die überaus anpassungsfähige Kohlmeise ist in Wäldern aller Art ebenso anzutreffen wie in Hecken und auf Heiden, in Gärten und in Parks.

Biologie: Kohlmeisen brüten in Baumhöhlen ebenso gerne wie in Nistkästen oder in verlassenen Nestern anderer Vogelarten. Ab Ende März werden hier vom Weibchen für gewöhnlich 6–11 rötlich gefleckte, weiße Eier abgelegt, die von ihm 12–15 Tage bebrütet werden. Die Jungen werden nach 16–22 Tagen flügge. Kohlmeisen bringen ein bis zwei Bruten im Jahr hervor. Als kräftigste unter den heimischen Meisen setzt sie sich im Kampf um geeignete Nistplätze oft gegen andere kleine Arten wie die Blaumeise durch. Sie ist ein akrobatischer Kletterer und verfügt über ein großes Repertoire an Lautäußerungen; oft stößt sie ein finkenartiges „pink" aus und lässt ihren Gesang, ein helles „zizidä-zizidä", vernehmen. Kohlmeisen ernähren sich von vielen verschiedenen Insekten und Spinnen sowie von Samen und Beeren.

Besonderheiten: Kohlmeisen suchen im Winter sehr gerne Futterhäuschen auf und nehmen die dort dargebotenen Nüsse, Mandeln oder auch Fett gerne an. In manchen Gegenden, z. B. in England, haben diese Vögel gelernt, mit ihren robusten Schnäbeln Löcher in die Aludeckel von Milchflaschen zu hacken, um sich am fetten Rahm zu laben.

Familie	Paridae Meisen
Gesamtlänge	14 cm
Flügelspannweite	22,5–25,5 cm
Gewicht	14–22 g
Merkmale	Färbung des Gefieders, Stimme
Europäische Population	37–52 Millionen Paare
Internationaler Artenschutz	BERN 2
Siedlungsgebiete	

Kleiber   Sitta europaea

Das Gefieder dieser kleinen und unverwechselbaren Meisenart ist an der Oberseite graublau und an der Unterseite weißlich bis rahmfarben mit kastanienbraunen Flanken. Auffallend ist der lange schwarze Augenstreif. Die Kehle ist weiß, der Schnabel lang und kräftig, die Beine sind kurz und eher dick. Die Spitzen der äußeren Schwanzfedern sind weiß gefärbt. Beide Geschlechter sind gleich gefärbt.

Verbreitung: Kleiber sind in ca. 24 Unterarten in Eurasien und Nordwestafrika (Marokko) verbreitet. Die Spezies brütet als Jahresvogel in fast ganz Europa, fehlt jedoch in Island, Irland, Schottland und Nordskandinavien.

Lebensraum: Kleiber sind Bewohner von Wäldern aller Art, vor allem von solchen mit vielen morschen alten Bäumen; darüber hinaus bewohnen die Vögel auch Gärten und Parkanlagen.

Biologie: Kleiber nisten vorzugsweise in verlassenen Spechthöhlen, aber auch in Nistkästen. Ab Ende März legt das Weibchen hier für gewöhnlich 6–11 rötlich gefleckte, weiße Eier ab, die ausschließlich von ihm 13–18 Tage lang bebrütet werden. Die Jungvögel werden nach 23–24 Tagen flügge. Kleiber bringen ein, in seltenen Fällen auch zwei Gelege im Jahr hervor. Sie sind ebenso geschickte Rindenkletterer wie Spechte und können sogar kopfüber an Baumstämmen hinunterlaufen. Kleiber fliegen mit schnellen Flügelschlägen, meistens aber nur über kurze Strecken. Am Boden bewegen sie sich hüpfend vorwärts. Stimmlich machen sie sich durch ein metallisches ,,tuit-tuit" bemerkbar. Der Gesang besteht aus einem trillernden ,,trürrr" und einem pfeifenden ,,wihe-wihe". Die Vögel ernähren sich hauptsächlich von wirbellosen Tieren sowie von Nüssen und Samen.

Ein Kleiber, erkennbar an der graublauen Oberseite, dem schwarzen Augenstreif und der weißen Kehle. Oben: Ein Türkenkleiber.

Besonderheiten: Kleiber haben die Angewohnheit, zu weite Eingänge zu ihren Bruthöhlen mit Lehm zu verkleistern, sodass eine genau für sie passende Schlupflochgröße übrig bleibt. Mit ihrem kräftigen Schnabel zerkleinern sie Eicheln, Nüsse und die Chitinpanzer von Insekten, wobei sie die Nahrung mit ihren Krallen festhalten.

Ähnliche Arten: Der Türkenkleiber *(Sitta krueperi)* brütet in der Türkei und im Kaukasus, während der Felsenkleiber *(Sitta neumayer)*, der etwas größer ist, auch im ehemaligen Jugoslawien, in Griechenland, Bulgarien und in Albanien beheimatet ist.

Mauerläufer Tichodroma muraria

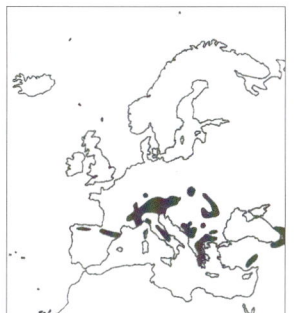

Der Mauerläufer ist durch seine Gestalt und Gefiederfärbung kaum mit einem anderen Vogel zu verwechseln. Im Flug ähnelt der Mauerläufer einem großen Schmetterling. Die abgerundeten Flügeldecken sind leuchtend rot gefärbt; die schwärzlichen Handschwingen zeigen rundliche weiße Flecken. Im Brutkleid *(Bild unten)* sind Gesicht und Kehle schwarz. Der lange dünne Schnabel ist leicht nach unten gebogen.

Verbreitung: Mauerläufer sind in zwei Unterarten in Eurasien beheimatet. Die Spezies brütet in den großen Hochgebirgen Europas, in der Türkei, im Kaukasus, im Himalaja sowie in den Bergen Zentralasiens. Den Winter verbringen die Vögel im Brutgebiet oder etwas weiter südlich davon in tieferen Lagen.

Lebensraum: Mauerläufer bewohnen felsige Regionen der Gebirge; im Winter ziehen sie in tiefere Lagen, wo sie sich an Felsen und an Mauern alter Gebäude niederlassen.

Biologie: Der Mauerläufer errichtet ein Nest in einer Felsspalte oder in einem Mauerloch. Von Ende Mai bis Juni legt das Weibchen hier 3–5 weiße, rötlich gesprenkelte Eier, die von ihm 18–20 Tage lang bebrütet werden. Die Jungvögel werden nach 28–30 Tagen flügge. Es wird ein Gelege im Jahr angelegt. Der Gesang besteht aus einer wohlklingenden Folge von Tönen, die wie „sisisisüi" klingen.

Besonderheiten: Auf Nahrungssuche gleitet der Mauerläufer in kleinen Sprüngen an glatten Felswänden hoch, indem er gleichzeitig mit den Flügeln flattert. Dabei erkundet er mit seinem dünnen Schnabel auch tiefe Felsritzen nach Spinnen, Insekten und auch Tausendfüßern. Schließlich kehrt er im Sturzflug mit geschlossenen Flügeln wieder an den Ausgangspunkt zurück, wobei er den Fallflug immer wieder mit Hilfe seiner großen Flügel bremst.

Familie
Tichodromadidae
Mauerläufer

Gesamtlänge
16,5 cm

Flügelspannweite
27–32 cm

Gewicht
15–19 g

Merkmale
Färbung des Gefieders, Form des Schnabels, Stimme, schmetterlingsartiger Flug, Lebensraum

Europäische Population
14 000–19 500 Paare

Internationaler Artenschutz
BERN 2

Felsen

Waldbaumläufer *Certhia familiaris*

Der Waldbaumläufer ist durch seine Gestalt, seine Färbung und sein Verhalten kaum mit einer anderen Vogelspezies zu verwechseln – mit Ausnahme des Gartenbaumläufers, von dem er sich durch seine Stimme, seine völlig weiße Unterseite, den hellen Überaugenstreif sowie den etwas kürzeren, weniger gebogenen Schnabel unterscheidet. Charakteristisch ist auch der spitz zulaufende Schwanz. Beide Geschlechter sind von gleicher Färbung.

Verbreitung: Waldbaumläufer sind überwiegend als Jahresvögel in Eurasien von Irland bis Japan beheimatet. In Europa fehlt die Spezies in weiten Teilen der Iberischen Halbinsel, Frankreichs und Italiens.

Lebensraum: Waldbaumläufer sind in Wäldern aller Art beheimatet, besonders aber in alten Nadelwäldern. Im Süden Europas und Asiens ist diese Art nur im Gebirge anzutreffen. Manchmal kann man diese ausgesprochenen Waldvögel auch in Parkanlagen beobachten.

Biologie: Ab April legt der Waldbaumläufer 5–6 rot gefleckte, weiße Eier, die vom Weibchen 13–15 Tage bebrütet werden. Die Jungvögel verlassen das Nest nach ca. 13–16 Tagen. Es werden ein, manchmal auch zwei Gelege angelegt. Der Waldbaumläufer stößt ein dünnes, vibrierendes „sriih-sriih" aus. Sein Gesang ist abfallendes Pfeifen, gefolgt von einem Triller, erinnert an den der Blaumeise. Die Nahrung besteht aus Insekten sowie deren Eiern und Larven sowie Spinnen und auch Pflanzensamen. Der Vogel sucht nach seiner Nahrung, indem er in Spiralen den Baumstamm hochklettert, wobei er die steifen Steuerfedern nach Art der Spechte als Stütze einsetzt.

Besonderheiten: Der Waldbaumläufer errichtet sein Nest vorzugsweise in taschenartigen Hohlräumen hinter loser Baumrinde, ab und an auch in Holzhaufen. Er ist ein Einzelgänger und schläft meistens an einem Baumstamm hinter einer losen Rindenplatte. Nachdem die Jungvögel das Nest verlassen haben, halten sie sich oft noch einige Tage beim Stamm auf.

Gartenbaumläufer   Certhia brachydactyla

Diese Spezies unterscheidet sich von dem ihr sehr ähnlichen Waldbaumläufer durch die Stimme, die leicht graubraun verwaschenen Flanken, den nicht ganz so weißen Überaugenstreif sowie den längeren, stärker gebogenen Schnabel. Beide Geschlechter sind von gleicher Färbung.

Verbreitung: Gartenbaumläufer sind in vier Unterarten als **Jahresvögel** in Europa, Vorderasien und Nordafrika verbreitet – und zwar von der Iberischen Halbinsel ostwärts bis Polen, Griechenland und in die Türkei. Die Spezies fehlt nur in England und in Skandinavien.

Den Winter verbringen die Vögel gewöhnlich im eigenen Brutgebiet, gelegentlich streifen sie lokal umher.

Lebensraum: Gartenbaumläufer bewohnen vorzugsweise Laubwälder, insbesondere Eichen- und Buchenwälder, in manchen Gebieten aber auch Nadelwälder; darüber hinaus sind die Vögel in Auwäldern, Parks, Alleen und im Gartengelände anzutreffen.

Biologie: Der Gartenbaumläufer errichtet sein Nest vorzugsweise an einem Baumstamm hinter einem losen Rindenstück, gelegentlich auch in einer Felsspalte, einem Holzhaufen oder unter einem Hausdach. Ab April legt das Weibchen hier für gewöhnlich 6–7 weißliche, rotbraun gefleckte Eier, die meistens von beiden Partnern 13–15 Tage lang bebrütet werden. Die Jungvögel werden nach 15–18 Tagen flügge. Gartenbaumläufer bringen zwei Gelege im Jahr hervor. Auf der Suche nach Nahrung suchen sie die Rinde von alten Baumstämmen in Spirallinien von unten nach oben ab. Dabei kommen den Vögeln ihre langen spitzen Krallen sowie die steifen Federn ihres Stützschwanzes zugute. Ihr flatternder Flug führt diese Vögel meist nur über kurze Strecken. Der charakteristische Ruf ist ein hartes, lautes ,,tit-tit-tit", der pfeifende, abgehackte Gesang klingt wie ,,titititeroiti". Als Nahrung dienen vor allem Insekten, deren Eier und Larven sowie Spinnen.

Besonderheiten: Bei großer Kälte kauern sich Gartenbaumläufer oft in kleinen Gruppen in einer flachen Tasche abgesprengter Baumrinde zusammen, um dort gemeinsam die Nacht zu überstehen.

Familie	Certhiidae Baumläufer
Gesamtlänge	12,5 cm
Flügelspann-weite	17–20,5 cm
Gewicht	6–11 g
Merkmale	Form des Schnabels, Nahrungssuche, Stimme, Nistplätze
Europäische Population	3,4–6,4 Millionen Paare
Internationaler Artenschutz	SPEC 4 BERN 2
Mittelmeer	

Gartenbaumläufer an seinem Nest. Oben: Zeichnung über die Methodik der Nahrungssuche dieser Spezies.

Beutelmeise   Remiz pendulinus

Die kleine, eher gedrungene Beutelmeise weist einen kastanienbraunen Rücken und eine weiß-liche, auf der Brust rötlich braun angehauchte Gefiederunterseite auf. Ihr Kopf ist aschgrau mit einer auffälligen schwarzen Gesichtsmaske, der Schnabel ist kurz und spitz. Das Weibchen zeigt ein schlichteres, weniger kontrastreiches Feder-kleid.

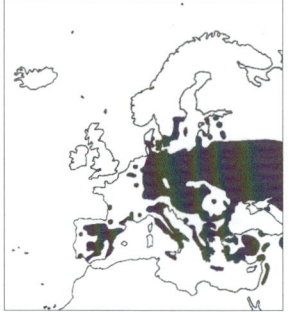

Verbreitung: Beutelmeisen sind als **Teilzieher** in elf Unterarten in großen Teilen Eurasiens behei-matet. Von Deutschland ostwärts ist die Spezies als **Sommervogel**, in manchen Teilen West- und Südeuropas sogar als **Jahresvogel** vertreten. Den Winter verbringen diese Vögel südlich ihrer Brutge-biete bis in den Mittelmeerraum.

Lebensraum: Die Beutelmeise lebt vorzugsweise in Sumpfgebieten mit Gebüsch, im Schilf- bzw. Weidendickicht an Gewässern sowie in Auwäldern.

Biologie: Ein besonderes Merkmal dieser Spezies ist ihr beutelförmiges Hängenest, das aus Pflanzenfasern und Samenwolle kunstvoll geflochten und mit einer Ein-gangsröhre versehen wird. Es wird immer am Ende eines Zweiges, der meistens über das Wasser hinaushängt, oder zwischen zwei Halmen im Schilf befestigt. Hier legt das Weibchen ab April 6–8 weiße Eier, die von ihm 13–14 Tage lang bebrütet werden. Die Jungen fliegen nach 18–26 Tagen aus. Beutelmeisen bringen ein, manchmal auch zwei Gelege im Jahr hervor. Die Vögel verstehen es, sich akrobatisch in der dichten Vegetation zu bewegen. Außerhalb der Fortpflanzungszeit leben die Tiere recht gesellig. Sie sind geschickte und schnelle Flieger. Ihr charakteristischer Ruf ist ein hohes, gedehntes „ziieh", das auch aus einiger Entfernung noch zu hören ist. Die Beutelmeise ernährt sich hauptsächlich von Insekten, deren Larven und Eiern sowie von Spinnen. Im Winter nehmen sie auch verschiedene Pflanzensamen auf.

Besonderheiten: Das Männchen errichtet den Rohbau des Nests allein; erst wenn ein Weibchen einzieht, wird das Nest gemeinsam fertiggestellt. Danach baut das Männchen oft noch ein zweites Nest, um damit ein weiteres Weibchen anzulocken.

Pirol   Oriolus oriolus

Der wunderschön gefärbte, elegante Pirol ist trotz seiner auffallenden Farbenpracht wegen seiner Scheu kaum zu beobachten. Das Gefieder des Männchens ist goldgelb mit schwarzen Flügeln, sein Schnabel rötlich. Das Weibchen *(Bild unten)* ist an der Oberseite graugrün mit gelblichem Bürzel und braunen Flügeln, die Unterseite weißlich mit dunkler Längsstreifung.

Verbreitung: Pirole sind **Langstreckenzieher**, die in zwei Unterarten in Eurasien und Nordafrika als Brutvögel verbreitet sind. In Europa fehlt diese Spezies in Island sowie in weiten Teilen Großbritanniens und Skandinaviens. Den Winter verbringen die Vögel in Südafrika und Indien.

Familie
Oriolidae
Pirole

Gesamtlänge
24 cm

Flügelspannweite
44–47 cm

Gewicht
42–100 g

Merkmale
Färbung des Gefieders,
Stimme,
Form des Nestes

Europäische Population
1,1–2 Millionen Paare

Internationaler Artenschutz
BERN 2

Bäume

Lebensraum: Der Pirol brütet vorzugsweise in Laubwäldern, manchmal auch in Mischwäldern, außerdem bewohnt er Parks mit alten Bäumen, Obsthaine und Auwälder.

Biologie: Der Pirol legt sein kunstvoll aus langen Fasern und Halmen geflochtenes Napfnest in einer waagrechten Astgabel hoch in einem Laubbaum an. Sein Nest ist so solide gebaut, dass es über Jahre hinweg verwendet werden kann. Ab Mai werden hier vom Weibchen 3–4 schwarz gefleckte, weiße Eier abgelegt, die vorwiegend von ihm 16–17 Tage lang bebrütet werden. Das Weibchen ist meistens auch für die Fütterung der Jungen zuständig. Die Jungvögel werden nach 16–17 Tagen flügge. Der Pirol bringt nur ein Gelege im Jahr hervor. Die Tiere sind überaus scheu und halten sich meistens – allein oder paarweise – in den hohen Baumkronen auf. Das Männchen macht sich durch seinen angenehmen flötenden Gesang bemerkbar, der wie ,,düdlio'' klingt. Die Vögel sind schnelle Flieger und bewegen sich in geradlinigem Flug, oder im Bogenflug fort. Die Nahrung setzt sich hauptsächlich aus Insekten zusammen, die Tiere nehmen aber auch gerne Früchte verschiedenster Art zu sich – wie etwa Kirschen, Weintrauben, Himbeeren, Brombeeren und im Süden vor allem auch Feigen. Bei besonders haarigen Raupen werden die Haare entfernt, ehe sie gefressen werden. Der Pirol lässt sich nur selten in Bodennähe blicken; am Boden bewegt er sich hüpfend wie eine Amsel fort.

Neuntöter   Lanius collurio

Familie
Laniidae
Würger

Gesamtlänge
17 cm

**Flügelspann-
weite**
24–27 cm

Gewicht
21–40 g

Merkmale
Färbung des
Gefieders,
Form des
Schnabels,
Stimme,
Ernährung

**Europäische
Population**
2,6–3,6
Millionen Paare

**Internationaler
Artenschutz**
SPEC 3
EEC 1
BERN 2

Bäume

Diese Spezies ist auch unter dem Namen Rot-rückenwürger bekannt. Das Männchen *(Bild unten)* weist einen rotbraunen Rücken, einen schwarzen, seitlich weiß gesäumten Schwanz und einen aschgrauen Kopf mit einer schwarzen Maske auf. Das Gefieder der Unterseite ist weißlich bzw. rosa überhaucht, die Kehle ist weiß. Der Neuntöter hat einen kräftigen, an der Spitze hakigen Schnabel mit einem Zahn. Das Weibchen weist einen mattbraunen Rücken und eine weißliche, dunkel gewellte Unterseite auf.

Verbreitung: Neuntöter sind Langstreckenzieher, die in drei Unterarten in Eurasien verbreitet sind. In Europa fehlt die Spezies im Norden Skandinaviens, in Großbritannien und im Süden Spaniens. Den Winter verbringen die Vögel im südlichen Afrika.

Lebensraum: Neuntöter bevorzugen offenes Land mit Büschen und Hecken, sind aber auch in Parks und größeren Gärten mit Hecken anzutreffen. Den Winter verbringen die Vögel vorwiegend in der afrikanischen Savanne.

Biologie: Der Neuntöter legt sein napfförmiges Nest meistens in einem dornigen Busch an. Hier legt das Weibchen ab Mai für gewöhnlich 3–7 weißliche, bräunlich gefleckte Eier ab, die hauptsächlich von ihm ca. 14 Tage lang bebrütet werden. Die Jungvögel werden nach 14–15 Tagen flügge. Es wird nur ein Gelege im Jahr angelegt. Neuntöter sind relativ leicht zu beobachten, da sie gerne auf einer erhöhten Warte sitzend nach Beute Ausschau halten. Ihr Flug ist eher bogenförmig und von langsamen, kräftigen Flügelschlägen getragen. Der typische Ruf dieser Spezies ist ein raues, hartes „gäckäck", in ihrem halblauten Gesang ahmen sie gerne andere Vogelstimmen nach. Neuntöter jagen von einer erhöhten Warte aus, von wo die Vögel geduldig nach Beute (Insekten, kleine Vögel, Reptilien und Kleinsäuger) Ausschau halten. Manchmal rütteln sie erst in der Luft stehend, ehe sie auf ihre Beute hinabstoßen.

Besonderheiten: Wie andere Würger hat auch der Neuntöter die Eigenheit, Vorräte anzulegen, indem er seine Beute auf Dornen aufspießt.

Bestände: In weiten Teilen des europäischen Verbreitungsgebietes nehmen die Bestände des Neuntöters immer mehr ab, was vor allem auf die Veränderung seiner natürlichen Lebensräume, den Einsatz von Pestiziden sowie auf die schwierigen Lebensbedingungen in den Winterquartieren zurückzuführen ist.

Raubwürger   *Lanius excubitor*

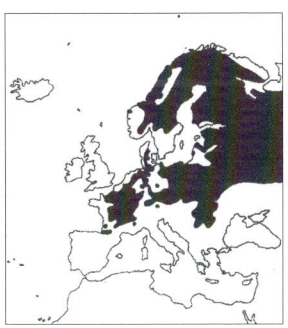

Der Raubwürger, ein großer Vertreter der Laniidae, ist an der Oberseite aschgrau gefärbt, der Kopf weist eine schwarze Maske auf. Die Unterseite ist weiß, der lange Schwanz sowie die Flügel sind größtenteils schwarz. Der kräftige Schnabel ist an der Spitze leicht hakig gebogen. Beide Geschlechter sind einander sehr ähnlich.

Verbreitung: Raubwürger sind **Teilzieher**, die in ca. 15 Unterarten in Eurasien, Zentral- und Nordafrika und Nordamerika beheimatet sind. In Europa ist die Spezies nördlich des 60. Breitengrades **Sommervogel**, südlich davon entweder Jahresvogel oder Wintergast. Tiere der nördlichen Populationen überwintern südlich ihres Brutgebietes bis hin zum Mittelmeerraum.

Lebensraum: Der Raubwürger bewohnt bevorzugt Waldränder und Lichtungen sowie offenes Gelände mit einzelnen Baumgruppen; der Vogel ist aber auch in Heckenlandschaften und Obstplantagen anzutreffen.

Biologie: Sein grobes Nest aus Zweigen und Wurzeln, das mit Wolle und Federn ausgelegt wird, errichtet der Raubwürger meistens in den Zweigen eines Busches. Hier legt das Weibchen ab Ende März für gewöhnlich 4–7 grünlich weiße, braun gefleckte Eier, die von ihm 15–17 Tage bebrütet werden. Die Jungvögel sind nach 15–18 Tagen flügge. Raubwürger bringen ein bis zwei Bruten im Jahr hervor. Der Vogel ist aggressiv, wenig gesellig und duldet keine Konkurrenten oder Eindringlinge in seinem Revier. Sein Flug ist bogenförmig. Der Ruf ist ein raues ,,tschäk-tschäk''; zusätzlich ist sein durchdringendes ,,trüüii'' zu vernehmen. Der Raubwürger jagt von einer erhöhten Sitzwarte aus, von der er nach Beute Ausschau hält. Diese stärkste Würgerart ernährt sich nicht nur von großen Insekten und Vögeln, sondern er schlägt manchmal auch große Beute wie Eichhörnchen und Schlangen, wobei er auch die Kraft seiner Füße einsetzt.

Bestände: Raubwürger werden in weiten Teilen ihres europäischen Brutgebietes immer seltener, was auf die Veränderung ihres Lebensraums, den Einsatz von Pestiziden und auf ungünstige klimatische Bedingungen während der Fortpflanzungszeit zurückzuführen ist.

Ähnliche Arten: Der **Schwarzstirnwürger** *(Lanius minor)* ist etwas kleiner als der Raubwürger und weist eine Gesichtsmaske auf, die auch die Stirn bedeckt. Er ist als Sommervogel von Polen bis ins ehemalige Jugoslawien und ostwärts bis Mittelsibirien beheimatet. Den Winter verbringen die Vögel im südlichen Afrika. Auch diese Spezies wird heute immer seltener.

Familie	Laniidae Würger
Gesamtlänge	24–25 cm
Flügelspann- weite	30–34 cm
Gewicht	50–80 g
Merkmale	beachtliche Größe, Gesichtsmaske, Länge des Schwanzes, Jagdmethode
Europäische Population	257 000–363 000 Paare
Internationaler Artenschutz	SPEC 3 BERN 2
Bäume	

Ein Raubwürger im Winterkleid. Oben: Illustrationen von Kopf und Federkleid des Schwarzstirnwürgers (oben) und des Raubwürgers (unten).

Eichelhäher Garrulus glandarius

Familie	Corvidae Rabenvögel
Gesamtlänge	34–35 cm
Flügelspannweite	52–58 cm
Gewicht	145–170 g
Merkmale	Flügelzeichnung, Stimme
Europäische Population	5,1–9,4 Millionen Paare
Internationaler Artenschutz	BERN 3
Wälder	

Dieser schöne Rabenvogel weist ein vorwiegend rosabräunlich gefärbtes Federkleid auf. Die Flügel sind weiß und schwarz; charakteristisch sind die blau und schwarz gezeichneten Flügeldecken. Kehle und Bürzel sind weiß, der Oberkopf ist gestreift. Besonders auffallend ist der schwarze Bartstreif, der sich über die weißen Wangen und das weiße Kinn zieht. Beide Geschlechter sind gleich gefärbt.

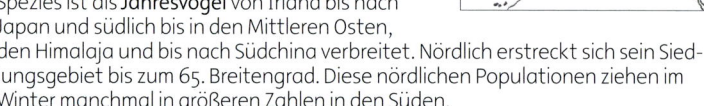

Verbreitung: Eichelhäher sind in ca. 40 Unterarten in Eurasien und Nordafrika beheimatet. Die Spezies ist als **Jahresvogel** von Irland bis nach Japan und südlich bis in den Mittleren Osten, den Himalaja und bis nach Südchina verbreitet. Nördlich erstreckt sich sein Siedlungsgebiet bis zum 65. Breitengrad. Diese nördlichen Populationen ziehen im Winter manchmal in größeren Zahlen in den Süden.

Lebensraum: Eichelhäher sind in Wäldern aller Art beheimatet; darüber hinaus trifft man die Vögel ab und an auch in Parks und in Obstgärten an.

Biologie: Der Eichelhäher errichtet sein Nest auf einem hohen Baum, vorzugsweise in einer Astgabel. Hier legt das Weibchen ab April für gewöhnlich 5–7 grünliche, braun gefleckte Eier ab, die von beiden Partnern 16–17 Tage lang bebrütet werden. Die Jungvögel werden nach ca. 21–22 Tagen flügge. Eichelhäher legen nur ein Gelege im Jahr an. Die Vögel sind überaus scheu und vorsichtig und halten sich meistens im Schutz dichter Vegetation auf. Sie sammeln im Herbst Eicheln, aber auch Bucheckern und Haselnüsse, um sie als Vorräte für den Winter einzeln zu vergraben. Die Vögel verstecken so viele Eicheln im Boden, dass sie oft einen Teil ihrer Vorräte vergessen und dadurch zur Verbreitung der Eiche beitragen. Im Frühjahr tut sich der Eichelhäher mit einem eigenartigen Gesang aus glucksenden, pfeifenden und heiseren Lauten hervor. Charakteristisch ist sein lautes heiseres „räätsch", das er ausstößt, wenn ihn etwas beunruhigt, wodurch er auch die anderen Tiere des Waldes vor Feinden warnt. Der Eichelhäher ernährt sich hauptsächlich von wirbellosen Tieren, Früchten und Samen, wobei er eine besondere Vorliebe für Eicheln zeigt. Er macht aber auch Jagd auf kleine Wirbeltiere, vor allem auf Eier und Küken, die er zur Brutzeit aus fremden Nestern holt.

Ähnliche Arten: Der **Unglückshäher** (*Perisoreus infaustus*) ist graubraun mit rotbraunem Bürzel und einer ebensolchen Schwanzaußenseite. Diese Art brütet im nördlichen Eurasien.

Elster   *Pica pica*

Dieser große elegante Rabenvogel weist ein schwarz-weißes Federkleid mit grünlichem, violettem oder bläulichem Metallglanz auf Flügeln und Schwanz auf. Letzterer ist auffällig lang und gestuft. Die Flügel sind gerundet, Schnabel und Beine sind besonders kräftig. Beide Geschlechter sind gleich gefärbt.

Verbreitung: Elstern sind als Jahresvögel in einem Dutzend Unterarten in Eurasien, Nordwestafrika und Nordamerika beheimatet. In Europa fehlt die Spezies nur in Island, Nordschottland, in der russischen Tundra und auf einigen Mittelmeerinseln. Nördliche Populationen ziehen im Winter manchmal etwas weiter in den Süden.

Familie	Corvidae Rabenvögel
Gesamtlänge	44–46 cm
Flügelspannweite	52–60 cm
Gewicht	130–290 g
Merkmale	Färbung des Gefieders, Form des Schwanzes, Stimme, Nestform
Europäische Population	7,6–12 Millionen Paare
Internationaler Artenschutz	BERN 3
Bäume	

Lebensraum: Elstern sind vor allem im offenen Gelände, das mit Bäumen und Hecken durchsetzt ist, anzutreffen, außerdem an Waldrändern, in Obstgärten und in städtischen Parks.

Biologie: Die Elster errichtet ihr Nest meistens auf einem Baum oder in einem hohen Strauch, wo sie ein napfförmiges Geflecht aus Zweigen errichtet, auf das sie ein lockeres Dach aus Ästchen setzt. Hier legt das Weibchen ab Mitte März

5–7 bläulich weiße, braun gefleckte Eier, die von ihm 21–22 Tage lang bebrütet werden. Die Jungen fliegen nach 24–30 Tagen aus. Elstern legen nur ein Gelege im Jahr an. Als schlaue und anpassungsfähige Kulturfolger treten Elstern oft in Scharen in Dörfern und Städten auf. Die Vögel bringen meist nur harte, schackernde Laute hervor. Sie ernähren sich von Würmern, Schnecken, Insekten, aber auch von Früchten und Samen sowie von Aas. Häufig plündern die Vögel Nester anderer Vogelarten.

Ähnliche Arten: Die Blauelster *(Cyanopica cyanus)*, die wegen ihrer schwarzen Kappe, dem blauen Schwanz und den blauen Flügeln kaum mit andere Vögeln zu verwechseln ist, brütet als Jahresvogel auf der Iberischen Halbinsel und in Ostasien.

Die beiden Abbildungen zeigen eine Elster (oben) sowie eine Schar von Blauelstern (links).

Tannenhäher   Nucifraga caryocatactes

Familie	
Corvidae	
Rabenvögel	
Gesamtlänge	
32–33 cm	
Flügelspann-	
weite	
52–58 cm	
Gewicht	
125–190 g	
Merkmale	
Färbung des	
Gefieders,	
Stimme,	
Ernährung,	
Lebensraum	
Europäische	
Population	
186 000–	
251 000 Paare	
Internationaler	
Artenschutz	
BERN 2	
Wälder	

Der Tannenhäher ist vor allem an seinem dunkelbraunen Federkleid mit den kräftigen weißen
Flecken zu erkennen, das etwas an das Winterkleid des Stars erinnert. Der schwarze Schwanz
wirkt vor allem im Flug auffallend kurz. Charakteristisch ist auch der lange, spitz zulaufende
Schnabel, dessen Länge je nach Unterart variiert. Die Unterschwanzdecken sind ebenso weiß
wie der Rand des Schwanzes. Den Kopf des Tannenhähers ziert eine schwarzbraune Kappe, die
bis ins Genick reicht. Beide Geschlechter zeigen
im Gefieder keine Unterschiede.

Verbreitung: Tannenhäher sind in 8–9 Unterarten als Jahresvögel in Eurasien verbreitet. Die
Spezies ist von den Alpen ostwärts über den Balkan bis in die Karpaten verbreitet,
im Norden von Südskandinavien ostwärts bis nach China. Tannenhäher brüten u. a.
im Schwarzwald und auf der Schwäbischen Alb. Im Herbst kommt es in Europa gelegentlich zur Einwanderung von Vögeln aus Sibirien; es handelt sich dabei um die
Unterart Nucifraga caryocatactes macrorhynchos, die stets aus Nahrungsmangel
nach Westen zieht.

Lebensraum: Tannenhäher bewohnen Nadelwälder, aber auch Mischwälder mit
hohem Nadelholzanteil. In Mitteleuropa ist diese Spezies vor allem im Gebirge anzutreffen, in Nordeuropa aber auch in tieferen Lagen.

Biologie: Ab Februar legt das Weibchen in ein Nest, das in einem Nadelbaum errichtet wird, 3–4 braun gefleckte, bläuliche Eier, die von beiden Partnern ca. 18 Tage lang
bebrütet werden. Die Jungen, deren Nahrung die Altvögel zu einem Brei aufberei-
ten, verlassen das Nest nach 23–28 Tagen. Tannenhäher bringen nur eine Brut im
Jahr hervor. Die Vögel sind gesellig, aber sehr vorsichtig, und reagieren bei Störung
mit lauten Rufen. Außerhalb der Fortpflanzungszeit lassen sie sich gerne auf dem
Wipfel eines Nadelbaums
nieder und lassen ihr raues
„krärr" hören.

Besonderheiten: Tannenhäher
ernähren sich von Haselnüssen,
Eicheln, Beeren, Früchten und
von Insekten sowie von Eiern
und Jungvögeln aus fremden
Nestern; eine besondere Vorliebe zeigen die Vögel für die
Nüsse der Arven oder Zirbel-
kiefern, von denen sie oft bis
zu 100 Stück in ihrem großen
Schlundsack sammeln, um sie
danach einzeln in Verstecken
zu deponieren, die manchmal
auch 10–15 km entfernt sein
können. Auf diese Vorräte greifen sie vor allem in der Zeit der
Aufzucht ihrer Jungen zurück.
Nicht selten werden solche
Vorräte vergessen, ein Umstand, der zum Überleben der
Zirbelkiefer beiträgt.

Alpendohle   Pyrrhocorax graculus

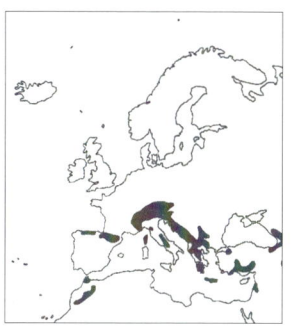

Dieser schlanke Rabenvogel hat ein völlig schwarzes Gefieder, einen geraden gelben Schnabel und rote Beine. Von der nahe verwandten und sehr ähnlichen Alpenkrähe unterscheidet er sich in der Färbung des Schnabels sowie im Flugbild, wobei die Alpendohle schmälere Flügel und einen längeren Schwanz als die Alpenkrähe erkennen lässt. Die Geschlechter sind einander ähnlich. Jungvögel weisen ein matteres Gefieder, schwarze Beine und einen dunklen Schnabel auf.

Verbreitung: Alpendohlen sind in drei Unterarten als **Jahresvögel** in Eurasien und Nordafrika (Marokko) beheimatet. In Europa ist die Spezies vor allem in den Pyrenäen, den Alpen, in Mittelitalien, auf dem Balkan und in Griechenland verbreitet. Im Winter suchen diese Vögel etwas tiefere Lagen auf.

Lebensraum: Alpendohlen leben bevorzugt im Hochgebirge in felsigen Landschaften mit Schluchten und hohen Wänden.

Biologie: Die Alpendohle errichtet ihr großes Nest an unerreichbaren Stellen, in einer Felsspalte, einer Felshöhle oder an einem Felssims in einer Schlucht. Von Mai bis Juni legt das Weibchen hier für gewöhnlich 3–5 weiße, braun gesprenkelte Eier, die von ihm 18–21 Tage lang bebrütet werden. Die Jungvögel verlassen das Nest nach 29–31 Tagen. Alpendohlen bringen nur ein Gelege im Jahr hervor. Die Vögel sind das ganze Jahr über sehr gesellig und fliegen oft in Gruppen aus. Dabei zeigen sie ihre erstaunlichen Flugkünste, wenn sie sich vom Aufwind emportragen lassen und nach Gleitphasen plötzlich mit angelegten Schwingen herabschießen, ehe sie wieder ihre Flügel öffnen, um sicher auf einem Felsen zu landen. Alpendohlen ernähren sich u. a. von Insekten und Würmern. Ihr typischer Ruf ist ein durchdringendes pfeifendes „tjürp". Es kommt ab und an vor, dass eine Schar Alpendohlen größere Greifvögel, wie etwa Steinadler, im Flug begleitet und manchmal diese auch stört.

Besonderheiten: Während der Balz pflegen sich die beiden Partner gegenseitig und glätten sich das Gefieder. Alpendohlen sind regelmäßige Gäste in Winersportorten, wo sie bei Berghütten und Hotels Nahrung suchen.

Familie
Corvidae
Rabenvögel

Gesamtlänge
38 cm

Flügelspann-weite
75–85 cm

Gewicht
190–250 g

Merkmale
Form und Farbe des Schnabels, Lebensraum, Stimme, geselliges Verhalten

Europäische Population
58 000–80 500 Paare

Internationaler Artenschutz
BERN 2

Felsen

Eine Alpendohle bei ihrem Nest mit den Jungen. Oben: Eine Alpendohle im Flug. Deutlich erkennbar ist der gerundete Schwanz.

Dohle   *Corvus monedula*

Familie Corvidae Rabenvögel	
Gesamtlänge 33–34 cm	
Flügelspann- weite 67–74 cm	
Gewicht 175–280 g	
Merkmale Färbung des Gefieders, Stimme, Augenfarbe	
Europäische Population 4–8 Millionen Paare	
Internationaler Artenschutz SPEC 4 BERN 2	
Siedlungs- gebiete	

Dieser kleinste Rabenvogel Europas hat ein schwarzes Gefieder mit grauem Hinterkopf und Nacken. Die Augen sind weißlich grau gefärbt, Schnabel und Beine sind kräftig ausgebildet. Beide Geschlechter sind gleichartig.

Verbreitung: Dohlen sind Teilzieher, die in vier Unterarten in Eurasien und Nordafrika verbreitet sind. Die Spezies ist in Europa größtenteils als Jahresvogel vertreten und fehlt nur in Island und großen Teilen Skandinaviens. In Nordrussland leben Dohlen nur als Sommervögel. Die nördlichen und östlichen Populationen überwintern südlich ihrer Brutgebiete.

Lebensraum: Bevorzugte Lebensräume der Dohlen sind lichte Wälder und Parks ebenso wie felsige Landschaften im Gebirge und an den Küsten. Oft finden sich die Vögel bei Ruinen ein, wo sie gemeinsam nisten. In Städten und Dörfern legen sie ihre Nester sogar in Kirchtürmen oder in Schornsteinen an.

Biologie: Dohlen sind Felshöhlenbrüter und nisten vorzugsweise in Fels- und Baumhöhlen an steilen Hängen und Klippen im Binnenland und an der Küste. Manchmal errichten sie ihr Zweignest aber auch in Steinbrüchen oder in Nischen eines alten Gebäudes. Hier legt das Weibchen ab April für gewöhnlich 4–6 braun gefleckte, grünliche Eier ab, die von ihm ca. 17–18 Tage bebrütet werden. Die Jungen werden nach 28–36 Tagen flügge. Dohlen bringen nur ein Gelege im Jahr hervor. Die Vögel sind auch in der Fortpflanzungszeit überaus gesellig. Zur Nahrungssuche begeben sie sich oft in Scharen in die umliegenden Kulturlandschaften. Dohlen sind sehr intelligente und lebhafte Vögel, bleiben aber stets wachsam. Sie sind überaus geschickte Flieger, was man vor allem bei den abendlichen Gruppenflügen erkennen kann. Ihr charakteristischer Ruf ist ein helles, schallendes „kja"; darüber hinaus macht sie sich mit krächzenden Rufen bemerkbar. Dohlen sind Allesfresser, die sich von Insekten, Weichtieren und Krabben ebenso ernähren wie von Saatgut, Abfällen und den Eiern anderer Vogelarten.

Besonderheiten: Das interessante Verhalten der Dohle wurde, so wie auch das der Graugans, vom berühmten österreichischen Ethologen Konrad Lorenz erforscht.

Saatkrähe Corvus frugilegus

Die bis zu 46 cm große Saatkrähe fällt durch ihr glänzend schwarzes Gefieder mit violettem Schimmer auf. Der Schnabel ist dünner und an der Spitze weniger gekrümmt als jener der recht ähnlich aussehenden Rabenkrähe. Die Schnabelbasis ist nur beim Jungvogel noch mit Federn bedeckt; der Altvogel hat an dieser Stelle ein federloses, kahles graues Feld. Beide Geschlechter sind einander ähnlich.

Verbreitung: Saatkrähen sind **Teilzieher**, die in zwei Unterarten in Eurasien und Neuseeland vertreten sind. In Europa ist die Spezies großteils entweder **Jahresvogel** oder **Wintergast**, wenngleich sie nur lückenhaft verbreitet ist. Besonders häufig tritt sie im Donaubecken und von Polen ostwärts auf. Die russischen Populationen verbringen den Winter südlich ihrer Brutgebiete.

Lebensraum: Dieser Rabenvogel bewohnt vor allem offenes Gelände mit Baumgruppen sowie Ackerland und Auwälder. Darüber hinaus trifft man die Vögel im Winter auch in Parks und Gärten an.

Biologie: Saatkrähen nisten in Kolonien auf Bäumen. In einem flachen, hoch in einem Baum aus Zweigen errichteten Nest, das vom selben Paar oft mehrere Jahre hintereinander benutzt wird, werden vom Weibchen ab März 2–6 braun gesprenkelte Eier abgelegt, die von ihm 16–18 Tage lang bebrütet werden. Die Jungen werden nach 30–36 Tagen flügge. Saatkrähen bringen nur ein Gelege im Jahr hervor. Manchmal brüten sie in gemischten Kolonien zusammen mit Fischreihern oder Kormoranen. Saatkrähen leben überaus gesellig und bilden vor allem im Winter oft große Schwärme, die auch die Nächte gemeinsam auf Schlafbäumen verbringen. Ihr typischer Ruf ist ein raues, heiseres „kroah". Saatkrähen suchen sich ihre Nahrung auf dem offenen Feld, wo sie vor allem wirbellose Tiere, insbesondere Insekten und Würmer, erbeuten; außerdem ernähren sie sich von Getreidekörnern, kleinen Wirbeltieren und Aas, in manchen Gegenden auch von verschiedenen Früchten, Nüssen, Eicheln und Pinienkernen.

Familie
Corvidae
Rabenvögel

Gesamtlänge
44–46 cm

Flügelspannweite
81–99 cm

Gewicht
330–600 g

Merkmale
Form des Schnabels, Brutverhalten

Europäische Population
3,2–3,8 Millionen Paare

Internationaler Artenschutz
BERN 3

Bäume

Aaskrähe   Corvus corone

Familie	Corvidae Rabenvögel
Gesamtlänge	45–47 cm
Flügelspann-weite	93–104 cm
Gewicht	370–670 g
Merkmale	Form des Schnabels, Färbung des Gefieders, Stimme, Brutverhalten
Europäische Population	5,7–6,9 Millionen Paare
Internationaler Artenschutz	BERN 3
Bäume	

Diese weitverbreitete Spezies tritt in zwei unterschiedlichen Formen auf: als **Rabenkrähe** *(Corvus corone corone)*, die schwarz gefärbt ist, und als **Nebelkrähe** *(Corvus corone cornix)* mit überwiegend grauem Gefieder. Schnabel und Beine der Aaskrähe sind kräftig, Flügel und Schwanz sind gerundet. Beide Geschlechter sind gleich gefärbt.

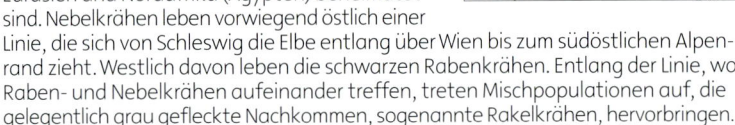

Verbreitung: Aaskrähen sind **Teilzieher**, die in sechs Unterarten (in zwei Gruppen unterteilt, nämlich als schwarze und graue Aaskrähen) in Eurasien und Nordafrika (Ägypten) beheimatet sind. Nebelkrähen leben vorwiegend östlich einer Linie, die sich von Schleswig die Elbe entlang über Wien bis zum südöstlichen Alpenrand zieht. Westlich davon leben die schwarzen Rabenkrähen. Entlang der Linie, wo Raben- und Nebelkrähen aufeinander treffen, treten Mischpopulationen auf, die gelegentlich grau gefleckte Nachkommen, sogenannte Rakelkrähen, hervorbringen.

Lebensraum: Die Aaskrähe bewohnt Waldland, Hecken, Heiden und Landwirtschaftsflächen; darüber hinaus tritt sie auch in Parks und in Ortschaften auf.

Biologie: Aaskrähen nisten vorzugsweise auf Bäumen, aber auch in Sträuchern, auf Gebäuden und in Felswänden, in seltenen Fällen auch auf dem Boden. Das geräumige Nest wird aus Zweigen, Halmen, Blättern, Baumrinde und Erde errichtet. Hier werden ab März für gewöhnlich 3–6 braun gesprenkelte, bläuliche Eier abgelegt, die vom Weibchen ca. 18–19 Tage lang bebrütet werden. Die Jungen werden nach 28–38 Tagen flügge. Aaskrähen bringen nur ein Gelege im Jahr hervor. Die Vögel verhalten sich dem Menschen gegenüber stets vorsichtig und wachsam. Aaskrähen leben paarweise oder in kleinen Gruppen, die dem Einzelindividuum mehr Sicherheit bieten und die Nahrungssuche erleichtern. Sie verbringen viel Zeit am Boden, wo sie sich laufend oder mit kleinen, etwas unbeholfenen Sprüngen fortbewegen. Ihr Flug, von langsamen Flügelschlägen getragen, wirkt etwas mühsam. Ihr Ruf ist ein raues, hartes „krah-krah". Aaskrähen sind praktisch Allesfresser; sie suchen sich ihre Nahrung vor allem auf Wiesen und Feldern, aber auch in den Ortschaften, und betätigen sich auch als Aasfresser und Nesträuber.

Eine Nebelkrähe. Oben: Der Fußabdruck einer Aaskrähe.

Kolkrabe   Corvus corax

Der Kolkrabe ist der größte einheimische Rabenvogel und weist einen kräftigen Schnabel mit befiederter Basis, ein violett glänzendes schwarzes Gefieder, lange und breite Flügel und einen keilförmigen Schwanz auf. Beide Geschlechter sind gleich gefärbt. Die Jungvögel *(Bild unten)* sind matt braunschwarz und zeigen einen weniger keilförmigen Schwanz.

Verbreitung: Kolkraben sind in circa zehn Unterarten als **Jahresvögel** in Eurasien, Grönland, Nordafrika sowie in Mittel- und Nordamerika verbreitet. In Europa fehlt die Spezies in Teilen Großbritanniens, Frankreichs und des östlichen Mitteleuropas.

Lebensraum: Kolkraben bewohnen bevorzugt felsige Landschaften von den Meeresküsten bis in die Gebirge. In manchen Gebieten Euopas leben sie auch in Wäldern, im Norden auch in der Tundra.

Biologie: Der Kolkrabe benutzt seinen Horst, den er aus Ästen und Zweigen auf Bäumen, Sträuchern oder auf Felsen errichtet, oft über Jahre hinweg. Hier legt das Weibchen ab Februar 4–6 braun gesprenkelte, grünliche Eier, die es 20–21 Tage lang bebrütet. Kolkraben sind Allesfresser und suchen sich ihre Nahrung oft auch in großer Entfernung vom Nistplatz. Besonders gerne ernähren sich diese Vögel von Aas und tauchen oft recht zahlreich bei großen Kadavern auf. Kolkraben sind meisterhafte und akrobatische Flieger. Ihr charakteristischer Ruf ist ein tiefes „krock-krock".

Besonderheiten: Die Kolkrabenpaare bleiben ihr ganzes Leben lang zusammen und lernen einander so gut kennen, dass ein Partner den anderen mit dessen bevorzugt geäußerten Lauten ruft. Während der Balz vollführen beide Partner akrobatische Flugkunststücke, bei denen sie sich steil herabfallen lassen oder auch auf dem Rücken liegend fliegen.

Familie
Corvidae
Rabenvögel

Gesamtlänge
64 cm

Flügelspannweite
120–150 cm

Gewicht
1–1,5 kg

Merkmale
Größe,
Form des
Schnabels,
Stimme,
Form des
Schwanzes

Europäische Population
203 000–
257 000 Paare

Internationaler Artenschutz
BERN 3

Felsen

Star   Sturnus vulgaris

Familie Sturnidae Stare	
Gesamtlänge 21,5 cm	
Flügelspann- weite 37–42 cm	
Gewicht 40–105 g	
Merkmale Färbung des Gefieders, Form des Schnabels, Stimme, geselliges Verhalten	
Europäische Population 34–49 Millionen Paare	
Internationaler Artenschutz BERN 3	
Siedlungs- gebiete	

Der weitverbreitete und häufig anzutreffende Star fällt durch sein schwarzes, metallisch glänzendes Brutgefieder auf, Oberseite und Bauch sind weiß gefleckt. Im Ruhekleid zeigt er am ganzen Körper eine kräftige weiße Fleckung. Er hat einen gelben Schnabel, kräftige rötliche Beine, einen kurzen Schwanz und spitze, dreieckige Flügel. Beide Geschlechter sind ähnlich gefärbt.

Verbreitung: Stare sind **Teilzieher**, die in einem Dutzend Unterarten in Eurasien verbreitet sind. Darüber hinaus wurde diese Spezies auch in Australien, Neuseeland, Südafrika und Nordamerika eingeführt. Stare bewohnen weite Teile Europas als **Jahresvögel**, in Spanien und einigen anderen Mittelmeerländern treten sie als **Wintergäste** auf. Populationen östlich Skandinaviens ziehen zum Überwintern nach West- und Südeuropa bzw. Nordafrika.

Lebensraum: Stare bewohnen offene Wälder und Felder ebenso wie Gärten und Parks.

Biologie: Der Star brütet vorzugsweise in Baumhöhlen, manchmal aber auch in Mauerlöchern, unter Dächern und Nistkästen. Ab Ende März legt das Weibchen 3–8 grünlich blaue Eier, die von beiden Partnern ca. 12 Tage lang bebrütet werden. Die Jungvögel fliegen nach 12–21 Tagen aus. Stare bringen ein bis zwei Gelege im Jahr hervor. Die Vögel sind überaus gesellig und halten sich oft auch während der Brutzeit in der Gruppe auf. Nach der Brutzeit formieren sie sich dann oft in riesigen Schwärmen, die abends an den Schlafplätzen, häufig in Schilfwäldern, zusammenfinden. Stare sind Allesfresser, die sich neben Würmern, Insekten, Früchten und Samen auch von Vogeleiern und Abfällen ernähren.

Besonderheiten: Im Frühling kann man manchmal einen männlichen Star auf einem Hausdach beobachten, wie er – mit gespreizten Flügeln – einen plaudernden Balzgesang vorträgt, der von lauten Pfiffen durchsetzt ist.

Ähnliche Arten: Der ähnliche **Einfarbstar** *(Sturnus unicolor)* brütet in Nordafrika, auf der Iberischen Halbinsel, auf Korsika, Sardinien und Sizilien, während der großteils rosafarbene **Rosenstar** *(Sturnus roseus)* als Sommervogel von Bulgarien und Rumänien bis ins südliche Mittelsibirien verbreitet ist.

Zwei Rosenstare. Oben: Ein Star im Ruhekleid, mit besonders kräftiger Fleckung.

Haussperling   Passer domesticus

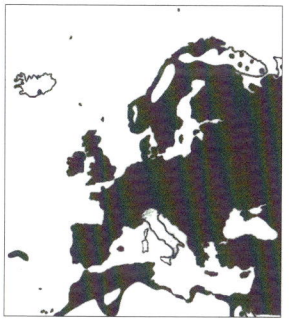

Der bekannte Haussperling, auch Spatz genannt, ist in ganz Europa häufig vertreten. Das Männchen ist an der Oberseite rotbraun mit schwarzen Flecken und weist einen grauen Oberkopf mit einem kastanienbraunen Nacken auf. Die Unterseite ist grau, Kehle und Brust sind schwarz. Das Weibchen ist an der Oberseite braun mit dunklen Flecken, an der Unterseite hell graubraun.

Verbreitung: Haussperlinge sind heute in etwa einem Dutzend Unterarten nahezu auf der ganzen Welt verbreitet. In Europa ist die Spezies fast lückenlos als Jahresvogel vertreten; sie fehlt lediglich in den Gebirgen Skandinaviens, in weiten Teilen Islands, in der russischen Tundra und in großen Teilen Italiens.

Lebensraum: Haussperlinge bewohnen Städte und Dörfer ebenso wie Felder, Hecken und offenes Gelände mit vereinzelten Baumgruppen. Im Süden sind die Vögel auch in felsigen Gebieten anzutreffen.

Biologie: Der Haussperling errichtet sein Nest vorzugsweise in einer Gebäudenische, unter Dachziegeln, in einem Mauerloch oder in einem Busch oder Baum. Die Vögel brüten gerne in Kolonien, oft zusammen mit Feldsperlingen oder Staren. Ab April legt das Weibchen für gewöhnlich fünf grau gefleckte Eier, die von beiden Partnern 10–14 Tage lang bebrütet werden. Die Jungvögel werden nach 10–19 Tagen flügge. Im Sommer suchen oft große Sperlingsscharen die Getreidefelder heim, wo manchmal auch einiger Schaden angerichtet wird. Haussperlinge fliegen schnell und geradlinig mit schnellen Flügelschlägen. Die Vögel machen sich vor allem mit ihrem charakteristischen „schilp-schilp" bemerkbar. Haussperlinge sind typische Allesfresser mit einer Vorliebe für Getreide und Insekten.

Ähnliche Arten: Der Italiensperling (Passer italiae) ist an seinem kastanienbraunen Kopf zu erkennen. Diese Sperlingsart ist auf dem italienischen Festland und auf Korsika zu Hause.

Familie
Ploceidae
Webervögel

Gesamtlänge
14–15 cm

Flügelspannweite
21–22,5 cm

Gewicht
23–40 g

Merkmale
Farbe des Kopfes, Stimme, geselliges Verhalten

Europäische Population
50–63 Millionen Paare

Internationaler Artenschutz
BERN 3

Siedlungsgebiete

Ein Männchen des Haussperlings. Oben: Ein Italiensperling mit einem Jungen im Nest.

Feldsperling *Passer montanus*

Familie Ploceidae Webervögel	
Gesamtlänge 14 cm	
Flügelspann- weite 20–22 cm	
Gewicht 17–29 g	
Merkmale Kopfzeichnung, Stimme	
Europäische Population 13–17 Millionen Paare	
Internationaler Artenschutz BERN 3	
Bäume	

Der Feldsperling weist einen braunen Oberkopf und weiße Wangen sowie einen schwarzen Fleck in der Ohrgegend auf. Die Gefiederoberseite ist braun mit schwarzen Flecken. Er weist einen kleinen, schwarzen Latz und eine weißliche bis beigefarbene Unterseite auf. Beide Geschlechter sind ähnlich gefärbt.

Verbreitung: Feldsperlinge sind **Teilzieher**, die in circa zehn Unterarten in Eurasien beheimatet sind. Die Spezies wurde jedoch auch in Australien, Nordamerika, Indonesien und auf den Philippinen eingeführt. In Europa reicht ihr Siedlungsgebiet nördlich kaum über den 60. Breitengrad hinaus. Feldsperlinge sind auf unserem Kontinent größtenteils **Jahresvögel** – die nordrussischen und sibirischen Populationen jedoch Zugvögel. Manchmal finden im Winter geringfügige Wanderungen von Nord nach Süd bzw. aus dem Gebirge in tiefere Lagen statt.

Lebensraum: Feldsperlinge bewohnen Hecken, Feldgehölze, Obstgärten und Auwälder ebenso wie Gärten und Parks. In bewohnten Gebieten sind diese Vögel jedoch seltener anzutreffen als die Haussperlinge.

Biologie: Der Feldsperling nistet in Baumhöhlen und Felsspalten ebenso wie in Mauerlöchern und Nistkästen. Ab April legt das Weibchen hier 2–7 graue, rotbraun gesprenkelte Eier, die von beiden Altvögeln 11–14 Tage lang bebrütet werden. Die Jungen fliegen nach 15–20 Tagen aus. Feldsperlinge bringen zwei bis drei Bruten im Jahr hervor. Gegenüber dem Menschen verhält sich diese Spezies scheuer als andere Sperlingsarten. Die Vögel sind jedoch recht gesellig, insbesondere im Winter, wo sie gerne Schwärme bilden – oft auch zusammen mit anderen Sperlingsarten –, um sich gemeinsam auf die Suche nach entsprechenden Nahrungsquellen sowie nach sicheren Schlafplätzen zu machen. Feldsperlinge sind wendige Flieger, die mit raschen Flügelschlägen in leicht bogenförmigem Flug unterwegs sind. Stimmlich machen sie sich durch ein hartes ,,zep-zep" sowie durch schilpende Laute bemerkbar. Ihre Nahrung besteht hauptsächlich aus Samen aller Art sowie aus Beeren; während der Fortpflanzungszeit ergänzen sie ihr Nahrungsspektrum jedoch durch Insekten und deren Larven.

Buchfink   Fringilla coelebs

Der Buchfink ist die häufigste Art aller Finkenvögel. Das Männchen *(Bild unten)* weist einen braunen Rücken, eine weinrötliche Unterseite, einen blaugrauen Oberkopf und Nacken, eine schwarze Stirn und schwarze Flügel mit zwei markanten weißen Binden auf. Das Weibchen ist an der Oberseite braun, an der Unterseite gelblich weiß und im Gesamten weniger auffällig gefärbt als das Männchen.

Verbreitung: Buchfinken sind **Teilzieher**, die in 18 Unterarten in Eurasien und Nordafrika beheimatet sind. Die Spezies wurde auch in Neuseeland eingeführt. In Europa reicht ihr Siedlungsgebiet im Norden bis zum 72. Breitengrad. Die Vögel sind hier größtenteils **Jahresvögel**, leben in Skandinavien und Russland jedoch nur als **Sommervögel**. Die nördlichen Populationen ziehen im Herbst in Massen nach Süd- und Westeuropa, um hier zu überwintern.

Lebensraum: Der Buchfink bewohnt vorzugsweise Waldränder, offenes Gelände mit einzelnen Bäumen, Hecken, Obstgärten und Parkanlagen.

Biologie: Der Buchfink errichtet sein napfförmiges Nest gut getarnt mit Moos und Flechten in einem Baum oder Busch. Hier legt das Weibchen ab April 4–5 bläuliche, purpurn gefleckte Eier, die von ihm 12–13 Tage lang bebrütet werden. Die Jungvögel werden nach 11–18 Tagen flügge. Buchfinken bringen ein bis zwei Gelege im Jahr hervor. Sie sind gesellige Vögel, die im Winter in großen Trupps – oft zusammen mit Sperlingen, anderen Finkenarten oder Ammern – auf die Suche nach Samen, ihrer Nahrung, gehen. Außer von Sämereien ernähren sich die Vögel auch von Früchten, Knospen und Insekten.

Besonderheiten: Buchfinken machen sich mit ihrem typischen harten „pink"-Ruf bemerkbar. Ihr schmetternder Gesang endet mit einem charakteristischen Schnörkel. Man kann im Gesang der Buchfinken übrigens gewisse regionale Unterschiede und lokale Dialekte feststellen.

Ähnliche Arten: Der Wellenastrild *(Estrilda astrild)* und der **Tigerfink** *(Amandava amandava)* sind zwei Prachtfinkenarten, die gerne auch in Käfigen gehalten werden. Der Wellenastrild stammt aus Afrika und ist heute freilebend auch auf der Iberischen Halbinsel anzutreffen, während der Tigerfink in Südasien beheimatet ist und sich mittlerweile ebenfalls in Südeuropa eingebürgert hat.

Familie	Fringillidae Finken
Gesamtlänge	14,5 cm
Flügelspannweite	24,5–28,5 cm
Gewicht	15–40 g
Merkmale	Färbung des Gefieders, Stimme
Europäische Population	79–95 Millionen Paare
Internationaler Artenschutz	SPEC 4 BERN 3
Siedlungsgebiete	

Girlitz   Serinus serinus

Familie	Fringillidae Finken
Gesamtlänge	11,5 cm
Flügelspann-weite	20–23 cm
Gewicht	8–14 g
Merkmale	Form des Schnabels, Gesang
Europäische Population	10–13 Millionen Paare
Internationaler Artenschutz	SPEC 4 BERN 2
Siedlungs-gebiete	

Der kleine und kompakt gebaute Girlitz ähnelt dem Zeisig, unterscheidet sich jedoch von diesem durch seinen leuchtend gelben Bürzel, den hellen Scheitel, den stärker gegabelten Schwanz und den kürzeren Schnabel. Das Gefieder des Girlitz ist an der Oberseite gelblich grün mit braunen Streifen; Kopf, Brust und Bürzel sind gelb. Das Weibchen zeigt allgemein weniger Gelb im Gefieder.

Verbreitung: Girlitze sind als **Teilzieher** in Europa, Vorderasien und Nordafrika beheimatet. West-lich der Linie von Holland zum Balkan leben Gir-litze als **Jahresvögel**, östlich davon sind sie **Zug-vögel**. In Großbritannien und Skandinavien ist die Spezies nur im Süden vertreten. Der Girlitz stammt ursprünglich aus dem Mittelmeerraum und hat sich erst im ver-gangenen Jahrhundert allmählich immer weiter nach Norden ausgebreitet.

Lebensraum: Der Girlitz bewohnt offenes Gelände mit Baumgruppen ebenso wie Waldränder, Obsthaine, Weingärten, Parkanlagen und Gärten.

Biologie: Der Girlitz errichtet sein tassenförmiges Nest auf einem Baum oder Strauch. Dort legt das Weibchen ab April für gewöhnlich 3–4 bläuliche, rotbraun gesprenkelte Eier, die von ihm ca. 13 Tage lang bebrütet werden. Die Jungvögel werden nach 13–18 Tagen flügge. Girlitze bringen zwei Gelege im Jahr hervor. Die Vögel sind recht ge-sellig und schließen sich gerne zu kleineren Scharen, oft mit Buchfinken, Grünlingen und Hänflingen, zusammen. Ihr Flug ist schnell und bogenförmig. Sie ernähren sich vorzugsweise von Sämereien.

Besonderheiten: Seinen klirrenden, aber überaus musikalischen Gesang, der aus einer Reihe von Trillern besteht, lässt der Girlitz gerne von einer erhöhten Warte aus oder im fledermausartigen Balzflug ertönen.

Ähnliche Arten: Der Rotstirngirlitz *(Serinus pusillus)* ist mit seinem schwarzen Kopf und der roten Stirn unverwechselbar. Diese Spezies brütet in der Türkei bzw. im Kau-kasus und taucht gelegentlich in Osteuropa auf.

Zitronengirlitz *Serinus citrinella*

Der Zitronengirlitz bewohnt die höheren Bergregionen Westeuropas. Das Männchen ist lebhafter gefärbt als das Weibchen und weist eine grüne Oberseite, schwarzgelbe Flügel mit zwei gelblichen Binden und eine gelbgrüne Unterseite auf. Der Bürzel ist gelb; Nacken und Halsseiten sind grau getönt. Das Weibchen zeigt weniger Gelb an Gesicht und Brust. Die auf Korsika, Sardinien und Elba heimische Unterart hat einen rostfarbenen Rücken mit dunklen Längsstreifen.

Verbreitung: Zitronengirlitze sind in zwei Unterarten als Jahresvögel im Schwarzwald, in den Alpen und in den Gebirgen Südwesteuropas beheimatet. Sie brüten auch auf Sardinien, Korsika und Elba.

Lebensraum: Der Zitronengirlitz bewohnt hauptsächlich lichte Nadelwälder im Gebirge sowie Bergmatten mit Nadelbaumgruppen. Auf Korsika ist er auch in tieferen Lagen anzutreffen.

Biologie: Diese Girlitzart baut ihr kleines Napfnest in einem Nadelbaum. Hier legt das Weibchen ab März 4–5 grünliche, rötlich gefleckte Eier, die von ihm ca. 13–14 Tage lang bebrütet werden. Die Jungvögel verlassen das Nest nach 15–18 Tagen. Zitronengirlitze bringen zwei Gelege im Jahr hervor. Diese keineswegs scheuen und recht geselligen Vögel leben paarweise, im Winter auch in Gruppen von einigen Dutzend Vögeln. Sie ernähren sich hauptsächlich von kleinen Samenkörnern, die auf Bäumen, Sträuchern und am Boden gesammelt werden. Der Zitronengirlitz stößt ein nasales „dit-dit" aus; sein klingelnder Gesang erinnert an den des Stieglitzes.

Familie Fringillidae Finken
Gesamtlänge 12 cm
Flügelspannweite 22,5–24,5 cm
Gewicht 11–14 g
Merkmale Färbung des Gefieders, Stimme
Europäische Population 251 500– 279 500 Paare
Internationaler Artenschutz SPEC 4 BERN 3
Wiesen

Ein Zitronengirlitz der korsischen Unterart.
Oben: Eine Schar von Zitronengirlitzen derselben Unterart.

Grünling   Carduelis chloris

Familie	Fringillidae Finken
Gesamtlänge	15 cm
Flügelspann-weite	24,5–27,5 cm
Gewicht	20–31 g
Merkmale	Färbung des Gefieders, Gesang
Europäische Population	12–14 Millionen Paare
Internationaler Artenschutz	SPEC 4 BERN 2
Siedlungs-gebiete	

Der in fast ganz Europa verbreitete Grünling ist an der Oberseite olivgrün, an der Unterseite gelb-grün gefärbt und weist großteils gelbe Hand-schwingen auf. Das Weibchen *(Bild unten)* ist weniger kräftig gefärbt und zeigt schwache Streifen an den Flanken. Der Grünling hat einen kurzen gegabelten Schwanz; die äußeren Schwanzfedern sind gelb.

Verbreitung: Grünlinge sind in acht Unterarten in Eurasien und Nordafrika verbreitet. Darüber hinaus wurden die Vögel auch in Australien, Neuseeland und Südamerika eingeführt. In Europa fehlt die Spezies nur in Island, im Norden Skandinaviens und an der Nordküste des Schwarzen Meeres. Grünlinge sind auf un-serem Kontinent überwiegend **Jahresvögel** – nur die nördlichen Populationen ziehen im Winter südwärts.

Lebensraum: Grünlinge leben an Waldrändern, in lichten Laub- und Mischwäldern und in Heiden mit Gebüsch, ebenso wie auf landwirtschaftlich genutzten Flächen, in Gärten und Parkanlagen; die Vögel sind auch in den Städten regelmäßig anzu-treffen.

Biologie: Der Grünling errichtet sein Napfnest in einem Busch oder in einer Hecke; in den Städten nistet er sich bisweilen auch in Blumenkästen ein. Ab März legt das Weibchen für gewöhnlich 4–6 weiße bis grünliche, dunkel gefleckte Eier, die von ihm ca. 13 Tage lang bebrütet werden. Die Jungvögel fliegen nach 14–18 Tagen aus. Grünlinge bringen zwei, in seltenen Fällen auch drei Gelege im Jahr hervor. Die Vögel sind recht gesellig und tun sich oft mit Sperlingen und Finken zusammen. Auf dem Boden bewegen sie sich laufend und hüpfend fort. Ihren klingelnden und trillern-den Gesang, der mit einem nasalen „quänsch" endet, geben die Vögel von einer erhöhten Warte oder im Balzflug von sich. Grünlinge ernähren sich hauptsächlich von Samenkörnern, Beeren sowie von den Trieben wild wachsender Pflanzen und von Kulturpflanzen.

Stieglitz   *Carduelis carduelis*

Der auffallende Stieglitz ist vor allem durch die Färbung seines Kopfes, der senkrecht rot, weiß und schwarz gebändert ist, unverwechselbar. Die schwarzen Flügel sind mit einem deutlichen gelben Streif versehen. Beide Geschlechter sind einander sehr ähnlich. Jungvögel haben noch keine rote Gesichtsmaske und sind an der Ober- und Unterseite gefleckt.

Verbreitung: Stieglitze sind in ca. 15 Unterarten in Eurasien und Nordafrika verbreitet. Darüber hinaus wurde die Spezies auch in Australien, Neuseeland, auf den Bermuda-Inseln und in Südamerika eingeführt. Stieglitze leben im südlichen und gemäßigten Europa als **Jahresvögel**, im nördlichen und östlichen Europa jedoch als **Zugvögel**. Die Art fehlt in Island, im Norden Schottlands und in weiten Teilen Skandinaviens. Im Winter ziehen die meisten Vögel in wärmere Gebiete ihres Brutareals.

Lebensraum: Stieglitze bewohnen vorzugsweise offenes Gelände mit Baumgruppen, außerdem lichte Mischwälder, Heiden, Gärten und Parkanlagen.

Biologie: Der Stieglitz errichtet sein kleines Nest an der Astspitze eines Baumes oder Strauches; hier legt das Weibchen ab Ende April für gewöhnlich 4–6 bläuliche, schwärzlich gesprenkelte Eier, die von ihm ca. 12 Tage lang bebrütet werden. Die Jungvögel werden nach 13–18 Tagen flügge. Stieglitze bringen zwei Gelege im Jahr hervor. Die Vögel sind überaus gesellig und gehen oft in Trupps auf Nahrungssuche, wobei sie mit ihren angenehm zwitschernden Rufen miteinander Kontakt halten. Der Gesang des Stieglitzes ist ein melodisches Zwitschern, in das immer wieder das markante „stigelitt" eingeflochten wird. Die Vögel ernähren sich von Beeren, Knospen, vor allem aber von feinen Sämereien, die sie sich mit ihren spitzen Schnäbeln verschaffen. Zu diesem Zweck suchen sie systematisch die Samenstände des Löwenzahns, der Kletten und vor allem von Disteln ab.

Familie
Fringillidae
Finken

Gesamtlänge
12 cm

Flügelspannweite
21–25,5 cm

Gewicht
13–20 g

Merkmale
Färbung des Gefieders,
Stimme

Europäische Population
7,1–9,7 Millionen Paare

Internationaler Artenschutz
BERN 2

Siedlungsgebiete

Zeisig   *Carduelis spinus*

Das Gefieder des Zeisigs ist großteils gelbgrün gefärbt und ähnelt darin dem Girlitz und dem Zitronengirlitz. Er unterscheidet sich von diesen jedoch durch die gelben Flecken auf Flügeln und Schwanz sowie durch den spitzen Schnabel. Die Geschlechter zeigen gewisse Unterschiede: Das Männchen *(Bild unten)* weist eine schwarze Kappe, einen schwarzen Latz und eine grünlich gelbe Unterseite auf. Das Weibchen ist eher grau-grünlich gefärbt und zeigt eine weißlichere Unterseite, eine dunkle Längsfleckung und einen gefleckten Scheitel. Dem Weibchen fehlt außerdem der schwarze Latz.

Verbreitung: Zeisige sind als **Teilzieher** in großen Teilen Eurasiens verbreitet. In Europa brütet die Spezies vor allem in den Gebirgen Spaniens und Frankreichs, in den Alpen, den Karpaten und im Balkan, außerdem in Irland, Schottland, Skandinavien und Osteuropa. Im Herbst wandern viele Populationen in den Süden und Westen Europas; diese Wanderungen haben manchmal invasionsartigen Charakter.

Lebensraum: Im Sommer sind Zeisige vor allem in Nadelwäldern anzutreffen, im Herbst und Winter suchen die Vögel mit Vorliebe Erlenwäldchen auf. Auch in Parks und Gärten sind sie dann bisweilen zu sehen.

Biologie: Ab April legt das Zeisigweibchen in sein Napfnest hoch in einem Nadelbaum für gewöhnlich 3–5 bläuliche, rötlich gesprenkelte Eier, die von ihm 12–13 Tage bebrütet werden. Die Jungvögel verlassen ihr Nest nach 13–17 Tagen. Zeisige bringen zwei Gelege im Jahr hervor. Die Geselligkeit dieser Vögel zeigt sich besonders im Herbst, wo sie sich oft zu Schwärmen zusammenschließen und durch das Land ziehen, um Nadelbäume, vor allem aber Birken und Erlen, aufzusuchen, für deren Samen sie eine besondere Vorliebe zeigen. Der Zeisig hat einen schnellen, aber unregelmäßigen und bogenförmigen Flug. Sein charakteristischer Ruf ist ein klagendes „diäh"; außerdem lässt er ein hartes „tettettet" vernehmen. Sein Gesang ist ein lebhaftes Gezwitscher.

Hänfling   Carduelis cannabina

Das Gefieder des ca. 13 cm langen Hänflings ist überwiegend braun gefärbt. Die Unterseite ist etwas heller. Das Männchen weist einen grauen Kopf sowie eine rote Stirn und Brust auf. Flügel und Schwanz sind schwarz. Beim Weibchen sowie beim Jungvogel fehlen die roten Farben.

Verbreitung: Hänflinge sind **Teilzieher**, die in sieben Unterarten in Eurasien und Nordafrika beheimatet sind. Die Spezies ist in fast ganz Europa als **Jahresvogel** vertreten, im Norden und Osten als **Zugvogel**. Zeisige fehlen lediglich in Island, Nordschottland und in weiten Teilen Skandinaviens und Nordrusslands. Im Herbst findet eine Wanderung innerhalb der Brutgebiete nach Süden statt. Die nördlichen und östlichen Populationen wandern dann oft über weite Strecken.

Lebensraum: Hänflinge bevorzugen offenes Gelände mit Büschen und Bäumen, sie halten sich aber auch in Hecken, Obstgärten, Weinbergen und Heiden auf. Im Winter finden sich die Vögel oft auf Stoppelfeldern und Ödland ein.

Biologie: Ab Ende März legt das Weibchen in seinem Napfnest auf einem niedrigen Baum oder Strauch 4–6 bläuliche, rot gesprenkelte Eier, die von ihm 12–13 Tage lang bebrütet werden. Die Jungen werden nach 10–17 Tagen flügge. Hänflinge legen zwei, manchmal auch drei Gelege im Jahr an. Sie haben einen schnellen, aber unregelmäßigen Flug. Hänflinge sind überaus gesellig und gehen in großen Schwärmen auf Nahrungssuche. Sie ernähren sich von allerlei Sämereien, die sich die Vögel entweder am Boden oder kletternd in den Stauden holen. Der Hänfling bringt kurze, trockene Rufe hervor; sein Gesang ist jedoch ein sehr wohlklingendes, hohes Zwitschern, weshalb diese Vogelart auch heute noch gerne im Käfig gehalten wird.

Ähnliche Arten: Der Berghänfling (*Carduelis flavirostris*) ist an seinem dunkel gestreiften Kopf und an dem rosa getönten Bürzel des Männchens zu erkennen. Im Winter ist der Schnabel blassgelb mit schwarzer Spitze. Der Berghänfling brütet in Nordeuropa und Zentralasien und überwintert an den Nord- und Ostseeküsten. Norwegische Populationen verbringen den Winter teilweise auch in Deutschland.

Familie
Fringillidae
Finken

Gesamtlänge
13,5 cm

Flügelspannweite
21–25,5 cm

Gewicht
12–22 g

Merkmale
Färbung des Gefieders, Gesang

Europäische Population
7–9 Millionen Paare

Internationaler Artenschutz
SPEC 4
BERN 2

Wiesen

Einen männlicher Hänfling, der sich vom Weibchen durch seine rote Stirn und Brust unterscheidet.

Birkenzeisig Carduelis flammea

Familie
Fringillidae
Finken

Gesamtlänge
11,5–14,5 cm

**Flügelspann-
weite**
20–25 cm

Gewicht
9–18 g

Merkmale
Farbe des
Kopfes,
Stimme,
geselliges
Verhalten,
Lebensraum

**Europäische
Population**
1,2–2,4
Millionen Paare

**Internationaler
Artenschutz**
BERN 2

Wälder

Diese kleine Finkenart zeigt eine große Ähnlichkeit mit dem Hänfling, unterscheidet sich aber von diesem vor allem durch ihren kleinen schwarzen Latz. Der Unterschied zwischen den Geschlechtern ist besonders in der Fortpflanzungszeit recht ausgeprägt: Das Männchen zeigt dann eine rosa angehauchte Brust mit braunen Streifen, während das Weibchen hier weißlich gefärbt ist. Beide Geschlechter weisen eine rote Stirn und etwas Rot am Scheitel auf. Der Schnabel ist gelb.

Verbreitung: Birkenzeisige sind **Teilzieher**, die in drei Unterarten im gemäßigten und nördlichen Eurasien sowie in Nordamerika beheimatet sind. In Europa brütet die Spezies in Island, Irland, Großbritannien und von Skandinavien ostwärts. In Mitteleuropa ist sie vor allem in den Alpen verbreitet. Den Winter verbringen diese Vögel im gemäßigten Europa, im Süden bis Südfrankreich und Slowenien.

Lebensraum: Birkenzeisige bewohnen vor allem Nadelwälder bzw. Birken- und Erlenwälder des Nordens. Manchmal tauchen die Vögel auch in Ortschaften auf.

Biologie: Der Birkenzeisig bringt sein kunstvoll geflochtenes Nest auf einem nicht allzu hohen Ast eines Baumes an. Ab Ende April legt das Weibchen hier 4–6 rötlich gefleckte, blaue Eier, die von ihm ca. 10–13 Tage lang bebrütet werden. Die Jungen verlassen das Nest nach 9–15 Tagen. Es werden zwei Gelege im Jahr angelegt. Birkenzeisige sind recht gesellige Vögel und ernähren sich vorwiegend von Samen. Sie lassen vor allem im Flug ihre charakteristischen summenden Triller hören.

Ein Altvogel auf der Suche nach Birkensamen, seiner bevorzugten Nahrung. Oben: Birkenzeisig beim Brüten.

Ähnliche Arten: Der Polarbirkenzeisig *(Carduelis hornemanni)* ist in Europa nur im äußersten Norden Skandinaviens und Russlands beheimatet. Die Spezies ist allgemein heller gefärbt als der Birkenzeisig und zeigt einen weißlichen Bürzel.

Fichtenkreuzschnabel   Loxia curvirostra

Der Fichtenkreuzschnabel ist vor allem an seinen charakteristisch überkreuzten Schnabelspitzen zu erkennen. Ehe sich beim Männchen sein typisches ziegelrotes Federkleid *(Bild unten)* einstellt, durchläuft es verschiedene Entwicklungsphasen, in denen es erst grünlich gelb, dann orangerötlich gefärbt ist. Das Weibchen ist an der Oberseite olivgrün mit gelbgrünem Bürzel, an der Unterseite grau, gelb bzw. weiß gefärbt. Im Flug fällt der kurze, gegabelte Schwanz auf.

Verbreitung: Fichtenkreuzschnäbel sind in ca. 17 Unterarten in Eurasien, Nordwestafrika und Nordamerika verbreitet. In Europa lebt die Spezies als Jahresvogel in den Alpen, im Bergland Spaniens, Frankreichs und Deutschlands, auf dem Balkan, in den Karpaten, in Skandinavien und in Russland sowie stellenweise auch in Großbritannien.

Lebensraum: Fichtenkreuzschnäbel bewohnen vor allem Nadelwälder, insbesondere Fichten- und Kiefernwälder.

Biologie: Sein Nest errichtet dieser Vogel oft schon im Winter hoch in der Krone eines Nadelbaumes; hier legt das Weibchen 3–4 Eier, die von ihm 13–16 Tage lang bebrütet werden. Die Jungen verlassen das Nest nach 14–28 Tagen. Es werden ein bis zwei Gelege im Jahr hervorgebracht. Fichtenkreuzschnäbel ernähren sich vorzugsweise von Fichtensamen, die sie mit ihrem überkreuzten Schnabel aus den Zapfen hervorholen. Ihr charakteristischer Ruf ist ein hartes „kipp-kipp", das weithin zu hören ist. Die Vögel sind sehr gesellig und gehen in Trupps auf Nahrungssuche.

Besonderheiten: Um an die Samen heranzukommen, hängt sich der Fichtenkreuzschnabel an den Zapfen, spreizt eine Schuppe mit der Schnabelspitze ab und holt den Samen mit der Zunge heraus.

Ähnliche Arten: Der **Bindenkreuzschnabel** *(Loxia leucoptera)* ist leicht an seinen beiden weißen Flügelbinden zu erkennen, der **Schottische Kreuzschnabel** *(Loxia scotica)* wiederum hat einen etwas größeren Schnabel, während der **Kiefernkreuzschnabel** *(Loxia pytiopsittacus)* größer als der Fichtenkreuzschnabel ist und einen kräftigeren Schnabel aufweist. In Europa sind diese Spezies nur im äußersten Norden anzutreffen.

Familie	Fringillidae Finken
Gesamtlänge	16,5 cm
Flügelspannweite	27–30,5 cm
Gewicht	26–50 g
Merkmale	Form des Schnabels, Färbung des Gefieders, Stimme
Europäische Population	1–1,6 Millionen Paare
Internationaler Artenschutz	BERN 2
Wälder	

Gimpel   Pyrrhula pyrrhula

Familie Fringillidae Finken	
Gesamtlänge 14,5–16,5 cm	
Flügelspann- weite 22–29 cm	
Gewicht 16–40 g	
Merkmale Färbung des Gefieders, Form des Schnabels, Stimme	
Europäische Population 2,7–3,8 Millionen Paare	
Internationaler Artenschutz BERN 3	
Wälder	

Der Gimpel fällt durch deutliche Färbungsunter-schiede zwischen den beiden Geschlechtern auf: Beim Männchen sind Brust und Wangen leuch-tend rot, während das Weibchen dort graubraun gefärbt ist. Der Gimpel hat eine schwarze Kappe und einen schwarzen Schwanz, der Bürzel ist weiß, der Schnabel kurz, dick und kräftig.

Verbreitung: Gimpel sind in circa zehn Unterarten in Eurasien beheimatet. In Europa ist die Spezies als Jahresvogel vor allem in der gemäßigten und nördlichen Zone anzutreffen, während die Vögel im Süden vor allem Bergland bewohnen. Die nörd-lichen Populationen verbringen den Winter südlich ihrer Brutgebiete.

Lebensraum: Gimpel bewohnen Wälder aller Art und sind darüber hinaus auch in Gärten und Parks anzutreffen.

Biologie: Im April baut das Weib-chen ein gut verstecktes Zweig-nest, wo es 4–5 Eier ablegt, die es 12–14 Tage lang bebrütet. Die Jungvögel verlassen das Nest nach 12–18 Tagen. Es werden zwei Bruten im Jahr hervorge-bracht. Stimmlich machen sich Gimpel mit einem sanften ,,düü" bemerkbar. Die Vögel ernähren sich hauptsächlich von Samen, besonders von jenen der Esche, außerdem von Beeren und jun-gen Pflanzentrieben.

Besonderheiten: Gimpelpaare bleiben oft für ein ganzes Leben zusammen. Was die stimmlichen Fähigkeiten dieser Vögel betrifft, so wurde beobachtet, dass junge Gimpel vom Menschen lernten, bis zu drei einfache Lieder nachzupfeifen.

Ähnliche Arten: Der **Karmingimpel** (*Carpodacus erythrinus*) brütet von Ostdeutsch-land über ganz Eurasien, während der große **Hakengimpel** (*Pinicola enucleator*) auf der gesamten Nordhalbkugel rund um den Pol beheimatet ist. Der **Wüstengimpel** (*Rhodopechys githaginea*) brütet in Europa nur in einigen Gebieten Spaniens. Die Spezies ist graubraun mit rosarotem Bürzel und zeigt einen blutroten Schnabel.

Ein Gimpelpaar mit den Jungen im Nest. Oben: Ein junger Karmingimpel.

Kernbeißer   Coccothraustes coccothraustes

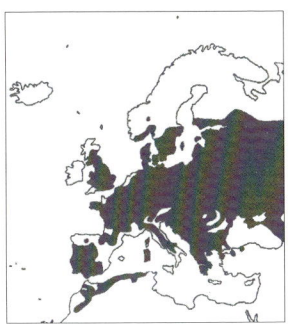

Der Kernbeißer fällt durch seinen großen Kopf und den gewaltigen Schnabel auf. Das Gefieder ist an der Oberseite braun, an der Unterseite rosabraun getönt und zeigt eine breite weiße Flügelbinde. Beide Geschlechter sind einander sehr ähnlich. Die Jungvögel zeigen eine dunkle Wölbung auf der Unterseite.

Verbreitung: Kernbeißer sind in sechs Unterarten in Eurasien und Nordafrika verbreitet. In Europa ist die Spezies großteils als **Jahresvogel** vertreten, wobei ihr Verbreitungsgebiet im Norden etwa bis zum 58. Breitengrad reicht. Die Vögel überwintern teilweise südlich ihres Brutgebietes. Russische Populationen ziehen im Herbst nach Westen, um den Winter in Europa zu verbringen.

Lebensraum: Kernbeißer bewohnen vorzugsweise lichte Laub- und Mischwälder; darüber hinaus sind die Vögel auch in Gärten und Parks anzutreffen.

Biologie: Ab Ende März legt das Weibchen in ein Napfnest aus Zweigen 4–5 bläuliche bis graue, schwärzlich gefleckte Eier, die von ihm 11–13 Tage lang bebrütet werden. Die Jungvögel sind nach 12–13 Tagen flugfähig. Es wird nur ein Gelege im Jahr hervorgebracht. Auf einer Warte sitzend nehmen die Vögel eine aufrechte Haltung ein. Sie fliegen schnell und bogenförmig mit raschen Flügelschlägen. Ihr Ruf ist ein scharfes ,,zick", ihr Gesang ein klirrendes Zwitschern. Kernbeißer ernähren sich hauptsächlich von harten Samen und Nüssen sowie von Bucheckern, Knospen und auch von Insekten.

Besonderheiten: Mit seinem kräftigen Schnabel bewältigt der Kernbeißer nicht nur die Hüllen vieler harter Samen, wie etwa von Buchen, Eichen, Hainbuchen und Ahorn, sondern auch die Kerne von Kirschen und Pflaumen.

Familie
Fringillidae
Finken

Gesamtlänge
18 cm

Flügelspannweite
29–33 cm

Gewicht
40–70 g

Merkmale
Färbung des Gefieders, Form des Schnabels, Flugsilhouette, Stimme

Europäische Population
1,1–1,5 Millionen Paare

Internationaler Artenschutz
BERN 2

Bäume

Goldammer   Emberiza citrinella

Familie Emberizidae Ammern	
Gesamtlänge 16–16,5 cm	
Flügelspann- weite 23–29,5 cm	
Gewicht 14–38 g	
Merkmale Färbung des Gefieders, Gesang	
Europäische Population 18–19 Millionen Paare	
Internationaler Artenschutz SPEC 4 BERN 2	
Bäume	

Bei der Goldammer tritt ein deutlicher Geschlechts-dimorphismus auf: Beim Männchen *(Bild unten)* sind Kopf und Kehle leuchtend goldgelb bzw. leicht dunkel gestreift, das restliche Gefieder ist rostbraun, an der Oberseite schwarz gestreift, der Bürzel ist ebenfalls rostbraun. Das Weibchen zeigt weniger Gelb an Kopf und Kehle und ist stärker graubraun gefleckt.

Verbreitung: Goldammern sind als **Teilzieher** in drei Unterarten in Teilen Eurasiens vertreten. In Europa fehlt die Spezies nur an den Küsten des Mittelmeers, in weiten Teilen der Iberischen Halb-insel und im äußersten Norden Skandinaviens. Die nördlichen Populationen sind **Zugvögel**.

Lebensraum: Goldammern brüten vorzugsweise in offenem Gelände mit Büschen und Baumgruppen sowie an Waldrändern, in Obstgärten mit Hecken und in Parks.

Biologie: Die Goldammer errichtet ihr Nest im Allgemeinen in Bodennähe im Gebüsch. Hier legt das Weibchen zwischen April und Juli für gewöhnlich 3–5 purpurn gefleckte, weiße Eier ab, die von ihm 12–14 Tage lang bebrütet werden. Die Jungen verlassen das Nest nach 11–13 Tagen. Es werden zwei Gelege im Jahr angelegt. Diese geselligen Vögel sind im Winter oft in großen Schwärmen auf Wiesen und Feldern sowie an Dorfstraßen anzutreffen. Ihre Nahrung suchen sich Goldammern vorwiegend am Boden. Sie ernähren sich hauptsächlich von Samen und Beeren, während der Fort-pflanzungszeit auch von Insekten und deren Larven.

Besonderheiten: Das Männchen lässt meist von einer erhöhten Warte aus seinen monotonen, aber unverwechselbaren Gesang ertönen; der etwa wie „zizizizizüh" klingt, wobei die letzte Silbe einen halben Ton höher oder niedriger liegt als die übrigen.

Ortolan Emberiza hortulana

Der relativ seltene Ortolan weist einen gelblichen Augenring und einen rosafarbenen Schnabel auf. Kopf und Vorderbrust sind graugrün, der Kopf zeigt aber noch zusätzlich einen gelben Bartstreif und ein gelbes Kinn. Die Gefiederoberseite ist braun und schwarz gestreift, die Unterseite rötlich braun. Das Weibchen ist matter gefärbt und ohne Grün am Kopf.

Verbreitung: Ortolane sind **Langstreckenzieher**, die in weiten Teilen Eurasiens verbreitet sind. In West- und Mitteleuropa fehlt die Spezies. Den Winter verbringt die gesamte Population in der Sahelzone.

Lebensraum: Ortolane bewohnen vorzugsweise offenes Gelände mit einzelnen Bäumen, aber auch Getreidefelder mit Hecken und Bäumen sowie hügeliges, mit Büschen bewachsenes Gelände.

Biologie: Der Ortolan errichtet sein Nest am Boden im dichten Gras versteckt; hier legt das Weibchen von Mai bis Juni 4–5 schwärzlich gefleckte, graue Eier, die von ihm 11–12 Tage lang bebrütet werden. Die Jungen werden nach 12–13 Tagen flügge. Es wird nur ein, in seltenen Fällen werden auch zwei Gelege jährlich angelegt. Der Gesang des Ortolans erinnert ein wenig an den der Goldammer; er besteht aus einer monotonen Folge von vier Tönen und endet mit einem oder zwei kurzen Trillern.

Bestände: In weiten Teilen des europäischen Brutgebietes nehmen die Bestände des Ortolans in besorgniserregendem Maße ab. Schuld daran sind das Verschwinden von geeigneten Lebensräumen, der Einsatz von Pestiziden, die illegale Jagd sowie ungünstige Überlebensbedingungen in den afrikanischen Winterquartieren.

Ähnliche Arten: Der **Grauortolan** (*Emberiza caesia*) weist einen grauen Kopf und eine graue Vorderbrust auf. Diese Spezies brütet vom östlichen Mittelmeergebiet bis in den Nahen Osten.

Familie	Emberizidae Ammern
Gesamtlänge	16–17 cm
Flügelspannweite	23–29 cm
Gewicht	16–30 g
Merkmale	Färbung des Gefieders, Gesang
Europäische Population	593 000–741 500 Paare
Internationaler Artenschutz	SPEC 2 EEC 1 BERN 3
Bäume	

Männlicher Ortolan. Oben: Grauortolan, erkennbar am grauen Kopf und der grauen Brust.

Rohrammer   *Emberiza schoeniclus*

Die Rohrammern weisen einen je nach Unterart unterschiedlich geformten Schnabel auf. Die Gefiederoberseite ist rötlich braun mit schwarzen Streifen, der Kopf ist schwarz gefärbt. Charakteristisch sind der weiße Bartstreif und das weiße Genickband. Das Weibchen zeigt einen braunen Kopf mit dunklen Ohrdecken und einem schwarzen Bartstreif.

Verbreitung: Rohrammern sind in ca. 15 Unterarten in Eurasien und Nordwestafrika (Marokko) beheimatet. In Europa fehlt die Spezies in weiten Teilen der Iberischen Halbinsel, Italiens und der Balkanhalbinsel. Die Populationen von Skandinavien und Polen ostwärts leben als **Zugvögel**. Im restlichen Europa ist im Winter eine Wanderbewegung innerhalb der Brutgebiete festzustellen.

Lebensraum: Rohrammern brüten vorzugsweise an Gewässern, die mit Rohr und Schilf bestanden sind sowie in Sümpfen mit dichtem Röhricht. Darüber hinaus sind sie aber auch zunehmend an trockeneren Standorten, wie z. B. Hecken, anzutreffen.

Biologie: Zwischen Ende April und Juni legt das Weibchen in ein nahe am Boden verstecktes Nest für gewöhnlich 4–5 schwarz gesprenkelte, braune Eier, die von ihm ca. 13 Tage lang bebrütet werden. Die Jungen werden nach 10–13 Tagen flügge. Rohrammern legen ein oder zwei Gelege im Jahr an. Ihre Nahrung suchen sich die Vögel am Boden oder im niedrigen Gebüsch. Sie ernähren sich hauptsächlich von den Samen der Sumpfpflanzen sowie im Sommer auch von kleinen Insekten. Ihr Ruf ist ein gedehntes „zieh"; ihr Gesang ist kurz und stotternd.

Ähnliche Arten: Die Zwergammer *(Emberiza pusilla)* ähnelt dem Weibchen der Rohrammer; sie weist einen hellen Überaugenstreif und kastanienbraune Wangen auf. Die Zwergammer brütet im nördlichen Eurasien von Lappland bis zur Beringstraße. Die **Waldammer** *(Emberica rustica)*, die ebenfalls im nördlichen Eurasien beheimatet ist, zeigt eine weiße Kehle und einen weißen Überaugenstreif.

Grauammer Emberiza calandra

Die Grauammer ist die größte europäische Ammerart. Sie weist einen relativ kurzen Schwanz und kein Weiß an den Flügeln auf. Charakteristisch sind der dicke Hals und der gedrungene, dicke Schnabel. Die Gefiederoberseite ist schwarz und graubraun gestreift, die Unterseite ist feiner längs gestreift. Beide Geschlechter sind gleich gefärbt.

Verbreitung: Grauammern sind in drei Unterarten in Teilen Eurasiens und Nordafrikas beheimatet. Die Spezies ist als **Standvogel** von Großbritannien und Spanien ostwärts über die Türkei und den Mittleren Osten bis zum Aralsee verbreitet und fehlt in Island, Skandinavien und weiten Teilen Russlands. Es finden Wanderungen innerhalb des Brutgebietes nach Süden und Westen statt.

Lebensraum: Grauammern brüten vorzugsweise im offenen Gelände mit Feldern, Wiesen und Hecken, auf Heiden und auf Brachland.

Biologie: Die Grauammer errichtet ihr Nest im Gras oder in Bodennähe. Dort legt das Weibchen für gewöhnlich 4–6 gelblich weiße, grau gefleckte Eier ab, die von ihm 12–14 Tage lang bebrütet werden. Die Jungvögel werden nach 9–13 Tagen flügge. Es werden jährlich zwei Gelege angelegt. Grauammern leben außerhalb der Fortpflanzungszeit recht gesellig. Ihr Flug ist manchmal bogenförmig, aber auch geradlinig. Während des kurzen Balzfluges fliegt der Vogel oft mit hängenden Beinen. Grauammern ernähren sich hauptsächlich von Samen, jungen Pflanzentrieben und Beeren; im Sommer ergänzen sie ihre Nahrung durch kleine Gliedertiere. Sie stoßen ab und zu ein kurzes „zick" aus; ihr kurzes klirrendes Lied lassen sie gerne von Baum- oder Buschwipfeln sowie von Drähten oder Pfosten ertönen.

Familie
Emberizidae Ammern

Gesamtlänge
18 cm

Flügelspannweite
26–32 cm

Gewicht
35–65 g

Merkmale
Gesang, Flug

Europäische Population
3,4–6,7 Millionen Paare

Internationaler Artenschutz
SPEC 4 BERN 3

| Wiesen |

Eine erwachsene Grauammer. Die Zeichnung darüber stellt ihren Balzflug dar.

Register

Einteilung in Familien und Ordnung

Deutsches Artenverzeichnis

Wissenschaftliches Artenverzeichnis

Erstveröffentlichung 2002 unter dem Titel
,,Uccelli''
© 2002 Istituto Geografico De Agostini S.p.A.
© 2011 De Agostini Libri S.p.A.

Genehmigte Lizenzausgabe
Neuer Kaiser Verlag GmbH
Industriestraße 19
64407 Fränkisch-Crumbach 2017
www.neuer-kaiser-verlag.de

ISBN 978-3-8468-0016-4

Übersetzung: Mag. Norbert Jakober
Fachlich redigiert: Mag. Klaus Kugi
Layout, Satz und Umschlaggestaltung:
design cat GmbH

Bildnachweis:
Alle Fotos dieses Bandes stammen vom Centro
Iconografico dell' Istituto Geografico De Agostini
(P. Brichetti; N. Grattini; L. Maraldi; R. Savioli;
L. Maffezzoli; E. Benussi; M. Azzolini; A. Gargioni;
C. Dicapi; B. Dentesani, M. Guerrini; U. F. Foschi;
P. Girardi; M. Allegrini; M. Caffi; I. Farronato; M.
Basso; G. Boano; F. Genero; A. Mutti; M. Paganin;
R. Smaniotto; G. Volcan), mit Ausnahme der Fotos
auf folgenden Seiten: Shutterstock: Hein Welman
2–3/ebrom 17/Johan Swanepoel 18–19/Stu Porter
223/Cover front RazvanZinica